पाइथागोरस

पाइथागोरस

सदानंद राय

प्रकाशक
प्रभात प्रकाशन प्रा. लि.
4/19 आसफ अली रोड, नई दिल्ली–110002
फोन : 011–23289777 • हेल्पलाइन नं. : 7827007777
इ–मेल : prabhatbooks@gmail.com ❖ वेब ठिकाना : www.prabhatbooks.com

संस्करण
2025

पेपरबैक मूल्य
तीन सौ रुपए

मुद्रक
आर–टेक ऑफसेट प्रिंटर्स, दिल्ली

★

PYTHAGORAS
by Sadanand Rai

Published by **PRABHAT PRAKASHAN PVT. LTD.**
4/19 Asaf Ali Road, New Delhi-110002

ISBN 978-93-86231-56-7

₹ 300.00 (PB)

दो शब्द

जैसी प्रसिद्धि पाइथागोरस के सिद्धांत को मिली, वैसी गणित में किसी मौलिक नियम को शायद ही मिली हो। इस सिद्धांत का सबसे पहले मिस्र वासियों ने प्रयोग किया; परंतु उनके पास इसके सही होने का कोई प्रमाण नहीं था, इसलिए इस नियम की सत्यता को गणित के अनुसार सर्वप्रथम प्रमाणित करने का श्रेय पाइथागोरस को दिया जाता है।

पाइथागोरस का सिद्धांत यह प्रमाणित करता है कि समकोण त्रिभुज की दोनों छोटी भुजाओं पर बनाए गए वर्गों के क्षेत्रफल का योग उसी त्रिभुज की तीसरी भुजा कर्ण पर बनाए गए वर्ग के क्षेत्रफल के बराबर होता है। समकोण त्रिभुज का एक कोण 90 डिग्री का होता है, यह सिद्धांत समस्त उद्योग विद्या का आधार है।

नाप-तौल के इतिहास में महत्त्वपूर्ण वह समकोण त्रिभुज है, जिसकी एक भुजा की लंबाई यदि 3 इंच हो और दूसरी भुजा की 4 इंच की हो तो इस त्रिभुज के समकोण के सामनेवाली तीसरी भुजा (जिसे हाइपोटेनस अथवा कर्ण कहते हैं) 5 इंच लंबी होगी। ज्यामिति में पाइथागोरस का यह सिद्धांत इतना मनोरंजक सिद्ध हुआ है कि उसकी सत्यता के प्रमाण में 101 से अधिक सबूत दिए जा चुके हैं। इसमें अमेरिका के पूर्व राष्ट्रपति गारफील्ड की एक मौलिक सिद्धि भी शामिल है।

पाइथागोरस का जन्म यूनान (ग्रीस) के सामोस द्वीप में ईसा से लगभग 582 वर्ष पहले हुआ था। उसके व्यक्तिगत जीवन के संबंध में अधिक तथ्य उपलब्ध नहीं हैं। माना जाता है कि उसने भूमध्य सागर के उस पार मिस्र देश में जाकर वहाँ के विद्या केंद्रों का निरीक्षण किया था। 529 ई.पू. में अत्याचारी सम्राट् पालीक्रैटीजस ने पाइथागोरस को यूनान देश से निकाल दिया। तब वह इटली के दक्षिण में चला गया। वहाँ अपने अनुयायियों के साथ उसने एक संप्रदाय की नींव डाली। वह संप्रदाय एक ऐसा भ्रातृ-मंडल था, जिसकी आस्था गणित, धर्म और

दर्शन के अध्ययन में थी। उस मंडल के सभी सदस्य धनाढ्य परिवारों के कुलीन व्यक्ति थे। उन्होंने मंडल की काररवाई को गुप्त रखने की शपथ ली थी, जिसका परिणाम यह हुआ था कि आम जनता इस संप्रदाय के सदस्यों को संदेह की दृष्टि से देखती थी। पाइथागोरस और उसके अनुयायियों का विचार था कि मनुष्य की आत्मा अमर है और वह बार-बार पृथ्वी पर आती है तथा विभिन्न लोगों में और विभिन्न देशों में जन्म लेती है।

पाइथागोरस का विश्वास था कि मनुष्य और पशुओं में कुछ स्वाभाविक संबंध होते हैं, अतः मनुष्य की आत्मा किसी पशु में भी उतर सकती है। परंतु यदि मनुष्य सात्त्विक जीवन बिताए तो इस संकट से बच सकता है। इस विश्वास के परिणामस्वरूप भ्रातृ-मंडल के नियमों में कुछ कठोरता आ गई थी। आत्मसंयम, आंतरिक पवित्रता, मिताहार और आज्ञाकारिता—ये पाइथागोरस के संप्रदाय के प्रतीक थे।

पाइथागोरस के शिष्यों ने ही कोपरनिकस को पहले-पहल यह संकेत दिया था कि ब्रह्मांड का केंद्र सूर्य है। पाइथागोरस का विश्वास था कि ग्रह-नक्षत्रों की परिक्रमा का पथ वृत्ताकार ही होना चाहिए, क्योंकि उसके मतानुसार परिक्रमा का सर्वश्रेष्ठ पथ वृत्त के सिवाय दूसरा नहीं हो सकता। उसकी मान्यता थी कि पृथ्वी, तारे, नक्षत्र, ब्रह्मांड—सभी वृत्ताकार हैं; क्योंकि स्थूल वस्तुओं में वृत्त ही सबसे अधिक परिपक्व ठोस आकार के हैं।

भ्रातृ-मंडल में नक्षत्र विद्या के पारखी और गणितज्ञ तो थे ही, जीव विद्याविद् और शरीर-शास्त्री भी थे। इन शरीर वैज्ञानिकों ने खोज करके दृष्टि-तंत्रिका (आप्टिक नर्व्ज) और त्रिपथगा (यूस्टेकियन ट्यूब्ज) का पता लगाया था।

पाइथागोरस के शिष्य अपने गणित संबंधी ज्ञान को संगीत में भी उतार लाए। संगीत का स्वर मूलतः एक शुद्ध कर्णप्रिय ध्वनि होता है। कुछ तार-स्वर ऐसे होते हैं, जो एक साथ बजने पर मधुर लगते हैं, जबकि वे कुछ अन्य स्वरों के साथ बजने पर कटु लगते हैं। पाइथागोरस ने इसका कारण ढूँढ़ निकाला कि सितार के तारों की लंबाई जब एक-दूसरे के साथ सरल अनुपात में होती है तब उन्हें एक साथ छेड़ने से उठनेवाली आवाज में एक प्रकार की मधुर एकरसता होती है। उदाहरण के लिए, यदि एक तार दूसरे तार से दोगुना लंबा हो और दोनों की मोटाई और तनाव एक जैसा हो तो उन्हें एक साथ छेड़ने पर मुधर ध्वनि निःसृत होगी। यही स्थिति उस समय भी रहेगी, जब तारों की लंबाई का अनुपात 2:3 अथवा 4:3 हो। संगीत की शब्दावली में 2:1 का अर्थ उस अष्टक से है, जो वाद्य यंत्र की कुंजियों को

जोड़ता है। संगीतज्ञ स्वरों के इस मेल को शुद्धतम ध्वनियाँ मानते हैं।

पाइथागोरस के देहांत के दो सौ वर्ष बाद अरस्तू ने उसके संप्रदाय के बारे में कहा था, ''इन लोगों ने अपना समस्त जीवन गणित को समर्पित कर दिया था और इन्हीं के कारण गणित की प्रगति संभव हुई। इस वातावरण में पलते और बढ़ते हुए उनकी ऐसी धारणा बन गई थी कि संसार की प्रत्येक वस्तु गणित के ही सिद्धांत पर आधारित होनी चाहिए।''

इस पुस्तक में पाइथागोरस के जीवन और दर्शन का वर्णन किया गया है।

अनुक्रम

वैज्ञानिक प्रतिभा के धनी पाइथागोरस

पाइथागोरस की असाधारण प्रतिभा और योगदानों को इतिहासकारों ने संतोषजनक ढंग से आज तक रेखांकित नहीं किया है। मानव जाति विज्ञान, संस्कृति और सभ्यता के क्षेत्र में इस महान् संत की ऋणी है। उन्होंने ही पिछड़ेपन के अँधेरे में डूबे यूरोप में पहली बार ज्ञान के बीज बोए थे और विज्ञान के क्षेत्र में अहम भूमिका निभाई थी। उनकी डाली गई नींव पर ही मानव सभ्यता परवर्ती युगों में फलती-फूलती रही है। लगभग एक शताब्दी के अपने दीर्घ जीवन के आरंभिक हिस्से में ग्रीक एवं पूरब के संतों की संगत में ज्ञान पाकर उन्होंने यूरोप को प्रकाशित किया।

पाइथागोरस ने अपने बलबूते पर मानव जाति की उन्नति में जितना अहम योगदान किया, वैसा कोई असाधारण व्यक्ति इतिहास में ढूँढ़ने से भी नहीं मिलता। पाइथागोरस को मानव जाति का सबसे बुद्धिमान प्राणी माना जाता है। वह प्रथम व्यक्ति था, जिसे सबसे पहले 'दार्शनिक' कहकर संबोधित किया गया। मगर वह विलक्षण बुद्धिजीवी से भी कहीं बढ़कर था। वह एक महान् मानवतावादी और श्रेष्ठ सामाजिक, नैतिक एवं राजनीतिक सुधारक भी था। उसने केवल अपनी क्षमता के सहारे एक ऐसी नई सभ्यता का निर्माण करने का प्रयास किया, जिस सभ्यता पर वैज्ञानिकों और ज्ञानीजन का वर्चस्व हो और अगर उसके शत्रुओं ने उसके महान् सामाजिक प्रयोगों को नष्ट नहीं किया होता तो इतिहास में उसे मात्र एक दार्शनिक ही नहीं वरन् एक नवीन सभ्यता के जनक के रूप में भी याद किया जाता।

पाइथागोरस का जन्म 570 ईसा पूर्व में हुआ था। वह सामोस द्वीप का निवासी था। उसे अपने युग की सर्वश्रेष्ठ शिक्षा प्राप्त करने का अवसर मिला। उसने सीरोस के मिलेटस और पेरेसीडेस की पाठशालाओं में अध्ययन किया। माना

जाता है कि इन्हीं पाठशालाओं में अध्ययन करते हुए उसने अपना पुनर्जन्म का सिद्धांत विकसित किया। ज्ञान-प्राप्ति की असीम प्यास होने के कारण उसने कम उम्र में ही विदेश यात्रा करना शुरू किया और छप्पन साल की उम्र तक उसकी ऐसी यात्राएँ जारी रहीं। इस अवधि में उसने ग्रीक के संतों, फोनिशिया, बेबीलोन, चाल्डिया, पर्शिया और भारत के संतों के सान्निध्य में ज्ञान अर्जन किया। वह भारत उस समय पहुँचा, जब गौतम बुद्ध उसी के समान दर्शन और ज्ञान का प्रचार-प्रसार कर रहे थे। पाइथागोरस ने उससे मिलते-जुलते दर्शन का प्रचार-प्रसार ग्रीकों के बीच किया। यह दर्शन शाकाहार और सभी जीवों के प्रति दया के सिद्धांत पर आधारित था।

हावर्ड विलियम्स नामक लेखक ने अपनी पुस्तक 'इथिक्स एंड डाइट' में इस संबंध में लिखा है—"यह एक महत्त्वपूर्ण संयोग की बात थी कि नैतिक शिक्षा के धार्मिक इतिहास में मानव जाति के दो महापुरुष, पूर्व और पश्चिम में, एक-दूसरे के समकालीन थे। इस बात पर वाद-विवाद की आवश्यकता है कि शाकाहार के सिद्धांत का प्रवर्तन पश्चिम के सामोस के दार्शनिक ने किया या पूर्व में महान् धार्मिक क्रांतिकारी ने किया। मगर अधिक संभावना यही नजर आती है कि इस मत का प्रवर्तन गौतम बुद्ध ने ही किया। इतिहास साक्षी है कि प्राचीनकाल से ही पर्शिया और भारतवर्ष से विचारधाराएँ पश्चिम के देशों तक पहुँचती रही हैं। ये धार्मिक और अन्य प्रकार की विचारधाराएँ रही हैं, जिनका जन्म पूर्व में होता रहा है। जहाँ तक मांसाहार का सवाल है, गौतम बुद्ध से पहले भारत में धार्मिक अनुष्ठानों में पशुओं की बलि चढ़ाई जाती थी और मांस को प्रसाद के रूप में खाने का चलन था। मांसाहार को धर्म या जाति से जोड़कर देखा जाता था। सबसे पहले गौतम बुद्ध ने ही अहिंसा का संदेश देते हुए इस शाश्वत सत्य के बारे में लोगों को जागरूक किया कि हमें सभी प्राणियों के प्रति दया-भाव रखना चाहिए।"

ज्ञानार्जन करने के बाद लंबी यात्रा से लौटकर पाइथागोरस निचली इटली के नगर क्रोटोन में रहने लगा, जहाँ उसने एक समाज, विद्यालय और समुदाय की स्थापना की, जहाँ एक नई जीवन-शैली का प्रवर्तन किया और बाद में जिसे 'पाइथागोरस मत' के नाम से पुकारा गया। पश्चिमी जगत् में यह पहला शाकाहारी समुदाय था। इससे पहले कुछ शताब्दी पूर्व ओर्फियस मत के लोगों ने ही शाकाहार को अपनाया था। पाइथागोरस ने एक पहाड़ के ऊपर अपने विद्यालय और समुदाय को बसाया, जहाँ से क्रोटोन नगर दिखाई देता था। अपनी धार्मिक विशिष्टता के कारण पाइथागोरस का मत लोकप्रिय होता गया। इसेन्स के दूसरे धार्मिक समुदायों

ने पाइथागोरस के मत के आधार पर ही अलग संप्रदाय बनाए, जिनमें ईसाई धर्म की उत्पत्ति के बीज देखे जा सकते थे।

जिस समय ग्रीक सभ्यता का आरंभ हो रहा था, उसी समय पाइथागोरस ने अपने सिद्धांत का प्रचार-प्रसार कर ज्ञान का जो पौधा बोया था, वही एक शताब्दी के बाद एथेंस नगर में ज्ञान के विशाल वट वृक्ष के रूप में रूपांतरित हो चुका था और इतिहास में पहली बार एक साथ कई असाधारण दार्शनिकों का जन्म एथेंस नगर में हुआ था। ऐसे दार्शनिकों में सुकरात, प्लेटो और अरस्तू के नाम प्रमुखता के साथ लिये जा सकते हैं। इन दार्शनिकों ने अपने ज्ञान के प्रकाश से समस्त मानवता को आलोकित किया और महान् ग्रीक संस्कृति को समृद्ध बनाने में अभूतपूर्व योगदान किया। बाद में प्लेटो ने पाइथागोरस के सिद्धांत को अपने नजरिए से परिभाषित किया और उसका अपना दर्शन भी उन्हीं सिद्धांतों की बुनियाद पर फला-फूला।

एक नए मत का प्रचार करनेवाले अन्वेषक होने की जगह पाइथागोरस मिस्र और पूर्व के देशों के संतों के ज्ञान का ऐसा वाहक बन गया था, जो पश्चिम को आलोकित कर रहा था। उसने इजिप्ट के पुजारियों से गणित-शास्त्र में दक्षता हासिल की थी। वह पहला व्यक्ति था, जिसने यूरोप का परिचय गणित-विद्या से कराया था। चाल्डिया के ज्योतिषियों से उसने ज्योतिष-शास्त्र का ज्ञान प्राप्त किया था। पर्शिया के मेजी और भारत के ऋषियों से उसने जीवन जीने की विद्या सीखी थी। इन सबके आधार पर उसने अपना नया नैतिक सिद्धांत तैयार किया था और अपने अनुयायियों के बीच इसी सिद्धांत का प्रचार-प्रसार करता रहा था।

मानव इतिहास में उसके समान कोई व्यक्ति नहीं था, जिसने मानव जाति की प्रगति के लिए अपने बहुआयामी व्यक्तित्व और उपलब्धियों का इस्तेमाल किया हो। नवीन विज्ञान का प्रवर्तन करने के साथ-साथ वह एक विलक्षण धर्म-सुधारक था। उसने प्रकृति के साथ सह-अस्तित्व के सिद्धांत द्वारा एक नए विज्ञानसम्मत धर्म का प्रवर्तन किया।

पश्चिमी दुनिया का वह पहला ऐसा दार्शनिक था, जिसने अंधविश्वासों को नकारते हुए मानव जाति की शारीरिक एवं मानसिक उन्नति के लिए शाकाहारी भोजन अपनाने का संदेश दिया था और सभी जीवों के प्रति दया का विचार व्यक्त किया था।

अकसर इतिहासकारों ने इस भ्रांत धारणा को प्रचारित किया है कि पाइथागोरस एक ऐसा अव्यावहारिक स्वप्नदर्शी था, जिसने संख्याओं के

रहस्यात्मक गुणों पर सर्वाधिक जोर दिया। लेकिन हकीकत यह है कि पाइथागोरस ने मानव जाति की प्रगति के लिए सर्वाधिक व्यावहारिक दर्शन का प्रचार-प्रसार किया। उसके दर्शन को मानव इतिहास का सर्वाधिक विज्ञानसम्मत और व्यावहारिक दर्शन माना जा सकता है। उसने अपने पूर्ववर्ती और समकालीन दार्शनिकों के साथ कभी सहमति नहीं दिखाई, जो जीवन भर बौद्धिक उलझनों की अस्पष्ट दुनिया में ही विचरण करते रहे। उसने पुनर्जन्म से जुड़ी भ्रांतियों का कभी समर्थन नहीं किया और संसार के मनुष्यों की व्यावहारिक समस्याओं का समाधान ढूँढ़ने पर विशेष रूप से ध्यान दिया। एक दार्शनिक होने के साथ-साथ वह नीतिज्ञ और समाज-सुधारक भी था, जो जनता को एक नए विज्ञानसम्मत धर्म की शिक्षा दे रहा था। पूर्व के देशों में अध्ययन करते हुए उसने अपने नए धर्म के सिद्धांतों का प्रवर्तन किया था। इस नए धर्म को जानकारों ने 'बायोसोफी' के नाम से भी संबोधित किया है। ग्रीक शब्द 'बायो' का अर्थ 'जीवन' होता है और 'सोफी' का अर्थ 'ज्ञान' होता है। यह जीवन जीने का विज्ञान है, जिसे वह सबसे महत्त्वपूर्ण विज्ञान मानता था, जिसके इर्द-गिर्द दूसरे सभी विज्ञान घूमते हैं और उसके लिए सहायक सिद्ध होते हैं।

पाइथागोरस ने विद्वत्ता, ज्ञान और विवेक के बीच अंतर को स्पष्ट किया और विवेक को विद्वत्ता तथा ज्ञान की तुलना में श्रेष्ठ बताया। जो कुछ हम याद रखते हैं, माता-पिता से सीखते हैं, पुस्तकों या शिक्षकों से सीखते हैं, वही विद्वत्ता है, जो महज प्राप्त की गई सूचनाओं पर आधारित होती है। अपनी कल्पना या मान्यता से परे अपने अनुभवों से जो कुछ हम सीखते हैं, वही ज्ञान है। जीवन के समस्त अनुभवों का निचोड़ विवेक कहलाता है। इसी की सहायता से जीवन को सार्थक और उद्देश्यपूर्ण बनाया जा सकता है। पाइथागोरस का लक्ष्य महज किताबी ज्ञान या विचारों को अपनाना नहीं, बल्कि विवेक पर आधारित जीवन-शैली का विकास करना था। इसी वजह से वह महान् नैतिक और समाज-सुधारक बन गया और मानव जाति को भाईचारे के मार्ग पर ले जाने के लिए उसने शिक्षा की नई प्रणाली की खोज भी की।

विज्ञान के क्षेत्र में पाइथागोरस के योगदानों में सबसे अधिक मशहूर 'पाइथागोरस प्रमेय' है, अर्थात् किसी समकोण त्रिभुज में कर्ण पर बना वर्ग शेष दो भुजाओं पर बने वर्गों के योग के बराबर होता है। इसे 'यूक्लिड का 47वाँ साध्य' भी कहा जाता है। माना जाता है कि यूक्लिड की ज्यामिति के ज्यादातर साध्यों की शिक्षा यूक्लिड के युग से काफी पहले ही पाइथागोरस की क्रोटोना में स्थित

पाठशाला में दी जाती थी। अर्थात् यूक्लिड ने पहले से प्रचलित साध्यों को ही अपनाया था और इस विज्ञान का सूत्र मिस्र वासियों के पास था। पाइथागोरस ने मिस्र वासियों से ही इस विज्ञान को सीखा था। पाइथागोरस ने अंकगणित की भी खोज की थी, जिसे उसने फोनिशिया के लोगों से सीखा था।

गणित की विभिन्न शाखाओं की खोज करने के अलावा पाइथागोरस ने विज्ञानसम्मत अंतरिक्ष-शास्त्र के सिद्धांतों की खोज की। उसने गणित के आधार पर इन सिद्धांतों का विकास किया। उसने मिस्र और चाल्डिया के संतों से इस विज्ञान को सीखा था। कोपरनिकस, टीजो ब्राहे, केपलर और गैलीलियो के युग से कई शताब्दी पहले ही उसने बता दिया था कि धरती गोल है, जो सूर्य के चारों तरफ चक्कर काटती है और सितारों के पास धरती की तरह अपनी सौर प्रणाली है और वे सभी गतिशील हैं। सूर्य के चारों तरफ धरती के घूमने संबंधी अपनी खोज के लिए कोपरनिकस ने पाइथागोरस के प्रति अपनी कृतज्ञता व्यक्त की थी; मगर ऐसी क्रांतिकारी घोषणा के चलते उसकी जान खतरे में पड़ गई थी। इसी तरह गैलीलियो ने भी अपने ही दावे का खंडन कर किसी तरह अपनी जान बचा ली थी। लेकिन पाइथागोरस के संप्रदाय के दार्शनिक गिरडानो ब्रूनो ने जब पाइथागोरस के सिखाए गए अंतरिक्ष विज्ञान संबंधी सिद्धांतों को प्रचारित किया तो उसे अपनी जान गँवानी पड़ी थी।

पाइथागोरस ने भौगोलिक सिद्धांत के तहत पृथ्वी को गोलाकार बताया था। इसी सिद्धांत ने कोलंबस को भारत की खोज करने के लिए पश्चिम की दिशा में साहसपूर्ण समुद्र यात्रा शुरू करने की प्रेरणा दी थी और इस यात्रा से उसने अमेरिका महाद्वीप खोज लिया था। पाइथागोरस के दूसरे सिद्धांतों की तरह धरती के गोल होने के सिद्धांत का भी चर्च की तरफ से तीखा विरोधी किया गया था। चर्च हमेशा ही पाइथागोरस के विचारों का सख्त विरोध था। इसी विरोध के चलते पाइथागोरस संप्रदाय से जुड़ी तमाम जानकारी को नष्ट कर दिया गया। आधुनिक युग में भले ही अंतरिक्ष विज्ञान और भूगर्भ-शास्त्र संबंधी पाइथागोरस के सिद्धांतों को मिटाने का प्रयास नहीं किया गया; मगर पोषण, स्त्रावी विज्ञान और सुजनन विज्ञान संबंधी सिद्धांतों की अवहेलना की गई। धार्मिक कट्टरपंथियों ने सुनियोजित षड्यंत्र द्वारा मानव जाति के कल्याण के लिए खोजे गए पाइथागोरस के सिद्धांतों को पूर्णरूपेण मिटाने का प्रयास किया।

पाइथागोरस ने द्वि-परमाणुक संगीतीय गान का आविष्कार किया था, जिसके ऊपर परवर्ती शताब्दियों का संगीत आधारित रहा। संभवत: मान से संबंधित उसका

यह आविष्कार उसके अंतरिक्ष विज्ञान और गणित-शास्त्र संबंधी अध्ययन से जुड़ा था। संगीत के मान की तरह सूर्य के चारों तरफ गतिशील ग्रह भी एक निश्चित संख्यागत व्यवस्था का पालन करते हैं और शायद इसी के आधार पर पाइथागोरस ने 'अक्ष का संगीत' की अवधारणा प्रस्तुत की थी, जो संगीत सूर्य के इर्द-गिर्द पृथ्वी और अन्य ग्रहों के गतिशील रहने पर पैदा होता है।

पाइथागोरस ने किस तरह द्वि-परमाणुक संगीतीय मान का आविष्कार किया, इसका किस्सा भी रोचक है। एक दिन वह एक लोहार की दुकान के सामने से गुजर रहा था, तब उसने गरम धातु पर कुछ लोगों द्वारा हथौड़े का प्रहार करने की ध्वनियाँ सुनीं। उसने गौर किया कि तीन हथौड़ों को छोड़कर बाकी सभी हथौड़ों की सुसंगत ध्वनियाँ सुनाई दे रही थीं। सप्तम, पंचम और तृतीय हथौड़े से असंगत ध्वनियाँ सुनाई दे रही थीं। लोहार की दुकान में प्रवेश कर उसने पाया कि हथौड़ों के वजन में अंतर होने के कारण उनकी ध्वनियों में भी अंतर आ गया था। उसने हथौड़ों के वजन को लिख लिया और घर पहुँचने के बाद चार रस्सियों में हथौड़े के वजन के बराबर लोहा बाँधकर धातु पर टकराया तो लोहार की दुकान के समान ही ध्वनियाँ सुनाई पड़ीं। उसके बाद उसने पाँच पूर्ण सुर और दो आधे सुरों की खोज की।

पाइथागोरस केवल गणित, अंतरिक्ष विज्ञान और संगीत का ही आविष्कारक नहीं था, बल्कि औषधि विज्ञान का भी आविष्कारक था। हिप्पोक्रेटस के युग से काफी पहले ही उसने औषधि विज्ञान की खोज कर ली थी और हिप्पोक्रेटस के समय में भी पाइथागोरस के मत का पालन करनेवाले चिकित्सक निर्धन रोगियों का उपचार कर रहे थे। इस मत के चिकित्सक काफी समय तक समाज में रोग-निदान के क्षेत्र में अहम भूमिका का निर्वाह करते रहे थे। प्लेटो को इस बात का श्रेय दिया जाता है कि उसने पाइथागोरस के सिद्धांतों को नए सिरे से परिभाषित करते हुए उनका प्रचार-प्रसार किया। उसी तरह औषधि विज्ञान संबंधी पाइथागोरस के सिद्धांतों को नए सिरे से परिभाषित करने और लोकप्रिय बनाने का श्रेय हिप्पोक्रेटस को दिया जाता है। शरीर विज्ञान, पोषण और स्वच्छता के सिद्धांतों के आधार पर पाइथागोरस ने अपने औषधि विज्ञान की खोज की थी।

पाइथागोरस ने रोगों के उपचार की एक प्राकृतिक प्रणाली की खोज की थी, जिसके तहत दवा या शल्य क्रिया का प्रयोग नहीं किया जाता था। यह प्रणाली यूनान में गेलन के युग तक प्रचलित रही। गेलन ने इस विज्ञान के लिए पाइथागोरस के योगदान के प्रति कृतज्ञता व्यक्त की थी। पाइथागोरस को विभिन्न पौधों के

औषधीय गुणों की जानकारी थी और वह रोगों का उपचार करने के लिए जड़ी-बूटियों का इस्तेमाल करता था। उसने संगीत और रंगों का प्रयोग भी रोगों के उपचार के लिए किया। प्राकृतिक चिकित्सा संबंधी पाइथागोरियन प्रणाली को बाद में पाइथागोरस के मत को माननेवाले एक यायावर समुदाय थेरोपेटिक ने अपना लिया। इस समुदाय के चिकित्सक घूम-घूमकर रोगियों का मुफ्त उपचार करते थे और कहीं से भी बुलावा आने पर फौरन मदद के लिए वहाँ पहुँच जाते थे। इसी समुदाय से बाद में ईसाई मत का उद्‌गम हुआ। प्रथम शताब्दी ईसवी में इस समुदाय का नेता पाइथागोरियन मत पर चलनेवाला दार्शनिक टायना का अपोलोनियस था।

पाइथागोरस आहार विज्ञान का जनक था। उसने समुद्री वनस्पतियों के औषधीय गुणों के संबंध में एक ग्रंथ की रचना की थी, जिसे बाद में उसके अन्य ग्रंथों के साथ ही ईसाई धर्मावलंबियों ने नष्ट कर दिया। वर्तमान युग के विज्ञान ने भी सिद्ध कर दिया है कि समुद्री वनस्पतियों में आयोडीन सहित कई औषधीय गुण मौजूद होते हैं, जिनसे कई रोगों का उपचार किया जा सकता है। पाइथागोरस पहला व्यक्ति था, जिसने आहार के क्षेत्र में सामूहिक रूप से प्रयोग किया था। उसके अनुयायी उसके निर्देश पर कम प्रोटीनवाले शाकाहारी खाद्य पदार्थों को खाते थे। पाइथागोरस का मानना था कि इस तरह के आहार से मनुष्य की शारीरिक व मानसिक उन्नति हो सकती है। वह पहला व्यक्ति था, जिसने अन्य खाद्य पदार्थों की तुलना में बाजरे के पोषक तत्त्वों का विशेष रूप से उल्लेख किया था। चीन के लोग हजारों वर्षों से इस तथ्य को समझते हुए बाजरे को अपने आहार में शामिल करते रहे थे। पाइथागोरस के विचारों की वजह से ही पश्चिमी वैज्ञानिकों का ध्यान बाजरे की तरफ आकर्षित हो पाया।

पाइथागोरस को शाकाहार का जनक माना जाता रहा है और इस विषय पर लिखनेवाले परवर्ती युग के लेखकों को उससे प्रेरणा मिलती रही है। प्राचीनकाल के प्लुटार्क, ओविड और सेनेका से लेकर आधुनिक युग के शेली, रिचर्ड वेगनर और टॉल्सटॉय जैसे विचारक पाइथागोरस से प्रेरित होते रहे हैं। वह पहला व्यक्ति था, जिसने मनुष्य जाति के खाद्य अभ्यास को क्रांतिकारी नियम से बदलने का प्रयास किया था। उसने यूनान और रोम के दार्शनिकों के एक वर्ग को प्रेरणा दी थी, जिन्होंने अपने दार्शनिक सिद्धांतों में शाकाहार की अनिवार्यता को अपनाया। ऐसे दार्शनिकों में प्लेटो, अरस्तू, इपीओरुस, अपोलोनियस, प्रोफीरी, इंबलीचुस, प्रोक्लुस आदि के नाम लिये जा सकते हैं। परवर्ती युग में पाइथागोरस मत के आधार पर शाकाहार को अपनानेवाले समुदायों में इसेनेस समुदाय के लोग नियमों

के प्रति सबसे अधिक पाबंद थे। इस समुदाय को आरंभिक ईसाई मत का समुदाय माना जाता है।

पाइथागोरस इतिहास का पहला महान् जीव वैज्ञानिक था। गर्भ-धारण का उसका सिद्धांत, जिसे 'अंडाणु संबंधी सिद्धांत' कहा जाता है, कई सदियों तक प्रचलित रहा। आधुनिक युग में इस सिद्धांत की जगह प्रजनन संबंधी नए सिद्धांत की खोज की गई। अमेरिकी शरीर वैज्ञानिक जैकीस लोएब ने इस क्षेत्र में असाधारण शोध किया और प्रजनन के संबंध में नई व्याख्या दुनिया के सामने प्रस्तुत की। इस सिद्धांत के अनुसार, अंडाणु एक संभावित भ्रूण होता है, जिसे विकास के लिए शायद ही किसी उद्दीपक की आवश्यकता होती है और जो शुक्राणु की अनुपस्थिति में भी विकसित हो सकता है।

पाइथागोरस शरीर-विज्ञान का प्रथम विज्ञानसम्मत अध्येता भी था। इस विषय से संबंधित उसके सिद्धांत परवर्ती युगों में भी निरंतर प्रासंगिक बने रहे। उसने अंतःस्रावी विज्ञान के सूत्रों की भी खोज की। आधुनिक युग में वैज्ञानिक ब्राउन स्क्वायर्ड को इस विज्ञान का जनक माना गया, जिन्होंने अंतःस्रावी ग्रंथियों के स्रवण का विज्ञान-सम्मत अध्ययन किया और पुनर्यौवन की धारणा की पड़ताल की। शरीर विज्ञान संबंधी अध्ययन के दौरान पाइथागोरस ने मानव शरीर के सेक्स हार्मोन्स की अहमियत को भली-भाँति समझ लिया था, इसलिए उसने अपने अनुयायियों को ऐसी जीवन-शैली की शिक्षा दी थी, जो संयम पर आधारित हो और जिसमें ब्रह्मचर्य के आदर्श का पालन करते हुए शरीर के भीतर की ऊर्जा बचाकर रखा जाए। उसके अनुसार, इस तरह का संयमशील जीवन जीने से व्यक्ति बुढ़ापे में भी शक्तिशाली बना रह सकता था। उसने स्वयं इस नियम का अनुसरण किया। पाइथागोरियन समुदाय में ब्रह्मचर्य के सिद्धांत पर विशेष रूप से बल प्रदान किया गया है। उसके सभी अनुयायी इस सिद्धांत का पालन करते थे। बाद में पाइथागोरस के विचारों से प्रेरणा ग्रहण करनेवाले कई महान् गणितज्ञों, अंतरिक्ष वैज्ञानिकों, चिकित्सा-शास्त्रियों और दार्शनिकों ने भी इस सिद्धांत को अपनाया। ऐसे महान् व्यक्तियों में प्लेटो और अरस्तू भी शामिल थे।

एक ओर विज्ञान के क्षेत्र में पाइथागोरस ने अग्रणी अन्वेषक की भूमिका निभाई, उस विज्ञान का नाम है सुजनन विज्ञान (यूगेनिक्स)। आधुनिक चिकित्सा-शास्त्र के अस्तित्व में आने से हजारों साल पहले उसने इस विज्ञान पर आधारित सिद्धांतों का अध्ययन किया था और दावा किया था कि प्रजातियों का विकास करना मनुष्य का महत्त्वपूर्ण लक्ष्य होना चाहिए। उसने व्यक्तित्व के गुणों के

आनुवंशिक सिद्धांत का समर्थन किया था। वह मानता था कि शाकाहार, ब्रह्मचर्य, भावनात्मक नियंत्रण और स्वच्छतापूर्ण वातावरण में जीने से शारीरिक एवं मानसिक तौर पर उच्च नस्ल की संतान का जन्म हो सकता है। पाइथागोरस के अनुयायियों ने उसके इन सिद्धांतों को स्वीकार किया था और अपने जीवन में लागू भी किया था।

गणित, भौतिकी, जीव-विज्ञान जैसे विषयों की नींव रखते हुए पाइथागोरस ने शिक्षा एवं समाज-शास्त्र के क्षेत्र में भी उल्लेखनीय योगदान किया था। क्रोटोना नगर के सामने एक पहाड़ पर उसने अनूठे शैक्षणिक संस्थान की स्थापना की थी, जो एक विद्यालय भी था और एक समुदाय भी। वहाँ शिक्षा की एक नई प्रणाली का प्रवर्तन किया गया था। पाइथागोरस ने व्यक्ति के शारीरिक, बौद्धिक एवं आध्यात्मिक उत्थान के लिए इस शिक्षा-प्रणाली की खोज की थी और इस पर विचार किया था। उसने स्त्री और पुरुष की अलग-अलग जरूरतों के आधार पर पाठ्यक्रम निर्धारित किया था। स्त्रियों को उसकी पाइथागोरस की पत्नी की देखरेख में शिक्षा दी जाती थी और पुरुषों को वह स्वयं अपनी देखरेख में शिक्षा प्रदान करता था। पाइथागोरस की शिक्षा का उद्देश्य मात्र व्यक्ति का आत्मविकास करना ही नहीं था, बल्कि इसके द्वारा मानव समाज का परिवर्तन करना उसका मुख्य लक्ष्य था। क्रोटोना में स्थित पाइथागोरस के विद्यालय का उद्देश्य भविष्य के सामाजिक एवं राजनीतिक नेताओं को प्रशिक्षित करना था, जो भविष्य में विज्ञानसम्मत सरकारों की स्थापना कर सकते थे और इटली के नगर राज्य में भ्रष्ट राजनेताओं की सरकारों की जगह ले सकते थे। वैज्ञानिकों और संतों के नेतृत्व में एक नए क्रांतिकारी समाज का निर्माण करने के अपने प्रयत्न में उसे अभूतपूर्व सफलता मिल रही थी; मगर बाद में शक्तिशाली संभ्रांत वर्ग के शत्रुओं को उसके आंदोलन को कुचलने में सफलता मिल गई, जिन्होंने उसके विद्यालय को नष्ट कर दिया था और उसके अनुयायियों की हत्या कर दी थी। अगर वह साहसी सामाजिक आंदोलन सफल हो गया होता तो वास्तव में एक आदर्श राज्य एवं समाज की स्थापना संभव हो सकती थी। भले ही आंदोलन विफल रहा, मगर प्लेटो ने अपने ग्रंथ 'रिपब्लिक' में उस आंदोलन को अमर बना दिया, जिसमें प्लेटो ने पाइथागोरस के सिद्धांतों पर आधारित जीवन-शैली की पैरवी करते हुए ऐसे दार्शनिक शासक की कल्पना प्रस्तुत की, जिसे बचपन से ही पाइथागोरस की शिक्षा-प्रणाली द्वारा प्रशिक्षित किया गया हो, ताकि वह न्यायसंगत और प्रभावशाली ढंग से शासन चला सके।

पाइथागोरस और उसके सिद्धांत इतिहास के बेजान पृष्ठों तक ही सीमित

नहीं रह सकते, बल्कि वे वर्तमान युग में अधिक प्रासंगिक बने हुए हैं, क्योंकि मानव जाति को वर्तमान युग में अधिक कठिन चुनौतियों का सामना करना पड़ रहा है। ऐसा इसलिए हो रहा है, क्योंकि धर्म से विज्ञान को अलग कर दिया गया है, मनुष्य की बुद्धि को उसकी नैतिक प्रवृत्ति से अलग कर दिया गया है। बुद्धि का विकास दैत्याकार रूप ले चुका है, जो प्रकृति की शक्तियों को नियंत्रित करने लगी है; जबकि मनुष्य की नैतिक प्रवृत्ति दिनोंदिन कमजोर होती जा रही है। वर्तमान युग में मानव–प्रवृत्ति के एकांगी विकास के चलते ही परमाणु विनाश का खतरा उत्पन्न हो गया है और पृथ्वी पर मानव जाति का अस्तित्व संकट में दिखाई देने लगा है। विज्ञान की शक्तियों पर नैतिक शक्तियों द्वारा नियंत्रण करने में मनुष्य विफल नजर आ रहा है और इस मामले में उसे धर्म की प्रेरणा भी प्राप्त नहीं हो पा रही है। वर्तमान युग में विज्ञान और नैतिकता के मेल की सर्वाधिक आवश्यकता है, जिस बात की शिक्षा पाइथागोरस ने अपने दर्शन और सिद्धांत द्वारा मानव जाति को दी थी। जब मनुष्य की बुद्धि उसकी नैतिक शक्ति के अधीन रहेगी तो विज्ञान का उपयोग केवल मानव कल्याण के लिए किया जा सकेगा और मानव जाति के ऊपर मँडराते विनाश के खतरे को टाला जा सकेगा। वर्तमान विश्व को एक ऐसे ही विज्ञानसम्मत धर्म की सर्वाधिक आवश्यकता है, जिसका प्रवर्तन पाइथागोरस ने किया था। पाइथागोरस ने नैतिकता और मानवता के पहलू पर सर्वाधिक जोर दिया था। भले ही पाइथागोरस के विचार 2,500 वर्ष पुराने हैं, मगर वे विचार आज भी पूरी तरह प्रासंगिक बने हुए हैं और उनके जरिए वर्तमान युग की मानव जाति की कई समस्याओं का हल ढूँढ़ा जा सकता है।

□

पाइथागोरस की अतिमानवीय छवि

पाइथागोरस को उसके समकालीन मात्र दार्शनिक मानने की जगह अतिमानव और ईश्वर-तुल्य मानते थे और उसके व्यक्तित्व के चमत्कारों के कई किस्से प्रचलित हो गए थे। उसे एक संत माना जाता था और लोग समझते थे कि वह चमत्कार करने में निपुण था, जो मानवीय ज्ञान का असाधारण शिक्षक भी था। ऐसा कहा जाता था कि ग्रामीणों को परेशान कर रहा एक जंगली भालू उसके एक इशारे पर शांत हो गया था। उसके कहने पर एक बैल ने सेम के खेत में चरना बंद कर दिया था। ऐसी दंतकथाएँ प्रचलित थीं कि पाइथागोरस को एक ही दिन, एक ही समय दो अलग-अलग स्थानों पर प्रवचन देते हुए देखा जा सकता था। ऐसा भी कहा जाता है कि एक दिन जब वह नदी पार कर रहा था, तभी नदी देवता ने उसका अभिवादन करते हुए कहा, 'स्वागत है पाइथागोरस!' आम जनता की ऐसी मान्यता थी कि उसका एक पाँव सोने का बना था, क्योंकि उसे अपोलो देवता का पुत्र समझा जाता था।

वर्तमान युग के लोग भले ही पाइथागोरस के चमत्कारों पर विश्वास न करें, मगर एक सिद्ध पुरुष के रूप में उसकी महत्ता अपनी जगह बनी हुई है। मानव जाति की प्रगति में उसने जो योगदान किया, उसे कभी नहीं भुलाया जा सकता। वर्तमान युग में विज्ञान और सभ्यता के क्षेत्र में जो भी अभूतपूर्व प्रगति हुई है, उसके मूल में पाइथागोरस का योगदान रहा है। इतिहासकारों ने पाइथागोरस को पर्याप्त श्रेय नहीं दिया है, क्योंकि ईसाई धर्माधिकारियों ने सदैव पूर्वग्रह के आधार पर उसके योगदानों की विवेचना की है और जो उसके प्रति विद्वेष की भावना रखते रहे हैं; जबकि पाइथागोरस के सिद्धांतों के कुछ हिस्सों को आरंभक ईसाई मतावलंबियों ने आदर्श के रूप में अपनाया था। इसेंस के नाम से प्रसिद्ध आरंभिक ईसाई धर्मावलंबी वास्तव में पाइथागोरस के ही अनुयायी थे और पाइथागोरस की

बताई गई जीवन-शैली का अनुसरण करते थे। बाद में धर्माधिकारियों का रवैया बदल गया और वे पाइथागोरस को अपने मसीहा के प्रतिद्वंद्वी के रूप में देखने लगे और उसके लेखन तथा विचारों को नष्ट करने का अभियान शुरू कर दिया गया। यही वजह है कि मानव जाति के सबसे बड़े मानवतावादी और नैतिक सुधारक के साथ इतिहास ने कभी न्याय नहीं किया।

'दार्शनिक' शब्द के लिए विश्व पाइथागोरस का ऋणी है। सबसे पहले पाइथागोरस ने ही अपने आपको 'फिलॉसफर' (दार्शनिक) कहकर संबोधित किया था। उससे पहले बुद्धिमान लोगों को 'ज्ञानी' कहकर पुकारा जाता था, जिसका अर्थ यही समझा जाता था कि बुद्धि-संपन्न व्यक्ति ही ज्ञानी होता है। पाइथागोरस ने इस क्षेत्र में मौलिक सूझ-बूझ का प्रयोग किया और खुद को 'दार्शनिक' बताया। उसने इस शब्द को परिभाषित करते हुए कहा कि जो जानने का प्रयास करता है, वही दार्शनिक होता है।

दारा क्लिटस का कथन है—''मसार्चुस का पुत्र मानव-इतिहास का सर्वाधिक बुद्धिमान व्यक्ति था, जिसने विभिन्न ज्ञानी जन से ज्ञान प्राप्त कर नई दृष्टि और नए मत का अन्वेषण किया था। पाइथागोरस के देहांत के काफी समय बाद एक देववाणी का पालन करते हुए रोमन लोगों ने मानव जाति के सर्वाधिक बुद्धिमान व्यक्ति की स्मृति में प्रतिमा का निर्माण किया था।''

डायोजेनिस लर्टीअस ने लिखा है कि ''पाइथागोरस के अनुयायी उसके प्रति इतने समर्पित थे कि उसकी कही गई प्रत्येक बात को देववाणी के समान महत्त्वपूर्ण मानते थे। जीवित अवस्था में पाइथागोरस समुदाय का कोई भी व्यक्ति पाइथागोरस को उसके नाम से नहीं पुकारता था। वे उसे 'गुरुदेव' कहकर संबोधित करते थे।''

जब पाइथागोरस ऐलोपानेसस में था तब लेओनटियस ने उससे पूछा था कि उसकी कला क्या थी। ''मेरी कोई कला नहीं है। मैं एक दार्शनिक हूँ।'' उसने जवाब दिया था। लेओनटियस यह शब्द पहले सुन चुका था। उसने इस शब्द का अर्थ पूछा। पाइथागोरस ने गंभीर होकर जवाब दिया, ''इस जीवन की तुलना हम ओलंपिक खेलों के साथ कर सकते हैं। इस महान् अवसर पर कुछ लोग विजय और गौरव पाना चाहते हैं, ख्याति चाहते हैं। कुछ लोग अपने सामान का व्यापार कर लाभान्वित होना चाहते हैं, वहीं कुछ ऐसे भले लोग भी होते हैं, जो वहाँ ख्याति या लाभ के लालच में नहीं जाते। ऐसे लोग दर्शक बनकर पूरे खेल-प्रदर्शन का उपभोग करना चाहते हैं और उनका उद्देश्य विशुद्ध आनंद प्राप्त करना होता है।

इसी तरह हम लोग स्वर्ग में स्थित अपने मूल निवास को छोड़कर इस धरती पर आते हैं। हममें से कुछ लोग भौतिक सुख-सुविधाएँ प्राप्त करने के लिए आते हैं, कुछ लोग यश अर्जित करने के लिए आते हैं। वहीं थोड़े लोग ऐसे भी होते हैं, जो भौतिक भोग-विलासों के प्रति उदासीन होकर हर तरह की कठिनाइयों का सामना करते हुए केवल प्रकृति का अध्ययन करते हैं। इसी अंतिम श्रेणी के लोगों को मैं 'दार्शनिक' कहकर संबोधित करता हूँ। किसी भी व्यक्तिगत स्वार्थ के बिना केवल दर्शक की भूमिका निभाना एक पवित्र कार्य है। इस जीवन में ज्ञान अर्जन और साधना से बढ़कर गौरवपूर्ण कार्य दूसरा नहीं हो सकता।''

जी.एच. लेवीस ने पाइथागोरस के बारे में लिखा है—''क्या हमें इस बात पर आश्चर्य करना चाहिए कि उन्हें ईश्वर का दर्जा दिया गया था? उन्होंने समस्त सांसारिक प्रलोभनों और भौतिक महत्त्वाकांक्षाओं पर विजय पा ली थी और स्वयं को ज्ञान के प्रति पूरी तरह समर्पित कर दिया था। इस तरह आम मनुष्यों की तुलना में क्या वे एक श्रेष्ठ मनुष्य नहीं थे? हालाँकि बाद के इतिहासकारों ने उनका चित्रण सफेद लबादा पहननेवाले, स्वर्ण मुकुट सिर पर पहननेवाले धीर-गंभीर और रहस्यमयी व्यक्ति के रूप में किया, जो व्यक्ति मानव अस्तित्व से जुड़े सवालों की गहन पड़ताल करने में जुटा रहता था; होमर, हेसोइड और थालेस का संगीत सुनता रहता था या गणित की उलझनों में खोया रहता था।''

पाइथागोरस और पाइथागोरियन संप्रदाय के बारे में मेसोनियाई दार्शनिक अल्बर्ट पाइक ने 'मोरल्स एंड डोगमा' शीर्षक ग्रंथ में लिखा है—''पाइथागोरस को अधिकांश आरंभिक सत्य की शिक्षा जोरोस्टर से मिली थी। जोरोस्टर ने इंडियन लोगों से इन सच्चाइयों का ज्ञान प्राप्त किया था। उसके अनुयायियों ने मंदिरों, प्रतीकों या प्रतिमाओं की पूजा करने से इनकार कर दिया था। वे ऐसे समुदायों की हँसी उड़ाते थे, जो मानते थे कि मानव प्रकृति का संचालन किसी तरह के देवता द्वारा किया जाता है। पहाड़ की चोटियों पर साधना की जाती थी। कविता और प्रार्थना द्वारा वे आराधना किया करते थे। स्वर्ग में विराजनेवाले ईश्वर का स्मरण करते हुए वे उसकी उपासना करते थे। हेर्डीटस भी इसी परंपरा का पालन करता था। वे लोग प्रकाश को पूजा की वस्तु समझते थे, उसे मात्र शुद्ध और जीवंत प्रतीक ही नहीं समझते थे।''

इंबलीचुस ने अपनी पुस्तक 'लाइफ ऑफ पाइथागोरस' में लिखा है—''पाइथागोरस अपने अनुयायियों के लिए सोते-जागते समय ईश्वर के साथ प्रत्यक्ष संबंध बनाए रखने का साधन बन गया था। क्रोध, पीड़ा या आनंद की अनुभूतियों

के समय इस तरह का संबंध बनाना संभव नहीं हो सकता था। न ही बुनियादी जरूरतों की पूर्ति की आकांक्षा या अज्ञानतावश ईश्वर का साक्षात्कार किया जा सकता था। पाइथागोरस ने अपने समस्त अन्वेषण और अनुशासन से आत्मा को परिष्कृत बनाने का काम किया, आत्मा में नवीन ऊर्जा का संचार किया और उसकी पवित्रता की सुरक्षा सुनिश्चित की तथा आत्मा की दृष्टि को उच्चतर ज्ञान की तरफ केंद्रित किया, जिस बात की सराहना प्लेटो ने भी की है। जब इस तरह पवित्र और स्पष्ट दृष्टि का प्रयोग किया जाता है तो हम सत्य को भलीभाँति देख पाने में सफल होते हैं।''

अपने अनुयायियों के नैतिक चरित्र का उत्थान करने के लिए पाइथागोरस ने जो उपदेश दिए थे, उनमें से कुछ का उल्लेख उसके 'गोल्डन वर्सेज' के आरंभ में मिलता है। उसका कहना है कि मनुष्य को बुद्धि से अधिक ईश्वर पर आस्था रखनी चाहिए, नायकों से अधिक मानवमात्र का आदर करना चाहिए और माता-पिता का सबसे अधिक आदर करना चाहिए। जालेओस के अनुसार, पाइथागोरस ने सिखाया कि ईश्वर की आराधना कीमती उपहारों से नहीं, बल्कि अच्छे विचारों और सत्कर्मों द्वारा की जानी चाहिए।

प्राचीनकाल के विद्वानों ने पाइथागोरस की महत्ता को अच्छी तरह पहचाना था। वे मानते थे कि पाइथागोरस मानव जाति का सर्वश्रेष्ठ मार्गदर्शक और उपदेशक था। वह सच्चा संत और सूर्यदेव अपोलो का अवतार था। यह दुर्भाग्य की बात है कि बाद के युगों में धर्माधिकारियों ने पाइथागोरस की महत्ता को नष्ट करने का सुनियोजित अभियान चलाया और अपने धर्म को श्रेष्ठ बताने की चाह में पाइथागोरस के विचारों को नष्ट करने की कोशिश की। वे धर्माधिकारी पाइथागोरस की महत्ता और विशिष्टता को पूरी तरह लुप्त नहीं कर सकते थे, इसलिए उन्होंने उसकी प्रसिद्धि पर वार करने के लिए उसके विचारों की भ्रामक व्याख्याएँ पेश कीं और कहा कि वह एक अव्यावहारिक स्वप्नदर्शी व्यक्ति था, जो दिन-रात संख्याओं के जगत् में ही रमण करता रहता था। धर्माधिकारियों ने कभी स्वीकार नहीं किया कि पाइथागोरस ही समस्त पश्चिमी विज्ञान और सभ्यता का अन्वेषक और सर्वकालीन महानता नैतिक, सामाजिक, शैक्षणिक और राजनीतिक सुधारक था। इन धर्माधिकारियों ने अलेक्जेंड्रिया के पुस्तकालय में आग लगाकर उसके तथा उसके शिष्यों के लेखन को नष्ट कर दिया और फिर मध्य युग के धर्माधिकारियों ने भी उसके विचारों पर कुठाराघात करना जारी रखा।

डायोजेनिस लअर्टिस का कथन है कि ''पाइथागोरस ने मनुष्य को

महत्त्वाकांक्षा और मिथ्याभिमान से दूर रहने की सलाह दी थी और हमेशा भीड़ से दूर ही रहने के लिए कहा था।" डायोजेनिस ने यह भी लिखा है कि "पाइथागोरस ने हर प्रकार के अतिरेक का निषेध किया था और कहा था, 'किसी को भी भोजन और पेय पदार्थ निश्चित मात्रा से अधिक ग्रहण नहीं करना चाहिए।' "

स्त्री-पुरुष के संबंध की चर्चा करते हुए पाइथागोरस ने इंद्रिय-निग्रह की सलाह दी थी; मगर अविवाहित जीवन या विवाह और संतानोत्पत्ति से दूर रहने की बात नहीं कही थी। उसने एक बार कहा था, "मनुष्य को गरमियों की जगह सर्दियों में शारीरिक संबंध बनाना चाहिए। वहीं वसंत और हेमंत ऋतु में कम संबंध बनाना चाहिए। वैसे, प्रत्येक ऋतु में ऐसा संबंध नुकसानदेह ही होता है और सेहत के लिए ठीक नहीं होता।" एक बार जब उससे पूछा गया कि व्यक्ति को कब शारीरिक संबंध बनाना चाहिए, तो उसने कहा, "जब भी तुम स्वयं को कमजोर बनाना चाहो, तब शारीरिक संबंध बना सकते हो।"

पाइथागोरस संप्रदाय के लोग इंद्रिय-निग्रह के सिद्धांत का पालन करते थे। पाइथागोरस ने अपने अनुयायियों को सिखाया था कि जब यौन ऊर्जा का संरक्षण किया जाता है तो वह मस्तिष्क की ऊर्जा में रूपांतरित हो जाती है और जो व्यक्ति उच्च शारीरिक, बौद्धिक और आध्यात्मिक पूर्णता प्राप्त करना चाहता है, उसे सदैव इस तरह की ऊर्जा का सावधानीपूर्वक संरक्षण करना चाहिए। वह मानता था कि सहवास का उद्देश्य कभी भी आनंद प्राप्त करना नहीं हो सकता था, बल्कि इसका उद्देश्य मानव प्रजाति की भावी पीढ़ी को जन्म देना था। मानव प्रजनन विज्ञान से संबंधित पाइथागोरस के ये महत्त्वपूर्ण सिद्धांत थे, जिनकी शिक्षा उसने अपने अनुयायियों को दी थी और जिन सिद्धांतों का उसने अपने स्तर पर विकास किया था।

वृद्धावस्था तक पाइथागोरस का शरीर तंदुरुस्त बना रहा था और व्यक्तित्व से युवाओं जैसा तेज झलकता रहा था। ऐसा ही उसके अनुयायी अपोलोनियस के मामले में भी देखा गया था। ऐसी तंदुरुस्ती शाकाहारी भोजन के कारण संभव हुई थी। अपोलोनियस तो केवल फलों और जड़ी-बूटियों का सेवन करता था। इसके साथ ही इंद्रिय-निग्रह के सिद्धांत का पालन करते हुए युवावस्था का तेज बुढ़ापे तक उसके व्यक्तित्व से झलकता रहा था। पाइथागोरस दर्शन के तहत स्वास्थ्य संबंधी इन सिद्धांतों का पालन पाइथागोरस के अनुयायी सख्ती के साथ करते थे और इस तरह अपने तन-मन की शक्ति में बढ़ोतरी करते थे। इस तरह की संतुलित जीवन-शैली अपनाने के कारण पाइथागोरस की सेहत पर उम्र का कोई प्रभाव नहीं

पड़ा था और उसकी तंदुरुस्ती सदैव बनी रही थी। उसके जीवनीकार ने लिखा है—"ऐसा नहीं था कि वह कभी स्वस्थ दिखता था तो कभी बीमार दिखता था, कभी मोटा दिखता था तो कभी पतला दिखता था; बल्कि हमेशा तंदुरुस्त ही दिखाई देता था। जिस तरह का संतुलन उसके शरीर में था, उसी तरह का संतुलन उसके मस्तिष्क और आत्मा में भी प्रतीत होता था। उसके इंद्रिय-निग्रह, उसके आवेग और अनुभूतियों में भी वैसा ही संतुलन नजर आता था। वह कभी भी सुख या दुःख के बहाव में नहीं बहता था, न ही वह हँसी-रुलाई के मामले में किसी तरह का असंतुलित बरताव करता था; न तो कभी खुशी से झूमना पसंद करता था, न ही मातम मनाने की उसकी आदत थी। असंतुलन, अतिरेक, भाव-विह्वलता आदि से हमेशा दूर ही रहता था और कभी नकारात्मक वचन बोलना पसंद नहीं करता था। उसने कभी भी क्रोध की अवस्था में किसी सेवक या अन्य किसी व्यक्ति को दंडित नहीं किया था।"

मेनली हाल ने लिखा है—"पाइथागोरस अतिवादी नहीं था। उसने हर मामले में उदार दृष्टिकोण अपनाने की सीख दी थी और किसी भी मामले में अतिरेक से बचने की सलाह दी थी। उसका एक पसंदीदा कथन था—हमें हर तरह के विवाद से दूर रहना चाहिए, चाहे वह नगर का विवाद हो या परिवार का और हमें हर प्रकार की हिंसा से दूर रहना चाहिए।"

खुद को 'दार्शनिक' संबोधित करनेवाला पाइथागोरस जीवन-शैली के प्रति उतना ही जागरूक था जितना विचारों के प्रति था। सच्चे अर्थों में उसे 'जीने की कला का अध्येता' कहा जा सकता है, जिसने अपने स्तर पर कई क्रांतिकारी प्रयोग किए। यह दुर्भाग्य है कि परवर्ती दार्शनिकों ने विवेचनात्मकता को उलटकर रख दिया और जीवन-शैली की जगह चिंतन पर अधिक जोर डालना शुरू कर दिया। इस तरह जीवन-शैली की अनदेखी की गई। इस तरह दर्शन-शास्त्र को महत्त्वहीन बनाया गया और उसे पतन के गर्त में धकेला गया।

पाइथागोरस ने जिस बुद्धिसंगत और विज्ञानसम्मत जीवन-दर्शन का विकास किया, उसी से आत्मसंयम के दर्शन की उत्पत्ति हुई। यह दर्शन मानव आचरण के बुद्धिसंगत मार्गदर्शन से जुड़ा हुआ है। 'पाइथागोरस मत' का आशय है—पाइथागोरस की बताई हुई नैतिक और विज्ञानसम्मत जीने की प्रणाली, जो शाकाहार और इंद्रिय-निग्रह के सिद्धांत पर आधारित है। यह जीवन-शैली कुछ हद तक पहले से परिचित 'ओर्फिवाद' से मिलती-जुलती थी और पाइथागोरियन मत ओर्फिवाद का अधिक परिष्कृत रूप था। इस विषय के बारे में थॉमस टेलर ने

लिखा है—''पाइथागोरियन जीवन-शैली को मानव जीवन की पूर्णता का महानतम उदाहरण माना जा सकता है। व्यक्ति इस जीवन-शैली को अपनाकर वर्तमान में ही पूर्णता की स्थिति प्राप्त कर सकता है। इस जीवन-शैली का आधार नैतिकता है, जो विज्ञान के साथ जुड़ी हुई है। इस जीवन-शैली के तहत मस्तिष्क की क्षमता का विकास करने पर बल दिया गया है।''

इंबलीचुस ने पाइथागोरस के बारे में लिखा है—''पाइथागोरस ने अपने अनुयायियों के बीच सख्ती और अनुशासन के साथ जिस जीवन-शैली को लागू किया था, उसका पालन कर पाना प्रत्येक आम आदमी के लिए आसान नहीं हो सकता था। जीने की यह विलक्षणता ही बाद में 'पाइथागोरस मत' के नाम से प्रसिद्ध हुई। उसके अनुयायियों ने श्रद्धा के साथ उस जीवन-शैली को अपनाया, क्योंकि वे देख रहे थे कि स्वयं पाइथागोरस भी अपने जीवन में उन्हीं नियमों का अनुसरण कर रहा था। अनुयायी अपने गुरु को सामान्य मनुष्य नहीं समझते थे, बल्कि उसे सूर्य देवता अपोलो का अवतार समझते थे। वे उसके जीवन से जुड़ी चमत्कारिक घटनाओं का उल्लेख करते थे और उन सारे चमत्कारों को वे सच मानते थे। उन्हें लगता था कि किसी एक मनुष्य के लिए इतने सारे असाधारण कार्यों को करना संभव नहीं था। उन्हें लगता था कि उनके गुरु में अतिमानवीय विशेषताएँ थीं। उनके बीच एक कहावत प्रचलित थी कि मनुष्य के महज दो पाँव होते हैं, मगर पाइथागोरस के पास तो तीन पाँव थे। अरस्तू ने भी अपनी पुस्तक 'पाइथागोरस फिलॉसफी' में इस बात का उल्लेख किया है कि पाइथागोरस को उसके अनुयायी अतिमानव समझते थे।''

इंबलीचुस ने लिखा है कि पाइथागोरस से संबंधित जो कहानियाँ और दंतकथाएँ प्रचलित थीं, उनके आधार पर जनमानस में उसकी छवि एक सामान्य मनुष्य की जगह अतिमानव जैसी निर्मित हुई थी।

इंबलीचुस के अनुसार, पाइथागोरस ने कहा था कि वह नैतिकता के क्षेत्र में मानव प्रजाति की कमजोरियों को दूर करने और दशा सुधारने के लिए आया था। वह मानता था कि मनुष्य जीवन के मूल उद्देश्यों से भटक चुका था और अनुशासन द्वारा उसे सही राह पर लाया जा सकता था। पाइथागोरस के एक प्राचीन जीवनीकार का मानना है कि पाइथागोरस ने मानव जाति का जैसा कल्याण किया, वैसा न तो अतीत में किसी ने किया, न ही भविष्य में कोई कर पाएगा।

अनुयायियों के बीच पाइथागोरस की लोकप्रियता का उल्लेख करते हुए इंबलीचुस ने लिखा है—''उसके अनुयायी उसे एक ओलंपियन देवता मानते थे

और उसका आदर करते थे। उनका विश्वास था कि मानव जाति के कल्याण हेतु देवता ने मनुष्य का शरीर धारण कर लिया था। उनके बीच कहावत प्रचलित थी कि लंबे बालोंवाला सामियन एक ऐसा विलक्षण व्यक्तित्व था, जो यूनानियों का उद्धार करने के लिए धरती पर आया था और जिसकी तुलना किसी भी अन्य व्यक्तित्व से नहीं की जा सकती थी।''

अरस्तू ने लिखा कि पाइथागोरस संप्रदाय के प्राणियों को तीन श्रेणियों में विभाजित किया गया था—मनुष्य, देवता और पाइथागोरस सदृश, यानी पाइथागोरस का देवता और मनुष्य के साथ समान रूप से संबंध था।

इंपेडोकल्स ने लिखा—''पाइथागोरस ज्ञान की प्रतिमूर्ति था। उसके पास प्रचुर बौद्धिक संपदा थी और उसने अपनी बौद्धिक शक्ति द्वारा मानव जाति को प्रगति का रास्ता दिखलाया था।''

पाइथागोरस ने नैतिकता के उन्नत नियम बनाए थे, जिनका अनुसरण उसके शिष्यों ने किया था। डायोजेनिस के अनुसार, पाइथागोरस के अनुयायी अपने आपसे सवाल पूछते थे, 'मेरा कितना आत्मविकास हुआ है? मैंने अब तक क्या किया है? ऐसा कौन सा काम अधूरा है, जिसे पूरा करना था?' अनुयायी प्रेम व भाईचारे के वातावरण में एक साथ रहते थे और एक-दूसरे के साथ संसाधनों को बाँटते थे।

गौतम बुद्ध, लाओत्से, जोरोस्टर जैसे अपने महान् समकालीन संतों की तरह पाइथागोरस ने शाकाहार पर आधारित नए धर्म की स्थापना की थी और अहिंसा की सीख दी थी। वह मानता था कि मांसाहार द्वारा हिंसा की मनोवृत्ति फैलती है और पशुओं की जान लेनेवाला मनुष्य बाद में मनुष्यों की जान लेने लगता है। विश्व-शांति के लिए वह शाकाहार को अनिवार्य शर्त मानता था।

□

यूनानी दर्शन की परंपरा

पाश्चात्य दर्शन का जन्म यूनान में हुआ। यूनानी दार्शनिकों ने पहले जड़ जगत् का विवेचन किया, फिर अंतर्मुखी दृष्टि से चेतन आत्मा का विश्लेषण किया और अंत में जड़ जगत् तथा चेतन आत्मा का समन्वय तत्त्व में कर दिया। यूनानी दर्शन का अध्ययन पाश्चात्य दर्शन के इतिहास को जानने के लिए तो आवश्यक है ही, किंतु उसका अपना भी एक आकर्षण है। यूनानी दर्शन के बिना पाश्चात्य दर्शन को जानना असंभव है। पाश्चात्य दर्शन के सभी महत्त्वपूर्ण सिद्धांतों का सूत्रपात यूनानी दर्शन में हो गया था। ह्वाइटहेड का यह कथन कि—"यूरोपीय दार्शनिक परंपरा प्लेटो के सिद्धांतों पर धारावाहिक टिप्पणी है।" सर्वथा सत्य है।

अरस्तू की मध्य युग की शास्त्रीय विचारधारा पर जो अत्यधिक प्रभाव पड़ा, वह प्रसिद्ध है। मध्य युग में अरस्तू ज्ञान के प्रतीक माने जाते थे। प्रसिद्ध है कि एक पिता ने अपने पुत्र को, जिसने सूर्य में कुछ धब्बों को अपने वैज्ञानिक प्रयोगों से सिद्ध किया था, यह पत्र लिखा—"प्रिय पुत्र, मैंने अरस्तू को कई बार पढ़ा है और मैं तुम्हें विश्वास दिलाता हूँ कि उन्होंने ऐसी कोई बात नहीं कही। अतः निश्चित समझो कि जिन धब्बों को तुम सूर्य में बताते हो, वे सूर्य में न होकर तुम्हारी ही आँखों में हैं।" यूनानी दर्शन के अध्ययन का यूरोप को धार्मिक अंधविश्वासों से मुक्त करने में और दर्शन का स्वतंत्र वैज्ञानिक विश्लेषण करने में विशेष हाथ रहा है। मध्य युग की धार्मिक दासता को समाप्त करके आधुनिक युग का सूत्रपात कराने में यूनानी दर्शन के अध्ययन ने बड़ा योग दिया है। साथ-ही-साथ विश्लेषण और संदेह के कुप्रभाव को रोकने में और संश्लेषण व समन्वयात्मक अंतर्दृष्टि जाग्रत् करने में तथा 'सत्यं शिवं सुंदरम्' को प्रतिष्ठित करने में भी यूनानी दर्शन के अध्ययन ने सक्रिय सहायता दी है।

सभ्यता, संस्कृति और दर्शन का यूनान में सहसा प्रादुर्भाव होना अनेक

विद्वानों के आश्चर्य का विषय रहा है। प्रायः विद्वानों की यही मान्यता है कि यह यूनान का अपना स्वतंत्र विकास है और इस पर कोई बाहरी प्रभाव नहीं पड़ा। बीसवीं शताब्दी के कई अन्वेषणों, विशेष रूप से भूगर्भ की खुदाई से प्राप्त कई महत्त्वपूर्ण वस्तुओं, से यह सिद्ध हो गया है कि प्राचीन यूनान पर मिस्र और बेबिलोनिया का प्रभाव निस्संदेह पड़ा है। यह भी बहुत कुछ संभव है कि भारतीय विचारधारा भी ईरान, मिस्र और बेबिलोनिया होती हुई यूनान के उपनिवेशों और वहाँ से यूनान में पहुँची हो।

यूनानी दर्शन का सबसे प्राचीन मत 'माइलेशियन मत' है, जिसके तीन प्रतिनिधि—थेलीज, एनेक्जिमेंडर और एनेक्जिमेनीज हैं।

थेलीज पाश्चात्य दर्शन के सर्वप्रथम दार्शनिक हैं। उनकी गणना यूनान के 'सप्तर्षियों' में की जाती है। इन्होंने मिस्र की रेखागणित प्रणाली का यूनान में पहली बार प्रचार किया। उनका समय ईसा से पूर्व छठी शताब्दी है, क्योंकि उन्होंने 585 ईसा पूर्व में होनेवाले सूर्यग्रहण की भविष्यवाणी कर दी थी।

थेलीज के अनुसार, विश्व का परम तत्त्व 'जल' है। जल से ही सृष्टि की उत्पत्ति है, जल के ऊपर ही इसकी स्थिति है और जल में ही इसका प्रलय है। जल, बिंदु रूप से, सबका जनक है। जल गति और परिणाम का सूचक है और उस परिणाम का आधारभूत तत्त्व भी है। जल तरल है, किंतु उड़नेवाली भाप के रूप में और बर्फ के रूप में भी बदलता है। जल जीवन और पोषण के लिए आवश्यक है।

एनेक्जिमेंडर थेलीज के शिष्य थे। उनकी कृति 'प्रकृति पर निबंध' यूरोपीय दर्शन साहित्य की प्रथम रचना है। इसके कुछ अंश प्राप्त हैं। एनेक्जिमेंडर के अनुसार, जल के अन्य किसी भौतिक द्रव्य को परम तत्त्व नहीं माना जा सकता। परम तत्त्व अनंत होना चाहिए। चारों भौतिक द्रव्य—पृथ्वी, जल, अग्नि और वायु शांत हैं। इनमें परस्पर संघर्ष है। यदि इनमें कोई द्रव्य या महाभूत अनंत होता तो अनन्य महाभूतों की सत्ता नहीं रहती। अतः परम तत्त्व इन चारों महाभूतों से भिन्न और इनका भी जनक होना चाहिए। इस परम तत्त्व को उन्होंने केवल 'असीम' कहकर पुकारा है। यह अनंत, नित्य, स्वयंभू, अविनाशी और अपरिणामी है। इस परम तत्त्व से सब भूतों की उत्पत्ति है। इसी में उनकी स्थिति है और इसी में उनका लय है।

स्वयं अपरिणामी और अगतिशील होने पर भी यह परम तत्त्व संसार की गति, परिणाम, विरोध और संघर्ष का जनक है। सांसारिक पदार्थों में विरोध या संघर्ष होना अनिवार्य है, क्योंकि उसी से उनका विकास होता है। इन विचारों का

प्रभाव हेरेक्लाइटिस और हेगल पर पड़ा है। एनेक्जिमेंडर विकासवाद के भी जनक हैं। उनके अनुसार, सृष्टि की उत्पत्ति का वास्तविक अर्थ उसका विकास है। मछली आदि जल-जंतुओं से पक्षी और पशुओं द्वारा क्रमशः मनुष्य का विकास हुआ है। एनेक्जिमेंडर ने यूरोप में पहली बार पृथ्वी को गोल और सूर्य को पृथ्वी से कई गुना बड़ा बताया। उन्होंने ही प्रथम मानचित्र भी बनाया।

एनेक्जिमेनीज एनेक्जिमेंडर के शिष्य थे। उनमें न तो अपने गुरु जैसी प्रतिभा थी और न वैसी मौलिकता। उन्होंने वायु को परम तत्त्व माना और उसे असीम व अनन्य बताया। वायु ही अग्नि का रूप लेती है और तरल होकर जल बन जाती है तथा जमकर पृथ्वी के रूप में परिणत हो जाती है। आत्मा भी प्राणवायु ही है। इससे गति और जीवन का संचार होता है। समस्त लोक वायु के आधार पर टिके हुए हैं।

माइलेशियन मत का महत्त्व उसके सिद्धांतों की अपेक्षा अन्वेषणात्मक प्रवृत्ति के कारण अधिक है।

पाइलेशियन मत के बाद पाइथागोरियन मत का जन्म हुआ। इसके संस्थापक पाइथागोरस थे। इनमें वैज्ञानिक विश्लेषण और रहस्यवादी साधना का समन्वय था। इनका समय ईसा से पूर्व छठी शताब्दी है। गणित के ये संस्थापक माने जाते हैं। रेखागणित में उनके नाम से एक सिद्धांत अभी तक प्रचलित है। उनके अनुसार, सब पदार्थ संख्या मात्र हैं। संगीत को वे मानसिक दोष दूर करने का साधन मानते थे और दर्शन को 'सर्वोत्तम संगीत' कहते थे। जैसे संगीत में विविध स्वर एक ही तान को ध्वनित करते हैं, वैसे ही दर्शन में भी सब सांसारिक पदार्थ परस्पर भिन्न होते हुए भी एक ही तत्त्व का राग अलापते हैं।

माइलेशियन दार्शनिकों ने 'द्रव्य' का विवेचन किया। पाइथागोरस ने 'स्वरूप' की प्रतिष्ठा की। स्वरूप अतींद्रिय, सामान्य और विज्ञान रूप है। अभेद, समन्वय और सामंजस्य इसी के कारण संभव होते हैं। गणित का विषय 'विज्ञान' है। इंद्रियों द्वारा अनुभूत जगत् में जितने भी विभिन्न पदार्थ हैं, वे सब विज्ञानों की क्षीण प्रतिकृति हैं। पाइथागोरस के इन विचारों का प्रभाव प्लेटो के विज्ञानवाद पर पड़ा है।

पाइथागोरस ने अपने समाज की स्थापना की। इस संस्था के सदस्य धार्मिक व नैतिक जीवन बिताते हुए दर्शन की चर्चा और रहस्यमय साधना करते थे। वे निरामिष भोजी थे और पुनर्जन्म में विश्वास रखते थे, आत्मा की अमरता और ईश्वर की प्रभुता को मानते थे। त्याग, तपस्या और संयम पर उनका विशेष ध्यान था। कर्मवाद में उनकी अटल श्रद्धा थी। पूर्व कर्मों से यह जीवन बना है और इस

जन्म के कर्म पुनर्जन्म के स्वरूप का निर्माण करेंगे। शुभाशुभ कर्मों का फल अवश्य भोगना पड़ता है। गुरु और शिष्य के साक्षात् संपर्क को वे बहुत महत्त्व देते थे। असली विद्या गुरु-कृपा से प्राप्त होती है। संसार जन्म-मरण का चक्र है। इस भव-चक्र से छुटकारा पाना मानव जीवन की सार्थकता है। यह ज्ञान से ही संभव हो सकता है। दर्शन ज्ञान का प्रेम है। असली ज्ञान तटस्थ द्रष्टा का ज्ञान है। निर्लिप्त होकर इस जगत् में साक्षी के समान रहना सर्वोत्तम है। ओलंपिक खेलों में तीन प्रकार के मनुष्य जाते हैं—प्रथम, वे जो केवल क्रय-विक्रय करने जाते हैं; द्वितीय वे, जो खेल में भाग लेते हैं और तृतीय वे हैं, जो केवल दर्शक बनकर आते हैं। इसी प्रकार इस जीवन में भी तीन श्रेणियों के लोग हैं—सबसे नीचे वे हैं, जो केवल क्रय-विक्रय करते हैं। मध्यम श्रेणी में वे लोग हैं, जो इस जीवन के खेल में सक्रिय भाग लेते हैं। उत्तम श्रेणी में वे हैं, जो केवल तटस्थ द्रष्टा हैं। इन्हीं को क्रमशः धन का प्रेमी, यश का प्रेमी और ज्ञान का प्रेमी कहा जाता है। ज्ञान का प्रेमी होना अर्थात् तटस्थ दार्शनिक होना सर्वोत्तम है। प्लेटो ने भी पाइथागोरस के इन विचारों को अपनाया है। महावीर और बुद्ध के समसामयिक पाइथागोरस के विचार भारतीय विचारों से बहुत कुछ मिलते हैं।

द्रव्य और स्वरूप की समस्या के बाद ही यूनानी दर्शन में परिणाम और सत्ता की समस्या आती है।

होमर के महाकाव्य 'इलियड' को पढ़ने से यह धारणा बनती है कि प्राचीन यूनानियों के सामने वे सभी समस्याएँ थीं, जिन पर आगे चलकर दार्शनिकों ने विचार किया। वे जानना चाहते थे कि संसार की उत्पत्ति कैसे हुई, मनुष्य कहाँ से आया, वह कैसे जीवित रहता है, उसके जीवन की घटनाओं के पीछे कौन सा कारण छिपा रहता है और मरने पर कुछ शेष रहता है या नहीं।

इन प्रश्नों के ठीक-ठीक उत्तर न सोच पाने के कारण पाश्चात्य जगत् के उस युग का मनुष्य भौतिक उपादानों को साकार बनाकर अपनी जिज्ञासा शांत कर रहा था। मानवीय सृष्टि की समस्या को वह देवी-देवताओं की कल्पना से हल कर रहा था। होमरकालीन देव वाद का कोई व्यवस्थित रूप नहीं था, पर उसमें कार्य-संबंध की तथा नियमन की आकांक्षा छिपी हुई थी। जीवन बड़ा ही अनिश्चित था, किंतु भोले-भाले यूनानी इतना अवश्य समझ रहे थे कि जो कुछ होता है, किसी-न-किसी नियम के अनुसार होता है, किसी-न-किसी कारण से होता है। इसलिए वे सभी मानवीय घटनाओं को देवताओं के मत्थे मढ़ते थे, पर दैवी न्याय की कल्पना भी करते थे। ट्रोजन युद्ध में दो योद्धाओं के भिड़ने पर उनके विचार से वही मर रहा

था, जिसके भाग्य का पलड़ा 'जियस' के तराजू पर हलका पड़ रहा था। मरने के बाद उनकी आत्माएँ, जिन्हें वे जीवित पुरुष की छाया मात्र समझ रहे थे, हेडज के देश को चली जा रही थीं। ये सब विचार बहुत समय तक यूनानियों के चिंतन को व्यक्त या अव्यक्त रूप से प्रभावित करते रहे।

इस समय के चिंतन में नैतिक पक्ष की बहुत कमी थी, क्योंकि मनुष्य अपने सभी कामों को देवताओं की इच्छा पर निर्भर मानने के कारण जहाँ उन्हें उचित कार्यों का श्रेय दे रहा था, वहीं अनुचित कार्यों का दोष भी लगा रहा था। यही कारण है कि सुकरात को ईसा पूर्व चौथी शताब्दी में सांस्कृतिक नैतिकता के विरुद्ध आवाज उठाने के अपराध में प्राणदंड भोगना पड़ा। पर यह स्थिति तो बहुत समय बाद उत्पन्न हुई। ईसा पूर्व छठी शताब्दी तक होमरकालीन सभ्यता को ही युक्ति-युक्त बनाने के प्रयत्न होते रहे।

होमर के एक शताब्दी बाद ईसा पूर्व आठवीं शताब्दी में हेसियड नामक कवि ने सांस्कृतिक देवी-देवताओं के वंशवृक्ष तैयार किए। उसके वर्णनों से मानवीय चिंतन में एक आवश्यक परिवर्तन की सूचना मिलती है। अब तक यूनान का मनुष्य सृष्टि की शृंखला में क्रम और व्यवस्था की आकांक्षा करने लगा था। इसी के फलस्वरूप हेसियड ने सृष्टि के विकास के तीन सोपान बनाए।

सृष्टि के पहले चरण में 'केऑड' (शून्य), 'गिया' (पृथ्वी) और 'इरास' (काम) की उत्पत्ति हुई। इनमें से काम की कल्पना प्रेरक तत्त्व की कल्पना है। आगे चलकर एंपीडॉक्लीज ने हेसियड के इसी 'काम' को और होमर के डिस्कोर्ड (द्वेष) को संयोग-वियोग के नियमों में परिणत किया। शून्य और पृथ्वी ने सृष्टि का कर्म आगे बढ़ाया।

दूसरे चरण में शून्य से अंधकार (इटेवस) और रात्रि (निक्स) उपजे। इन दोनों के संयोग से शून्य को भरनेवाला तरल 'ईथर' और 'एसरा' या दिन उत्पन्न हुआ। निया अथवा पृथ्वी ने आकाश उत्पन्न किया और फिर दोनों ने मिलकर टाइटन परिवार उत्पन्न किया। इस टाइटन परिवार में ही पुरुष क्रोनॉस और ओकिएनस तथा स्त्रियाँ 'रिया' और 'टेघीज' थीं, जिनमें से क्रोनास और रिया ने देव संतति तथा ओकिएनस और टेघीज ने जलपरियों को उत्पन्न किया।

तीसरे चरण में, देवताओं और जलपरियों के संयोग से योद्धाओं की उत्पत्ति होती है और उनके पतन से धीरे-धीरे मानवीय सृष्टि का विकास होता है। इस सृष्टि वर्णन में भावी विचारकों के लिए बहुत से संकेत थे। इनमें एक ही मूल से पूरी सृष्टि के विकास की बात थी—एक अनिश्चित स्वभाववाले पदार्थ से

निश्चित, किंतु विरुद्ध स्वभाववाली वस्तुओं के विकास की बात थी। टाइटनों ने ही तो ओलिंपस पर रहनेवाले देवों और भूमि पर रहनेवाली जलपरियों को उत्पन्न किया था। पर, अभी एक मूल तत्त्व की शेष भौतिक वस्तुओं के विकास की बात तथा टाइटनों से मानवीय सृष्टि के विकास तक की कहानी पूरी न हुई थी। ऑर्फियस के गीतों की परंपरा ने इसे पूरा करने का प्रयत्न किया।

सातवीं शताब्दी ईसा पूर्व के आस-पास यूनान में ऑर्फियस के गीतों की परंपरा बन गई थी। लगभग प्रत्येक यूनानी कवि ऑर्फियस के नाम पर प्रचलित गीतों की कथाओं को नए गीतों का रूप दे रहा था। करुण रस का पुट मिल जाने से ये गीत बहुत लोकप्रिय हो गए थे और इन्होंने जन-धारणा को बहुत प्रभावित किया था। इन गीतों में सृष्टि की कथाएँ गाई जाती थीं; किंतु डायोनीसस जैग्रियस की तथा प्रथम मनुष्य की उत्पत्ति की कहानियाँ मुख्य थीं। ये कहानियाँ संक्षेप में इस प्रकार हैं—

1. जियस ने डेमीटर की पुत्री पर्सीफोनी से डायोनीसस नामक पुत्र उत्पन्न किया और उसे संसार का भावी शासक नियुक्त किया। टाइटनों ने इसे नापसंद किया और एक दिन अवसर पाकर उन्होंने डायोनीसस को मारकर उसके टुकड़े किए और आपस में बाँटकर खाने लगे। अकस्मात् देवी एथीना की निगाह पड़ गई और उससे डायोनीसस का हृदय टाइटनों से छीनकर जियस के पास पहुँचाया। जियस ने डायोनीसस के हृदय को निगलकर उसका बीज अपने में सुरक्षित कर लिया और उससे पुनः डायोनीसस की उत्पत्ति की। इस बार उसका नाम 'डायोनीसस जैग्रियस' पड़ा।

2. डायोनीसस को खा जाने के अपराध में जियस ने अपना वज्र छोड़कर टाइटनों को भस्म कर दिया। पर यह सोचकर कि टाइटनों के शरीर में उनके पुत्र का अंश था, उन्होंने सारी भस्म इकट्ठा कर उसे प्रथम मनुष्य का रूप दे दिया।

इन कहानियों में मनुष्य की द्विधा, प्रकृति और आत्मा के आवागमन के विचार छिपे हुए थे; क्योंकि जिस भस्म से पहला मनुष्य बना था, उसमें टाइटनों की आसुरी प्रकृति और डायोनीसस की देव प्रकृति के अंश थे। साथ ही एक जीवन से दूसरे जीवन में जाने की बात थी। ऑर्फियस की गीत परंपरा ने पाइथागोरस के संप्रदाय को प्रभावित किया था। इसलिए उस संप्रदाय में भी आत्मा के आवागमन की बात मानी जाती थी।

छठी शताब्दी ईसा पूर्व तक यूनानियों में इतनी तर्क बुद्धि जाग चुकी थी कि वे अपनी सांस्कृतिक कहानियों पर आलोचनात्मक दृष्टि डालने लगे थे। इसी बीच

एशिया माइनर में फारस के हमले शुरू हो गए थे। उनके कारण भी प्राचीन देववाद में यूनानियों का विश्वास कम हो चला था। ईसा पूर्व 546 में लीडिया के शासक क्रीसस की हार हो जाने से भौतिक समस्याओं पर नवीन ढंग से सोचने की आवश्यकता को पूर्ण समर्थन मिल गया। कहा जाता है, यूनानी दर्शन का जन्मदाता थेलीज क्रीसस का वैज्ञानिक परामर्शदाता था।

अपनी अपूर्णता के कारण यूनान में भौतिकवाद उस युग में पनप नहीं सका। इसका एक कारण यह भी था कि पुराने देववाद का प्रभाव अभी बहुत कम नहीं हो पाया था। फिर, भौतिक जगत् का ज्ञान इतना अपूर्ण था कि दार्शनिकों को अपनी गुत्थियों को सुलझाने के लिए बौद्धिक प्रत्ययों का सहारा लेना ही पड़ता था। इसलिए जहाँ दार्शनिकों के एक समूह ने जल, वायु आदि भौतिक तत्त्वों का प्राथमिक अस्तित्व माना, वहीं दूसरी धारा ने प्राथमिक अस्तित्व को 'असीम', 'सत्', 'विज्ञान' आदि नाम दिए।

इस बुद्धिवादी परंपरा का भौतिकवाद के साथ ही जन्म हुआ था। एनेक्जिमेंडर ने जिस समय असीम को संसार का स्रोत कहा था, लगभग उसी समय थेलीज और एनेक्जिमेनीस जल और वायु को परम तत्त्व बता रहे थे। हेराक्लाइटस अग्नि से वस्तुओं के आविर्भाव को 'अधोमार्ग' और अग्नि में वस्तुओं के तिरोभाव को 'ऊर्ध्वमार्ग' कहता है और सत्य ज्ञान में दोनों मार्गों की एकता का समर्थन करता है। निश्चय ही यूनानी भौतिकवादी अपने भौतिक तत्त्वों को स्थूल और सूक्ष्म दोनों रूपों में देख रहे थे। किंतु बुद्धिवाद को विशेष रूप से पाइथागोरस, पारमेनाइडीज और एनेक्जागोरस ने सबल किया।

पारमेनाइडीज का समय ईसा पूर्व 470 माना जाता है। वह हेराक्लाइटस के मत से परिचित था। इस मत में वस्तु जगत् को अग्नि का रूपांतर बताकर उसके मिथ्या होने की ओर संकेत किया गया था। पारमेनाइडीज ने बलपूर्वक उपदेश दिया कि सत् के अतिरिक्त और कुछ सत्य नहीं है। उसने सत् को अनादि, अनंत, अद्वितीय, अविनश्वर तथा सार्वभौम कहा था। उसका कथन था कि सत् अचल है। इसमें गति नहीं होती। गति या परिवर्तन केवल भ्रम है। इस प्रकार उसने एक अचल निरपेक्ष सत्य को संसार का मूलाधार बताकर आगे चलकर विकसित होनेवाले विश्वसनीय परब्रह्म के लिए मार्ग प्रशस्त किया।

पारमेनाइडीज के दर्शन से प्रभावित होकर एनेक्जागोरस ने कहा कि प्रारंभ में संसार बहुत ही अव्यवस्थित था, किंतु 'नाउस' (बुद्धि तत्त्व) ने उत्पन्न होकर मिश्रित पदार्थों में गति उत्पन्न की, जिससे सभी वस्तुओं ने अलग-अलग रूप

ग्रहण किए। एनेक्जागोरस का 'नाउस' बुद्धि तत्त्व अथवा चेतन तत्त्व था। इस मत ने दो आवश्यक सुझाव दिए थे। एक यह था कि संसार का आदि कारण चेतन है और दूसरा यह कि गति का स्रोत पदार्थवादियों की भाँति पदार्थों में न खोजकर उनसे बाहर खोजना चाहिए। एनेक्जागोरस के सिद्धांत ने मनोविज्ञान के विकास के लिए भी स्थान बना दिया था। मगर अभी तक यूनानी दर्शन का कोई व्यवस्थित रूप नहीं बन पाया था, केवल बहुत से फुटकर विचार एकत्र हो गए थे।

ईसा पूर्व पाँचवीं शताब्दी के मध्य में यूनान में सोफिस्ट कहलानेवाले शिक्षकों का एक दल तैयार हुआ, जिसने युवकों को घूम-घूमकर संभाषण की शिक्षा देना आरंभ किया। वे शिक्षक धन लेकर शिक्षा देते थे, इसलिए सुकरात और प्लेटो ने उनकी बहुत निंदा की थी। वैसे, उन शिक्षकों ने बहुत से ऐसे काम किए थे, जिनसे चिंतन-पद्धति के विकास में सहायता मिली।

प्रोडिकस नामक एक सोफिस्ट ने मिलते-जुलते शब्दों के अर्थों का भेद समझने के लिए पुस्तकें लिखीं। उस समय तक यूनानी भाषा का न तो कोई कोश बना था और न व्याकरण ही। पहले-पहल सोफिस्टों के ही समय में विद्यार्थियों को ज्ञान प्राप्त कराने के निमित्त पाठ तैयार किए गए थे। इन सब कार्यों से शिक्षण-पद्धति का विकास हुआ। शिक्षण की आवश्यकता से ही व्यवस्थित ढंग से विचारों को व्यक्त करने का प्रयत्न प्रारंभ हुआ और व्याख्या-पद्धतियों का भी विकास होने लगा।

प्रसिद्ध है कि सोफिस्ट किसी भी वाक्य का मनमाना अर्थ निकाल लेते थे। उनके इस कार्य से विचारकों को बहुत लाभ हुआ। उनकी समझ में आया कि बिना चिंतन का मानदंड स्थिर हुए व्याख्याएँ सीमित नहीं की जा सकतीं। अरस्तू के तादात्म्य के नियम 'लॉ ऑफ आइडेंटिटी' को सोफिस्टों की व्याख्या-पद्धति की प्रतिक्रिया का फल मान लेना अनुचित नहीं होगा।

सोफिस्टों से सबसे वृद्ध प्रोटैगोरस था। वह मनुष्य को सभी मानदंडों का जन्मदाता मानने के लिए यूनानी दर्शन में प्रसिद्ध हो गया है; किंतु इस मत के कारण उसे स्थूल व्यक्तिवाद का समर्थक नहीं समझना चाहिए। उसका कथन उस समय तक विकसित सभी यूनानी मतों पर एक संक्षिप्त टिप्पणी है। तब तक किसी तार्किक शैली का विकास नहीं हुआ था। जिस विचारक की समझ में जो आया था, वही उसने उपदेश के रूप में कह दिया था।

प्रोटैगोरस के कथन से सुकरात एवं प्लेटो अरस्तू ने संकेत लिये और तर्क का विकास हुआ।

सोफिस्टों के ही काल में यूनान के प्रसिद्ध दार्शनिक सुकरात (साक्रेटीस) का जन्म हुआ था। प्रसिद्ध इतिहासकार ग्रोटे ने सुकरात का समय ईसा पूर्व 469 से 399 माना है। सभी मान्य विवरणों से पता चलता है कि सुकरात एथेंस नगर के एक साधारण मूर्तिकार के घर पैदा हुआ था; किंतु अपने आदर्श जीवन, सामाजिक व्यवहार तथा आत्म-त्याग के कारण उसने यूनानी दार्शनिकों में श्रेष्ठ स्थान प्राप्त किया। सुकरात ने न तो कोई नौकरी-चाकरी की और न अपने पैतृक व्यवसाय में ही विशेष रुचि ली। उसने अपना संपूर्ण जीवन-दर्शन की सेवा में लगा दिया। इसके बदले में एथेंस के जनतंत्र ने 70 वर्ष की उम्र गें सुकरात पर अधार्मिक होने, धन लेकर शिक्षा देने और युवकों को राज्य के विरुद्ध भड़काने के अपराध लगाए और उसे मृत्युदंड दिया।

सुकरात ने स्वयं कुछ नहीं लिखा था। उसके दार्शनिक विचारों को जानने के मुख्य स्रोत प्लेटो तथा अरस्तू के ग्रंथ हैं। प्लेटो के साहित्य का अध्ययन करनेवाले विद्वानों के विचार से अपॉलोजी, क्रीटो, यूथीफ्रोन, लैचेज, अयॉन, प्रोटैगोरस, कारमिडीज, लाइसिस नामक संवादों में आद्योपांत तथा रिपब्लिक के अगले भाग में सुकरात के ही विचार मिलते हैं; इसीलिए प्लेटो के उपर्युक्त संवाद 'सुकरातीय' कहे जाते हैं।

अरस्तू ने अपनी 'मेटाफिजिया' नामक तत्त्व विद्या संबंधी पुस्तक में तथा 'एथिका निकोमैकिया', 'एथिका यूडीमिया' एवं 'मैग्ना मोरेलिया' नामक नीतिशास्त्र की पुस्तकों में सुकरात के दार्शनिक व नीति संबंधी मतों के उद्धरण देकर उन पर अपनी समीक्षाएँ प्रस्तुत की हैं। जेनोफोन की 'गेमोरेबिलिया' से भी सुकरात के संबंध में बहुत सी बातें मालूम होती हैं। किंतु उक्त ग्रंथ एक भक्त के संस्मरण के रूप में है, इसलिए मतों के साक्ष्य की दृष्टि से महत्त्वपूर्ण नहीं है। जेनोफोन की पुस्तक के विपक्ष में अरिस्टोफेनीज का प्रहसन है, जिसमें सुकरात की खिल्ली उड़ाई गई है। प्लेटो की अपॉलोजी में उक्त प्रहसन का उल्लेख मिलता है। पर, प्रहसन को भी किसी गंभीर विचार का आधार नहीं बनाया जा सकता।

अरस्तू की 'मेटाफिजिका' में सुकरात को तर्क पद्धति की आगमन पद्धति तथा सामान्य परिभाषा का आविष्कारक बतलाया गया है। प्लेटो के संवादों से तथा जेनोफोन की मेमोरेबिलिया से भी अरस्तू के उक्त कथन की पुष्टि होती है। दोनों में सुकरात के संवाद हैं, जिनमें वह साहस, मिताचरण, न्याय आदि नैतिक गुणों की परिभाषाएँ निश्चित करने के प्रयत्न करता हुआ दिखाया गया है। इन्हीं प्रसंगों से सुकरात की आगमन-पद्धति का परिचय मिलता है। पहले वह किसी परिचित

उदाहरण के आधार पर अपने प्रयत्नों की परिभाषा बना लेता था। फिर वह दूसरे उदाहरण लेकर देखता था कि उसकी पूर्वकल्पित परिभाषा ठीक है या नहीं। त्रुटि दिखाई देने पर वह परिभाषा में सुधार कर लेता था। इस प्रक्रिया को वह तब तक जारी रखता था, जब तक उसे नवीन उदाहरण मिलते जाते थे।

ध्यान देकर देखें तो सुकरात की परीक्षण-विधि केवल आगमनात्मक या निगमनात्मक नहीं है। वह एक ही उदाहरण का विश्लेषण कर एक सामान्य परिभाषा बना देता था। फिर, जैसे-जैसे उस परिभाषा का अन्य उदाहरणों पर प्रयोग करता जाता था, उसकी परिभाषा विस्तृत होती जाती थी। उदाहरणों के सहारे परिभाषा का विकास होने से उसकी विधि आगमनात्मक है; किंतु चिंतन के प्रत्येक स्तर पर कल्पित परिभाषा का विशिष्ट उदाहरण पर प्रयोग करने से निगमन भी होता जा रहा है।

इसी पद्धति में द्वंद्वात्मक विधि तथा अविरोध के नियम के भी दर्शन होते हैं। परिभाषा के विकास में विभिन्न स्तरों की परिभाषाओं की एक शृंखला बनती थी। इनमें से अंतिम परिभाषा को छोड़कर शेष सभी परिभाषाओं का, दिए हुए उदाहरण पर प्रयोग होने पर किसी-न-किसी तथ्य से विरोध पड़ता था, तभी उनमें सुधार की आवश्यकता होती थी।

यदि अविरोध के नियम का पालन नहीं किया जाता तो एक ही परिभाषा का उत्तरोत्तर विकास न होकर एक ही प्रत्यय की बहुत सी परिभाषाएँ प्राप्त होतीं। विरोध के आग्रह से परिभाषा में परिवर्तन किए जाने पर नवीन परिभाषा को अस्वीकृत परिभाषा में निहित पूर्व वाद और उसके मानसिक प्रतिवाद का संवाद मानना पड़ेगा। अतएव, सुकरात को परिभाषा की विधि तथा आगमन और निगमन की विधियों के साथ-साथ द्वंद्वात्मक विधि और अविरोध के नियम का विकास करने का भी श्रेय मिलना चाहिए।

विजय की दृष्टि से सुकरात को ही नैतिक चिंतन की प्राथमिकता स्थापित करने का श्रेय मिलना चाहिए। अरस्तू ने मेटाफिजिक्स (तत्त्व विद्या) में उल्लेख किया है कि सुकरात ने भौतिक समस्याओं की ओर ध्यान न देकर अपने को आजीवन नैतिक परामर्शों में संलग्न रखा। अरस्तू ने यह भी लिखा है कि सुकरात का प्रयत्न नैतिक जीवन के पथ-प्रदर्शन के लिए किसी सार्वभौम सत्य की खोज करने का था। प्लेटो के 'फीडो' नामक संवाद में मृत्यु से पूर्व सुकरात ने अपने उपस्थित मित्रों तथा शिष्यों से कहा है कि—"जब तक हम शरीर में हैं और शरीर के दुर्गुणों से हमारी आत्मा दूषित है, तब तक हमारी इच्छा पूर्ण नहीं होगी—और

वह है सत्य को प्राप्त करने की।''

सुकरात नैतिकता का अर्थ सद्व्यवहार मात्र नहीं समझता था। वह कर्मवाद में विश्वास करता था और मानव जीवन को सत्य ज्ञान के अनुसंधान का माध्यम समझता था। वह कर्म और ज्ञान के समन्वय का पोषक था। उसके विचार से, सत्य ज्ञान के अनुरूप जीवन बिताना ही सच्ची नैतिकता है।

सुकरात के विचारों को ठीक-ठीक जानने के लिए उसके ज्ञान-सिद्धांत को समझना आवश्यक है। उसके अर्थ में, ज्ञान तभी प्राप्त हो सकता है, जब आत्मा मन, बुद्धि तथा इंद्रियों के बंधन से मुक्त होकर सत्य का साक्षात्कार करे। वह कहता था कि सत्य का ज्ञान न होने के कारण लोग अनैतिक कर्म करते हैं। मानव-बुद्धि पर उसे अधिक विश्वास नहीं था। प्लेटो के 'फीडो' में सुकरात ने कहा है—''विश्वास के योग्य प्रतीत होने पर भी मूल सिद्धांतों का भली-भाँति परीक्षण करना चाहिए। संतोषप्रद परीक्षण के बाद मानव-बुद्धि पर पूरा भरोसा न करके तर्क का अनुसरण करना चाहिए। इनमें भी सरलता और स्पष्टता का अनुभव होने पर ही समझना चाहिए कि अब अधिक छानबीन की आवश्यकता नहीं है।'' सुकरात के कथन से पता चलता है कि वह सत्य ज्ञान को कितना दुरूह मानता था। इसलिए उसने आजीवन अपने ज्ञान का परीक्षण करते रहने का सदैव उपदेश दिया।

वह डेल्फी के अपोलो का भक्त था और उसी को अपने जीवन का पथ-प्रदर्शक मानता था। उसका विश्वास था कि अपोलो उसे समय-समय पर कर्तव्य और अकर्तव्य का ज्ञान कराने के लिए संकेत करता रहता था। प्लेटो की 'अथॉलॉजी' में सुकरात ने यह बात न्यायाधीशों के सामने भी कही थी। इससे पता चलता है कि वह सत्य ज्ञान की उपलब्धि के लिए परीक्षण के अतिरिक्त नैतिक जीवन बिताकर दैवी पथ-प्रदर्शन करना भी आवश्यक समझता था। इसलिए वह विज्ञान को भाग्याधीन मानता था और अरस्तू ने इसके लिए उनकी आलोचना की है। किंतु दोनों की दृष्टियों में अंतर है। सुकरात विज्ञान का अर्थ पारमार्थिक ज्ञान और अरस्तू तार्किक ज्ञान समझता था।

सुकरात ने सबसे अधिक प्लेटो को प्रभावित किया था। वही सुकरात के शिष्यों में सबसे अधिक प्रतिभावान् था। जिस समय सुकरात को मृत्युदंड मिला था, प्लेटो की अवस्था 28 वर्ष थी। उस समय तक प्लेटो का विचार राजनीतिक जीवन बिताने का था, किंतु सुकरात को अन्यायपूर्ण दंड दिए जाने पर उसने अपना विचार बदल लिया। अब उसने अपनी शिक्षाओं द्वारा ऐसे व्यक्ति उत्पन्न करने का संकल्प लिया, जो शासन-सत्ता को अपने हाथ में लेकर नैतिक राज्य की स्थापना कर

सकें। अपना कार्य पूरा करने के निमित्त सुझाव प्राप्त करने के लिए वह दस वर्ष मिस्र, सिसली, इटली आदि स्थानों में घूमता रहा। इसी बीच सिराक्यूज के डायोनीसियस प्रथम के संपर्क में रहकर उसने तानाशाही की गतिविधि का अध्ययन किया। अंत में वह 389 ईसा पूर्व में एथेंस वापस आया और वहाँ पर 'अकादमी' नामक एक शिक्षण संस्था की स्थापना की।

प्लेटो स्वयं अपनी संस्था का प्रधान बना और इस संस्था में उसने सुकरात के विचारों के अनुरूप शिक्षा देना आरंभ किया। अकादमी की शिक्षा द्वारा वह एथेंस की शासन-व्यवस्था में आमूल परिवर्तन करने की अभिलाषा कर रहा था। अकादमी के विद्यार्थियों को पहले गणित, ज्योतिष, संगीत, तर्कशास्त्र, राजनीति और नीतिशास्त्र की शिक्षा दी जाती थी। इन विषयों में पारंगत हो जाने पर उन्हें अध्यात्म विद्या के उपदेश दिए जाते थे।

बारह वर्ष तक अकादमी का संचालन करने के बाद प्लेटो 367 ईसा पूर्व में सिराक्यूज गया। इस समय डायोनीसियस प्रथम की मृत्यु हो चुकी थी और उसका पुत्र, जो अभी कम उम्र था, डायोनीसियस द्वितीय के नाम से शासन का भार सँभाल रहा था। प्लेटो को अपना कार्य पूरा करने का अवसर दिखाई दिया। उसने सोचा कि युवा शासक को प्रभावित कर नैतिक राज्य की स्थापना कराई जा सकती थी; किंतु वहाँ प्लेटो की दाल न गली और वह वापस चला आया। फिर भी, वह पाँच वर्ष तक इसी प्रयत्न में लगा रहा। 362 ईसा पूर्व में वह अंतिम बार सिराक्यूज गया और सदैव के लिए निराश होकर चला आया। उसकी अकादमी बराबर चल रही थी और 347 ईसा पूर्व तक वह अपना सारा समय शिक्षण कार्य करने और संवाद लिखने में लगाता रहा।

प्लेटो ने अपने जीवन के 42 वर्ष शिक्षा देने और संवाद लिखने में व्यतीत किए। परंपरा से छत्तीस संवाद प्राप्त हुए हैं, जो प्लेटो के कहे जाते हैं। इन संवादों को ईसा की पहली शताब्दी में थ्रेसाइलस नामक किसी संपादक ने चार-चार संवादों के नौ भागों में संगृहीत किया था। आधुनिक काल के विद्वान् इनमें से कुछ को अप्रामाणिक मानने लगे हैं, किंतु ए.ई. टेलर ने 28 को और फ्रेडरिक कोयुल्स्टन ने 24 को निर्विवाद रूप से प्लेटो द्वारा लिखा हुआ माना है।

विद्वानों का विचार है कि प्लेटो ने अपने प्रारंभिक संवादों में सुकरात के विचार दिए हैं और बाद के संवादों में अपने विचार दिए हैं। जिन संवादों में सुकरात के विचार मिलते हैं, उनमें फीडो को प्रायः सुकरातीय नहीं माना जाता; पर वही एक ऐसा संवाद है, जिसमें सुकरात के मुख से उसकी अंतिम शिक्षाएँ कहलाई गई हैं।

इन संवादों में प्लेटो के भौतिक दर्शन, ज्ञान सिद्धांत, आत्मा के विज्ञान, प्रत्ययवाद, नैतिक दर्शन, राजनीति-शास्त्र तथा शिक्षा, कला और सौंदर्य संबंधी विचारों का परिचय मिलता है।

अपने गुरु सुकरात की भाँति प्लेटो भी भौतिक विषयों के प्रति उदासीन ही रहा। केवल उसके 'टाइमियस' नामक संवाद में मुख्य पात्र टाइमियस सृष्टि की कथा कहता है। उसका कथन है कि "ईश्वर ने सबसे पहले अग्नि, पृथ्वी, जल और वायु को—जो पहले से विद्यमान थे—तीन भागों में बाँटा। अग्नि और पृथ्वी को अलग कर उसने जल और वायु को उनके बीच में रख दिया। इस प्रकार दिखाई देनेवाले आकाश की उत्पत्ति हुई। तब उसने आत्मा को आकाश के साथ में रखकर नित्य जगत् की रचना की।"

इस विवरण में आत्मा की उत्पत्ति के विषय में टाइमियस का कहना है कि ईश्वर ने अविभाज्य तथा अपरिवर्तनशील तत्त्व और विभाज्य तथा शरीरों से संबंध रखनेवाले तत्त्व से एक तीसरे प्रकार का तत्त्व तैयार किया। फिर इस प्रकार बने हुए तीन तत्त्वों से आत्मा का निर्माण किया। फिजिका (भौतिकी) में अरस्तू ने बतलाया है कि प्लेटो 'महत्' और 'अल्प' को नित्य तथा अनंत मानता था। अरस्तू के ही अनुसार, इन दो तत्त्वों से जिस तीसरे तत्त्व की रचना हुई थी, वह 'देश' था।

किसी प्रकार इस विवरण से हम यही हल निकाल सकते हैं कि प्लेटो के अनुसार, नित्य संसार का शरीर अग्नि और पृथ्वी आदि चार स्थूल तत्त्वों से बना है। इस शरीर के चरणों में पृथ्वी और शीर्ष पर अग्नि है। बीच का भाग जल और वायुमय है। आत्मा इस शरीर का प्राण है, जो तीन तत्त्वों से बनी है।

टाइमियस के अनुसार, नित्य संसार की रचना ईश्वर के शाश्वत संकल्प के अनुसार हुई थी। इस संसार को बना लेने पर रचयिता ने इसका एक प्रतिरूप बनाने का विचार कर 'समय' उत्पन्न किया। समय से 'गति' उत्पन्न हुई, जिससे 'था', 'है' और 'होगा' अथवा अतीत, वर्तमान और भविष्य आदि भेद उत्पन्न हो गए। अब, उसने शाश्वत रचना के प्रतिरूप की रचना की। मूल रचना में चार तत्त्व थे, इसलिए उसने चार प्रकार के प्राणी उत्पन्न किए। ये थे—आकाश के देवता, वायु में विचरणशील पक्षी, जलचर तथा अनेक प्रकार के भूमिचर।

उक्त संवाद के विश्व रचना संबंधी प्रसंग में किसी प्रकार का विवाद नहीं है। टाइमियस कहता है, अन्य पात्र सुनते हैं। पूरे संवाद को पढ़कर यही लगता है कि प्लेटो रचना के प्रसंग में अपनी परंपरा अनुमोदित धार्मिक धारणाओं को प्रश्रय देना चाहता था। कुल मिलाकर वह इतना ही कहना चाहता है कि ईश्वर ने स्थूल और

सूक्ष्म तत्त्वों के संयोग से स्वर्ग का निर्माण किया, जो नित्य है, शाश्वत है, पूर्ण है। फिर उसी ने इसका अपूर्ण रूप उत्पन्न किया, जो हमारा जगत् है। इन दोनों में सत्य और सत्य के प्रतिरूप का संबंध होने से नित्य और अनित्य का, सत् और असत् का द्वंद्व वास्तविक नहीं रह जाता। व्यवहार को परमार्थ का प्रतिरूप बताकर प्लेटो उस खाई को भर देना चाहता था, जो हेराक्लाइटस और पारमेनाइडीज ने परिणाम और सत्ता की समस्याएँ उठाकर पैदा की थीं। उसने टाइमियस से कहलवाया भी है कि सत्य संसार का ज्ञान बुद्धि से होता है, असत्य का इंद्रियों से। किंतु असत्य केवल भ्रम नहीं है, क्योंकि वह सत्य की छाया है। सचमुच प्लेटो का भौतिक दर्शन उसके अध्यात्मवाद की अस्पष्ट छाया है।

'थीटीटस' नामक संवाद से प्लेटो के ज्ञान संबंधी मत का पता चलता है। सुकरात को ज्ञान की प्रकृति के विषय में जिज्ञासा होती है और थीटीटस तथा थियोडोस्स नामक दो मित्रों के सहयोग से वह किसी-न-किसी निर्णय पर पहुँचना चाहता है। विचार का मार्ग बताने के लिए सुकरात अपने सहयोगियों को हेराक्लाइटस के तत्त्व-विज्ञान और प्रोटैगोरस के ज्ञान-सिद्धांत का स्मरण कराता है। दिए गए संकेतों की प्रेरणा से थीटीटस कहता है कि "प्रत्यक्ष ही ज्ञान है।"

सुकरात इस विचार की आलोचना करता है। उसका कथन है कि प्रत्यक्ष मात्र को ही ज्ञान मान लेने पर एक तो प्रत्यक्ष से बाह्य ज्ञान की संभावना नष्ट हो जाती है, दूसरे स्मृति-जन्य ज्ञान के लिए स्थान नहीं बचता। फिर, वह प्रोटैगोरस के मत की तार्किक व्याख्या करता है। उसका कथन है कि प्रत्येक व्यक्ति के प्रत्यक्ष को ज्ञान मानने पर तीन कठिनाइयाँ उत्पन्न होंगी—

1. दो व्यक्तियों के प्रत्यक्षों में भेद होने पर कोई निर्णय संभव नहीं होगा।
2. विपक्ष को असत्य सिद्ध नहीं किया जा सकेगा।
3. विपक्ष को सत्य ज्ञान मानने पर प्रोटैगोरस की प्रतिज्ञा खंडित हो जाएगी।

इन तर्कों के आग्रह से थीटीटस अपना विचार वापस लेता है और उचित सम्मति को 'ज्ञान' कहता है। इसमें भी कठिनाइयाँ प्रदर्शित की जाने पर वह कहता है कि 'उचित सम्मति' के साथ ही सम्मति की तार्किक व्याख्या जोड़ देने से वह ज्ञान कहलाएगी। 'यह भी ठीक न ठहरने पर स्पष्ट कर दिया जाए तो वह ज्ञान होगा।'

सुकरात इन सबका भी खंडन कर देता है और कहता है कि इस विवाद से पता चल गया कि कौन-कौन वस्तुएँ ज्ञान से भिन्न हैं। तब वह बतलाता है—

1. आत्मा सत् और असत् की सामान्य परिभाषा में भेद करती है। अन्य

धारणाओं का ज्ञान शरीरेंद्रियों से होता है।

2. सत् या तत्त्व शाश्वत है।
3. इंद्रियाँ अपने विषयों का ज्ञान कर लेती हैं, किंतु उनके सार का तथा पारस्परिक विरोध का ज्ञान आत्मा ही पर्यालोचन और तुलना द्वारा करती है।
4. जन्म से ही इंद्रियों के माध्यम से आत्मा तक पहुँचते रहने पर, सामान्य संवेदों के सत्य का तथा उनके प्रयोग का ज्ञान शिक्षा और अनुभव से होता है।

यहाँ पर निश्चय ही ऐंद्रिक ज्ञान और आत्मिक ज्ञान में भेद किया गया है; किंतु ऐंद्रिक ज्ञान को असत्य और भ्रम नहीं बतलाया गया है। वह केवल अपूर्ण है, पर शिक्षा और अनुभव से विकसित पर्यालोचन और तुलना की शक्तियाँ उसे पूर्ण बना सकती हैं। पूर्ण होने पर वह सामान्य या सार्वभौम होता है। यह प्लेटो का ज्ञान संबंधी दर्शन है। किंतु इसमें मनोवैज्ञानिक तथ्य भी है। सीखना, धारण करना और प्रत्याह्वान को ज्ञान का अवयव बताकर स्मृति के अध्ययन के संकेत दिए गए हैं। संवेदन, प्रत्यक्ष और निर्णय तक ज्ञान का विकास बताकर सामान्य ज्ञानात्मक प्रक्रिया का संक्षिप्त अध्ययन प्रस्तुत किया गया है। पर्यालोचन और तुलना को ज्ञान का माध्यम बताकर चिंतन की प्रक्रिया के अध्ययन के सुझाव दिए गए हैं। शिक्षा और अनुभव को ज्ञान का आधार बताकर सीखने की क्रिया के अध्ययन की पीठिका बना दी गई है। कमी केवल उचित विश्लेषण की है; किंतु इस विश्लेषण के लिए शताब्दियों तक अध्ययन और चिंतन की आवश्यकता थी। प्लेटो तो पहला व्यक्ति था, जिसने भावी अध्ययन के लिए ये उपयोगी संकेत छोड़े थे।

प्लेटो के सभी संवादों में आत्मा के विषय में कुछ-न-कुछ कहा गया है; किंतु 'टाइमियस', 'फीडो', 'फीड्रस' और 'लाज' से मुख्य बातों का संग्रह किया जा सकता है।

'टाइमियस' के अनुसार, आदि देव ने एक अमर आत्मा को उत्पन्न किया था। उसके पुत्रों अथवा देवताओं ने उसे पहले दो भागों में बाँटकर एक भाग को सिर से और दूसरे भाग को हृदय से कंठ तक स्थान दिया। फिर दूसरे भाग के भी दो भाग किए। इनमें से एक को कंठ से रीढ़ की हड्डी तक और दूसरे को रीढ़ की हड्डी से नाभि तक सीमित कर दिया। इस प्रकार एक आत्मा के तीन विभाग बन गए। उनमें से सिर में रहनेवाली आत्मा अमर है, शेष दो प्रकार की नश्वर। किंतु शरीर के नीचेवाले भागों में स्थित आत्मा अमर आत्मा के अधीन रहती है।

आत्मा का प्रसंग 'फीडो' में भी आया है, किंतु दूसरे रूप में। वहाँ पर शरीर और आत्मा के संबंध की चर्चा हुई है। सुकरात ने दृष्ट और अदृष्ट भेद से दो प्रकार के अस्तित्व बतलाए हैं। दृष्ट को परिवर्तनशील और अदृष्ट को अपरिवर्तनीय कहा गया है। इस विभाजन के पश्चात् शरीर को दृष्ट और आत्मा को अदृष्ट अस्तित्व बताया गया है। आगे चलकर सुकरात के ही माध्यम से यह भी सूचित किया गया है कि शरीर और आत्मा का संयोग होते ही शरीर का धर्म आत्मा की आज्ञा का पालन करना और आत्मा का धर्म शरीर पर शासन करना हो जाता है।

'फीडो' में आत्मा की मृत्यु के बाद की दशाएँ भी बतलाई गई हैं। जीवनकाल में शरीर से उदासीन रहनेवालों की आत्मा मृत्यु के बाद ईश्वर का सामीप्य प्राप्त करती है। यही जीवन का परम शुभ है। इसके विपरीत, शरीर में रहते समय जो आत्मा शरीर से पूरा लगाव मानती है, वह बार-बार शरीरों से अपना संबंध स्थापित करती रहती है। यह मोक्ष और पुनर्जन्म की बात है। इन दोनों अवस्थाओं को मानसिक दृष्टि पर निर्भर बताया गया है। प्लेटो ने सुकरात के दर्शन के अध्ययन से इस प्रकार की धारणा बन जाने को ही उक्त अध्ययन का लक्ष्य बतलाया हैं। किंतु मोक्ष तभी प्राप्त होता है, जब अंत समय में भी यही धारणा बनी रहे। अंत समय में जो शरीर का साथ नहीं छोड़ना चाहता, वह बार-बार जन्म लेता है और बार-बार मरता है, भले ही उसने जीवन भर शरीर से लगाव न माना हो।

'लाज' में मृत्यु के बाद जीवनकाल के अपराधों के दंड भोगने की भी बात आई है। दूसरे जन्म में पहले जन्म में किए हुए अन्यायों का बदला चुकाने की भी बात आई है। 'लाज' में सुकरात नहीं हैं। उनका स्थान एथेंस के किसी अपरिचित निवासी ने ले लिया है। वह अपराधों की चर्चा करते हुए संबंधियों की हत्या को बहुत बड़ा अपराध बतलाता है। वही कहता है कि जीवन में जिन अपराधों का दंड नहीं मिल पाता है, उनके लिए मृत्युलोक में यातनाएँ सहनी पड़ती हैं अथवा फिर जन्म लेकर उसे उसी प्रकार मरना पड़ता है, जैसे उसने पूर्वजन्म में दूसरों को मारा था। उक्त अपरिचित वक्ता के कथन का आधार गुप्त धार्मिक उपदेश है। यह प्रसंग 'लाज' के नौवें अध्याय में आया है। इसे पढ़कर प्लेटो के अपने देश की धार्मिक परंपराओं के समर्थक होने में संदेह नहीं रह जाता।

प्लेटो ने अपने 'पारमेनाइडीज' नामक संवाद में सुकरात, जीनो और पारमेनाइडीज की बातचीत कराई है। सुकरात जीनो से पूछता है, "क्या तुम यह नहीं मानते कि समानता और असमानता के प्रत्यय होते हैं? इन्हीं विरोधी प्रत्ययों के बीच 'तुम' और 'मैं' तथा तमाम वस्तुएँ, जिन्हें हम 'अनेक' कहते हैं, स्थित हैं।"

जीनो उत्तर नहीं देता, तब पारमेनाइडीज सुकरात से पूछता है, ''क्या तुम समानता से भिन्न समानता के प्रत्यय के अस्तित्व में तथा 'एक', 'अनेक' आदि के प्रत्ययों के भिन्न अस्तित्व में विश्वास करते हो?'' सुकरात ने कहा, ''मैं तो समझता हूँ कि ये होते हैं।'' इस पर पारमेनाइडीज ने पूछा, ''फिर तो मिट्टी, कीचड़ और बालों आदि के भी प्रत्यय होते होंगे?'' सुकरात कुछ न कह सका और पारमेनाइडीज ने कहा, ''अभी तुम कच्चे हो।''

संभवतः, सुकरात वस्तुओं और उनके प्रत्ययों के पार्थक्य की समस्या का निर्णय नहीं कर सका था। प्लेटो ने यह काम पूरा किया। अरस्तू ने लिखा है कि प्लेटो को वस्तुओं में वे सभी गुण न मिल सके थे, जो परिभाषाओं के अनुसार उनमें होने चाहिए। इसीलिए परिभाषाओं को वस्तु का रूप देकर उसने उन्हें 'प्रत्यय' कहा। इस विचार से प्लेटो का प्रत्ययवाद वस्तुओं में छिपे हुए सामान्य को वस्तुओं का रूप देने का प्रयत्न है। प्लेटो के 'प्रत्यय' संसार और उसके रचयिता के बीच के रिक्त स्थान को भरने का प्रयत्न करते हैं।

कहा जाता है कि प्रत्ययवाद प्लेटो की अनावश्यक सृष्टि है। आलोचना के रूप में यह कथन ठीक हो सकता है; किंतु प्लेटो ने प्रत्यय सिद्धांत द्वारा अपनी नैतिक शिक्षा का मार्ग प्रशस्त करना चाहा था। वह कहना चाहता था कि इस लोक से परे सत्ताओं का लोक है, जो सत्य है, पूर्ण है, सुंदर है। उसी लोक की वस्तुओं का आश्रय पाकर इस लोक की वस्तुएँ गुणवान् होती हैं। इस प्रकार प्रत्ययों के लोक में विश्वास उत्पन्न कराकर वह मनुष्यों को उसी पूर्ण लोक के आदर्शों को अपनाने के लिए प्रेरित करना चाहता था। प्लेटो के मतों को समझने के लिए ध्यान रखना पड़ेगा कि वह मूलतः नैतिक विचारक था।

प्लेटो के नैतिक विचार 'फिलेक्स' और 'लाज' नामक संवादों में मिलते हैं। 'फिलेक्स' में वह पूर्णता को नैतिक शुभ की प्रकृति मानता है और मानव जीवन के सभी शुभों को पाँच श्रेणियों में बाँटता है। इस श्रेणी विभाजन में उसने 'संतुलित', 'मध्यम' और 'उपयुक्त' को पहला; 'सुगढ़', 'सुंदर' और 'पूर्ण' को दूसरा; 'बुद्धि' और 'बुद्धिमत्ता' को तीसरा; 'विज्ञान', 'कला' और 'उचित सम्मति' को चौथा तथा 'सुख' को पाँचवाँ स्थान दिया था। इन शुभों की प्रकृति पर ध्यान देने से तनिक भी संदेह नहीं रह जाता कि प्लेटो बौद्धिक संतुलन को मानव जीवन का मुख्य ध्येय अथवा परम शुभ मानता था, इसलिए उसने प्रथम श्रेणी के तीन शुभों में 'संतुलन' को सर्वप्रथम स्थान दिया। उसके मत में, ये सभी शुभ परस्पर असंबद्ध नहीं हैं, बल्कि एक ही कर्म-शृंखला के विविध अंग हैं।

संतुलित मन से, योग्यायोग्य का विचार कर, मध्य मार्ग का अनुसरण करनेवाले व्यक्ति के कार्य सुगढ़, सुंदर तथा पूर्ण हो सकते हैं। ऐसे ही कार्य करनेवाला व्यक्ति धीरे-धीरे बुद्धि का विकास कर बुद्धिमान बनता है। किंतु इस प्रकार कार्य करने के लिए विज्ञानों के अध्ययन की, कलाओं के अभ्यास की और अनुभववृद्ध लोगों की सम्मतियों से शिक्षा प्राप्त करने की आवश्यकता होती है। यदि किसी ने निरंतर अभ्यास कर इस प्रकार कर्म करने का स्वभाव बना लिया तो निश्चय ही उसका जीवन सुखमय होगा। यही प्लेटो की नैतिक शिक्षा का वास्तविक अर्थ है।

प्लेटो जीवन को कला के रूप में देखता था। पूर्णता उत्पन्न करने के लिए जिस प्रकार सामान्य कलाकार को अपनी कलाकृतियों में अधिक-से-अधिक सुगढ़ता और सुंदरता लाने का अभ्यास करना पड़ता है, अध्ययन और चिंतन करना पड़ता है तथा दूसरे श्रेष्ठ कलाकारों का उनके समीप रहकर अथवा उनकी कलाकृतियों को देखकर अनुकरण करना पड़ता है, उसी प्रकार जीवन के कलाकार को भी निरंतर अभ्यास की आवश्यकता है। उसे वैज्ञानिक का चिंतन और कलाकार का मनोयोग चाहिए। इसलिए प्लेटो ने सबको उक्त विषयों की शिक्षा प्राप्त करने की सम्मति दी थी। प्लेटो के नैतिक उपदेश का सारांश यही है कि प्रत्येक व्यक्ति को जीवन में कलात्मक पूर्णता लाने के प्रयत्न करने चाहिए।

'लाज' में प्लेटो ने एक बार फिर नैतिक प्रसंग उठाया है। यहाँ वह बुद्धिमत्ता, मिताचरण, न्याय और साहस को नैतिक गुण कहता है। इतना ही नहीं, वह इन्हें दैवी गुण ठहराता है और राज्य को ऐसी व्यवस्था करने की सम्मति देता है, जिससे नागरिकों में उपर्युक्त गुण उत्पन्न हो सकें। 'लाज' में उसने इन गुणों के अतिरिक्त चार मानवीय शुभ बतलाए हैं। ये स्वास्थ्य, सौंदर्य, शक्ति तथा अर्थ हैं। वह उन्हें व्यवस्थित जीवन में उपकारक मानता था और इसलिए उन्हें अर्जित करना सबके लिए आवश्यक समझता था।

प्लेटो के संवादों में व्यावहारिक जीवन की संपन्नता के निमित्त कितने ही संकेत मिलते हैं, किंतु उसकी नैतिक शिक्षा का कोई व्यवस्थित रूप नहीं है। ऐसा लगता है कि विस्तृत चिंतनशील जीवन में मानवीय आचरण के जिन वांछनीय अवयवों की ओर उसका ध्यान गया, उन सबको शुभ बतलाकर उसने उन्हें मानवीय आकांक्षा का विषय बताने का प्रयत्न किया। विभिन्न प्रसंगों में परिगणित 'शुभों' को किसी एक ही संदर्भ में उसने एकत्र नहीं किया। फिर भी, ऐसे संकेत मिलते हैं, जिनसे यह समझा जा सकता है कि वह सभी 'शुभों' को एक ही

उद्देश्य का पूरक मानता था और वह उद्देश्य जीवन की पूर्णता है। इसे प्राप्त करने पर ही मनुष्य का जीवन सुखमय हो सकता है।

प्लेटो के राजनीति संबंधी विचार 'स्टेट्समैन' तथा 'लाज' में मिलते हैं। नगर की व्यवस्था करना और नागरिकों को नैतिक मार्ग पर चलाते रहना वह राज्य का उत्तरदायित्व समझता था। किंतु इसे दंड-विधान द्वारा नहीं, उचित शिक्षा और निरीक्षण द्वारा वह संभव मानता था। इसलिए नियामक के उत्तरदायित्व गिनाते समय उसने सामाजिक तथा व्यावसायिक जीवन के नियंत्रण के अतिरिक्त वैवाहिक संबंधों से लेकर बालकों को खेल-कूद और शिक्षा आदि का नियंत्रण भी उसे सौंप दिया।

प्लेटो के विचार से, बालक की प्रवृत्तियाँ पैतृक गुणों पर निर्भर हैं। उसका स्वभाव माता और पिता के स्वभावों के योग से बनता है, इसलिए दांपत्य के निरीक्षण के बिना वांछित स्वभाव के बालक उत्पन्न नहीं किए जा सकते। 'स्टेट्समैन' में उसने कहा है कि शासक को ऐसे पदाधिकारी नियुक्त करने चाहिए, जो विवाह के पूर्व भावी पति और पत्नी के गुणों की जाँच कर लें। साथ ही, नियमन द्वारा इस प्रकार की जाँच के बिना होनेवाले वैवाहिक संबंधों को अवैध कर देना चाहिए। योग्य संबंधों के निर्णय के लिए उसने बताया है कि वैवाहिक संबंध में साहस और नम्रता की मैत्री होनी चाहिए।

प्लेटो ने शासक के लिए शिशुओं की देखभाल का अच्छा प्रबंध करना बहुत ही आवश्यक बतलाया है। उसने राज्य को शिशु गृहों का समुचित प्रबंध करने की सम्मति दी है, क्योंकि शिशु की देखभाल शिक्षा का सबसे आवश्यक अंग है। विद्यालय की शिक्षा के संबंध में भी प्लेटो ने सुझाव दिए थे। उसका कहना है कि बालकों की पाठ्य पुस्तकों पर राज्य का पूर्ण नियंत्रण होना चाहिए, जिससे उनके हाथों में सभी प्रकार की पुस्तकें न जा सकें। तभी उनमें वांछित विचार उत्पन्न किए जा सकेंगे।

प्लेटो के अनुसार, बालकों के लिए लिखी हुई गद्य की पुस्तकों में व्यवस्थित जीवन में रुचि उत्पन्न करानेवाले विचार होने चाहिए। उनकी पुस्तकों में युद्धों का वर्णन बिलकुल नहीं आना चाहिए, क्योंकि उन्हें पढ़कर बालकों में लड़ने-झगड़ने की प्रवृत्ति पैदा होती है, जो नागरिक व्यवस्था एवं शांत जीवन में बाधा पहुँचाती है। बालकों को वे ही पाठ पढ़ाए जाने चाहिए, जिनसे उन्हें शांति के लाभों का ज्ञान हो।

पद्य की पुस्तकों में देवताओं की प्रार्थनाएँ, नेताओं की प्रशस्तियाँ और शुभ

कर्मों में सद्गति प्राप्ति आदि विषय होने चाहिए। उनमें दूषित चरित्रों को स्थान नहीं मिलना चाहिए। राज्य को चाहिए कि कवियों के लिए नियम बना दे कि वे अपनी काव्य-कृतियों में न्यायपूर्ण, सुंदर तथा शुभ चरित्रों को ही स्थान दें।

इस प्रकार, नियंत्रित शिक्षा द्वारा तैयार किए हुए नागरिकों के सामाजिक आचरण का निरीक्षण करने के लिए प्लेटो ने राज्य को निरीक्षक नियुक्त करने की सम्मति दी थी। उसने कहा कि चरित्र-निरीक्षकों को देखते रहना चाहिए कि नागरिक अपने से बड़ों का, देशभक्तों का तथा विदेशियों का सम्मान करते हैं या नहीं। उन्हें यह भी देखना चाहिए कि नागरिक अपने आपको दूसरों से बढ़कर तो नहीं समझते हैं। प्लेटो ने राज्य को नागरिकों के शील व शिष्टाचार के निमित्त नियम बनाने और उन नियमों का पालन कराने के लिए उचित निरीक्षण का प्रबंध करने की सम्मति दी थी। साथ ही, इस कठिन उत्तरदायित्व को सफलतापूर्वक वहन कर सकने के निमित्त प्लेटो ने शासकों को उचित शिक्षा प्राप्त करने, राज्य कला को प्रोत्साहन देने, राज्य की सीमाओं को सुरक्षित रखने और अवांछित व्यक्तियों से राज्य को मुक्त रखने की सम्मति दी थी। उसका कहना था कि छोटे राज्य में व्यवस्था रखना उतना ही सरल है जितना किसी बड़े परिवार में। इसलिए प्लेटो ने राज्य के सीमा-संकोच पर बहुत बल दिया था।

चिंतन के विकार की इस पीठिका पर अरस्तू का उद्भव हुआ। प्लेटो के समय तक जितने विचार-सूत्र एकत्र हुए थे, उसने उन सबकी व्याख्या की। विभिन्न विचारों का वर्गों में विभाजन किया और वर्गीकृत मतों पर आलोचनात्मक दृष्टि डाली। जहाँ कहीं विचार-शृंखला टूटी हुई दिखाई दी, उसने नई कड़ियाँ जोड़ीं। अरस्तू के चिंतन में यूनानी दर्शन चरमोत्कर्ष पर पहुँचा।

□

जीवन-वृत्त

सामोस के पाइथागोरस (यूनानी में ओ पुथागोरस ओ समिओस) का जन्म ईसा पूर्व 580 और ईसा पूर्व 572 के बीच हुआ और मृत्यु 500 और 490 ईसा पूर्व के बीच हुई। वह एक अयोनिओयन ग्रीक गणितज्ञ था और पाइथागोरियनवाद नामक धार्मिक आंदोलन का संस्थापक था। उसे अकसर एक महान् गणितज्ञ, रहस्यवादी और वैज्ञानिक के रूप में सम्मान दिया जाता है।

हालाँकि कुछ लोग गणित और प्राकृतिक दर्शन में उसके योगदान की संभावनाओं पर सवाल उठाते हैं। हीरोडोटस उसे 'यूनानियों के बीच सबसे अधिक सक्षम दार्शनिक' मानता है। उसका नाम उसे पाइथिआ और अपोलो से जोड़ता है। एरिस्तिपस ने उसके नाम को यह कहकर स्पष्ट किया कि "वह पाइथियन (पाइथ) से कम सच (एगोर) नहीं बोलता था।" एक जीवनीकार ने एक किस्सा बताया है कि पाइथिआ ने भविष्यवाणी की कि उसकी गर्भवती माँ एक बहुत ही सुंदर व बुद्धिमान बालक को जन्म देगी, जो मानव जाति के लिए बहुत ही लाभकारी होगा।

उसे मुख्यत: पाइथागोरस की प्रमेय के लिए जाना जाता है, जिसका नाम उसके नाम पर दिया गया है। पाइथागोरस को 'संख्या के जनक' के रूप में जाना जाता है। छठी शताब्दी ईसा पूर्व में धार्मिक शिक्षण और दर्शन में उसका महत्त्वपूर्ण योगदान रहा। पूर्व सुकराती काल के अन्य लोगों की तुलना में उसके कार्य ने कथा-कहानियों को अधिक प्रभावित किया।

पाइथागोरस और उसके शिष्य मानते थे कि सबकुछ गणित से संबंधित है और संख्याओं में ही अंतत: वास्तविकता है। गणित के माध्यम से हर चीज के बारे में भविष्यवाणी की जा सकती है तथा हर चीज को एक तालबद्ध प्रतिरूप या चक्र के रूप में मापा जा सकता है। पाइथागोरस ने कहा कि संख्या ही विचारों और रूपों

का शासक है और देवताओं तथा राक्षसों का कारण है।

वह पहला आदमी था, जो अपने आपको दार्शनिक या बुद्धि का प्रेमी कहता था। पाइथागोरस के विचारों ने प्लेटो पर गहरा प्रभाव डाला। दुर्भाग्य से पाइथागोरस के बारे में बहुत कम तथ्य ज्ञात हैं, क्योंकि उसका लेखन पूरी तरह बचा हुआ नहीं है। पाइथागोरस की कई उपलब्धियाँ वास्तव में उसके सहयोगियों और उत्तराधिकारियों की उपलब्धियाँ हैं।

जीवन

पाइथागोरस का जन्म सामोस में हुआ, जो एशिया माइनर के किनारे पर पूर्वी ईंजियन में एक यूनानी द्वीप है। उसकी माँ का नाम पायथायस (सामोस की निवासी) और पिता का नाम मसार्चस था, जो टायरे का निवासी था और एक फोनिसियन व्यापारी था। जब पाइथागोरस युवा था, तभी उसने अपने जन्म-स्थान को छोड़ दिया और पोलीक्रेटस की अत्याचारी सरकार से बचकर दक्षिणी इटली में क्रोटोन केलेब्रिया में चला गया।

थेल्स नाम दार्शनिक पाइथागोरस की क्षमताओं से बहुत अधिक प्रभावित था। उसने पाइथागोरस को मिस्त्र जाकर वहाँ के पुजारियों के साथ अध्ययन करने की सलाह दी, जो अपनी बुद्धि के लिए जाने जाते थे। पाइथागोरस फोनेशिया में टायरे और बैब्लोस का शिष्य बनकर भी रहा। मिस्त्र में उसने कुछ ज्यामितीय सिद्धांतों को सीखा, जिससे प्रेरित होकर अंततः उसने प्रमेय की खोज की, जो अब उसके नाम से जानी जाती है। सामोस से क्रोटोन आने पर उसने एक गुप्त धार्मिक समुदाय की स्थापना की, जो प्रारंभिक ऑर्फिकवाद से बहुत अधिक मिलता-जुलता था और संभवतया उससे प्रभावित भी था।

पाइथागोरस ने क्रोटोन के सांस्कृतिक जीवन में सुधार लाने की कोशिश की, नागरिकों को सदाचार का पालन करने के लिए प्रेरित किया और अपने चारों ओर अनुयायियों का एक समूह स्थापित कर लिया, जो 'पाइथागोरियन' कहलाते थे। इस सांस्कृतिक केंद्र के संचालन के नियम बहुत ही सख्त थे। उसने लड़कों और लड़कियों के लिए समान रूप से अपना विद्यालय खोला। जो लोग पाइथागोरस के समुदाय के अंदरूनी हिस्से में शामिल थे, वे 'मेथमेटकोई' कहलाते थे। वे स्कूल में ही रहते थे। उनकी अपनी कोई निजी संपत्ति नहीं थी। उन्हें शाकाहारी भोजन ग्रहण करना पड़ता था। अन्य विद्यार्थी, जो आसपास के क्षेत्रों में रहते थे, उन्हें भी पाइथागोरस के विद्यालय में विद्यार्जन का मौका मिला था। उन्हें 'अकउसमेटीकोई'

के नाम से जाना जाता था और उन्हें मांस खाने तथा अपनी निजी संपत्ति रखने की अनुमति थी। रिचर्ड ब्लेकमोर ने अपनी पुस्तक 'द ले मोनेस्ट्री' में इस धार्मिक समुदाय के बारे में लिखा—"यह इतिहास में दर्ज संन्यासी जीवन का पहला उदाहरण था।"

पाइथागोरस ने धार्मिक शिक्षण, सामान्य भोजन, व्यायाम, पठन और दार्शनिक अध्ययन से युक्त जीवन-शैली का अनुसरण किया। संगीत इस जीवन-शैली का एक अनिवार्य अंग था। विद्यालय के शिष्य अपोलो देवता के लिए नियमित रूप से मिल-जुलकर भजन गाते थे। वे आत्मा या शरीर की व्याधि का उपचार करने के लिए वीणा का उपयोग करते थे। याददाश्त को बढ़ाने के लिए सोने से पहले और बाद में कविता गान किया जाता था।

समयरना के हर्मियस के अनुसार, पाइथागोरस यहूदी विश्वासों से परिचित था। उसने उनमें से कुछ को अपने दर्शन में शामिल किया।

जीवन के अंतिम चरण में उसके और उसके अनुयायियों के खिलाफ क्रोटोन के एक कुलीन सैलोन द्वारा रचित साजिश की वजह से वह मेटापोंटुम भाग गया। अज्ञात कारणों से मेटापोंटुम में 90 साल की उम्र में उसका देहांत हो गया।

बर्ट्रेंड रसेल ने पश्चिमी दर्शन के इतिहास में बताया कि पाइथागोरस का प्लेटो और अन्य दार्शनिकों पर इतना अधिक प्रभाव था कि वह सभी पश्चिमी दार्शनिकों में सबसे ज्यादा प्रभावी माना जाता था।

पाइथागोरियन संप्रदाय

यह संगठन कुछ मायनों में एक विद्यालय, कुछ मायनों में एक भ्रातृ-मंडल और कुछ मायनों में एक मठ था। यह पाइथागोरस के धार्मिक उपदेशों पर आधारित था और बहुत ही गुप्त था। विद्यालय समाज की नैतिकता से बहुत अधिक संबंधित था। सदस्यों को नैतिकता के दृष्टिकोण के साथ जीना होता था, शांति का अनुसरण करना होता था और स्वयं को प्रकृति के गणित को समर्पित कर देना होता था।

पाइथागोरस के अनुयायी 'पाइथागोरियन' कहलाते थे। उन्हें आम भाषा में 'दार्शनिक गणितज्ञ' कहकर संबोधित किया जाता था, जिनका अक्षीय ज्यामिति की शुरुआत पर प्रभाव था। इसके विकास के दो सौ साल बाद यूक्लिड द्वारा उन सिद्धांतों को 'दी एलीमेंट्स' में लिखा गया।

पाइथागोरस का मानना था कि मनुष्य के शब्द आमतौर पर लापरवाही से

युक्त होते हैं, जिससे उसकी गलत अभिव्यक्ति होती है। अगर किसी को इस बात पर संदेह है कि उसे क्या कहना चाहिए, तो उसे हमेशा चुप रहना चाहिए। उसका एक और नियम था कि 'किसी भी व्यक्ति की संकट की घड़ी में मदद करनी चाहिए, उसे नीचे नहीं गिरने देना चाहिए; क्योंकि निष्क्रियता को प्रोत्साहित करना बहुत बड़ा पाप है।' वह कहता था कि कम सीखने से अच्छा है—सृष्टि, ईश्वर और गणित के बारे में सच्चाई को सीखना।

पाइथागोरस समुदाय एक आंतरिक सर्कल मेथमेटिकोई (गणितज्ञ) और एक बाहरी सर्कल अकउसमेटिकोई (श्रोता) में विभाजित था। मेथमेटिकोई इस विद्या को अधिक विस्तारपूर्वक सीखते थे, जबकि अकउसमेटिकोई केवल पाइथागोरस के विचारों के सारांश को सुनते थे। वे ऐसे शिष्य थे, जो पाइथागोरस के व्याख्यानों को एक परदे के बाहर से सुनते थे।

अकउसमेटिकोई को पाइथागोरस को देखने की इजाजत नहीं थी और उन्हें पंथ के अंदरूनी रहस्य नहीं सिखाए जाते थे। इसके बजाय उन्हें गुप्त तरीके से व्यवहार और नैतिकता सिखाई जाती थी, गुप्त अर्थों से युक्त संक्षिप्त बातें बताई जाती थीं। अकउसमेटिकोई ने मेथमेटिकोई को असली पाइथागोरस माना था। एक क्रोधी मनुष्य साइलोन द्वारा कई मेथमेटिकोई की हत्या के बाद दोनों समूह एक-दूसरे से अलग हो गए। पाइथागोरस की पत्नी थेनो और उसकी दो बेटियाँ मेथमेटिकोई का नेतृत्व कर रही थीं।

थेनो एक ओर्फिक अनुयायी की बेटी थी और दक्ष गणितज्ञ भी थी। ऐसा कहा जाता है कि उसने भी गणित, भौतिक विज्ञान, चिकित्सा और बाल मनोविज्ञान पर कई पुस्तकें लिखीं। हालाँकि उसके लेखन में से कुछ नहीं बचा है। गोल्डेन मीन के दार्शनिक सिद्धांत पर एक पुस्तक उसका सबसे महत्त्वपूर्ण कार्य माना जाता है। ऐसे समय में, जब महिलाओं को उनके पति की संपत्ति माना जाता था और उन्हें केवल अपने पति का घर सँभालना होता था, पाइथागोरस ने महिलाओं को काम करने के लिए बराबर का दर्जा प्रदान किया।

पाइथागोरस के समुदाय में कई तरह की बंदिशें थीं, जैसे—एक क्रॉसबार पर कदम न रखा जाए और फलियाँ नहीं खाई जाएँ। ये नियम पुराने अंधविश्वास थे, जैसे एक सीढ़ी के नीचे चलना दुर्भाग्यपूर्ण होता है। उस युग में पाइथागोरस को बदनाम करने के लिए 'मिस्टिकोस लोगोस' (रहस्यमय भाषण) नामक अपमानजनक उपाधि दी गई।

संगीत का सिद्धांत

पाइथागोरस संगीत में बहुत अधिक रुचि लेता था, अत: उसके अनुयायी भी संगीत में रुचि रखते थे। पाइथागोरस एक संगीतज्ञ और गणितज्ञ था। वह अपने समय के संगीत में सुधार लाना चाहता था। उसका मानना था कि इस संगीत में पर्याप्त सामंजस्य नहीं था।

पाइथागोरस ने खोजा कि संगीत के नोट का गणितीय समीकरणों में अनुवाद किया जा सकता है। यह तब हुआ, जब वह एक दिन एक लोहार की दुकान के पास से होकर गुजरा। उसने सोचा कि हथौड़ों की चोट से उत्पन्न होनेवाली ध्वनि कर्णप्रिय और सामंजस्यपूर्ण थी और उसने यह निर्धारित किया कि जो भी वैज्ञानिक नियम इसका कारण है वह अवश्य ही गणितीय होना चाहिए और इसे संगीत पर लागू किया जा सकता है। वह लोहार के पास गया और उसके औजारों को देखकर यह पता लगाने की कोशिश की कि यह कैसे हुआ। उसने पाया कि हथौड़े एक-दूसरे के साधारण अनुपात में थे। पाइथागोरस ने संख्या के सिद्धांत को विस्तारपूर्वक स्पष्ट किया, जिसका सही अर्थ आज भी विद्वानों के बीच बहस का विषय बना हुआ है। उसका मानना था कि ग्रह और तारे गणितीय समीकरणों के अनुसार गति करते हैं; उसी प्रकार की कुछ समानता संगीत के स्वरों में पाई जाती हैं।

प्रभाव

पाइथागोरस को पाइथागोरस प्रमेय की खोज का श्रेय दिया जाता है। ज्यामिति में एक प्रमेय स्थापित करती है कि एक समकोण त्रिभुज में विकर्ण का वर्ग अन्य दो भुजाओं के वर्गों के योग के बराबर होता है।

हालाँकि वह प्रमेय, जो अब उसके नाम से जानी जाती है, पहले इसे बेबीलोन वासी और भारतीय प्रयोग करते थे। पाइथागोरस के नाम का इस प्रमेय से संबंध स्थापित करने का सबसे पहला उल्लेख उसकी मृत्यु के पाँच शताब्दी के बाद सिसरो और प्लूटार्क के लेखन में मिलता है।

धर्म और विज्ञान

पाइथागोरस का दृष्टिकोण धार्मिक और वैज्ञानिक था। उसकी नजर में धर्म और विज्ञान एक-दूसरे के पूरक हैं। धार्मिक रूप से पाइथागोरस मेटेंपसाइकोसिस के विचारों से प्रभावित था। वह आत्मा के पुनर्जन्म में विश्वास करता था। उसका मानना था कि आत्मा जब तक सदाचारी नहीं हो जाती तब तक वह मानव, पशु या

सब्जियों में बार-बार अवतार लेती है। उसका पुनर्जन्म का विचार प्राचीन यूनानी धर्म से प्रभावित था। वह पहला व्यक्ति था, जिसने यह प्रस्तावित किया कि विचार प्रक्रिया और आत्मा मस्तिष्क में स्थित है, हृदय में नहीं। उसे खुद विस्तार से अपने चार पूर्वजन्मों की जानकारी थी और वह अपने मृत मित्र के रोने की आवाज को एक कुत्ते के भौंकने के रूप में सुनता था।

पाइथागोरस का एक विश्वास यह था कि जीवन का सार संख्या है। इस प्रकार से सभी चीजों की स्थिरता ब्रह्मांड को बनाती है। स्वास्थ्य जैसी चीजें तत्त्वों के एक स्थिर अनुपात पर निर्भर करती हैं। किसी भी चीज का बहुत कम या बहुत ज्यादा होना एक असंतुलन का कारण होता है, जो किसी भी जीव को अस्वस्थ बना सकता है। वह विचारों की तुलना संख्या की गणनाओं से करता था। जब दर्शन लोक सिद्धांतों से जुड़ जाता है तो वह विश्वास बन जाता है। जीवन के सार का ज्ञान संख्याओं के रूप में खोजा जा सकता है। यदि इसे एक कदम आगे ले जाया जाए तो कहा जा सकता है कि जीवन का सार एक अनदेखा लक्षण है, जिसको गणित के अध्ययन के द्वारा समझा जा सकता है।

साहित्य

पाइथागोरस का कोई लेखन नहीं मिलता है। कुछ अवशेष के रूप में उसकी रचनाएँ अवश्य उपलब्ध हैं। उसके अनुयायियों ने आमतौर पर अपने स्वामी के वाक्यांशों को मुहावरे के साथ स्पष्ट किया और अपने शिक्षण की मूलतः मौखिक प्रकृति पर बल दिया। ओविड ने अपने ग्रंथ में पाइथागोरस के दार्शनिक दृष्टिकोण की व्याख्या की है और पाइथागोरस को यह कहते हुए उद्धृत किया है, ''कोई भी आदमी मुक्त नहीं है, जो अपने आपको नियंत्रित नहीं कर सकता है।''

दंतकथाएँ

पाइथागोरस का एक अन्य पक्ष भी है, जिसमें वह अपने ऐतिहासिक व्यक्तित्व के आसपास विस्तृत किंवदंतियों का एक विषय बन गया। अरस्तू ने पाइथागोरस का एक अलौकिक व्यक्ति के रूप में वर्णन किया है, जो आश्चर्यजनक कार्य करता था। उसे एक गोल्डन थाई के रूप में ऐसे पहलू के रूप में वर्णित किया गया है, जो देवत्व की निशानी है। अरस्तू और अन्य लोगों के अनुसार, कुछ प्राचीन लोग मानते थे कि उसमें अंतरिक्ष और समय से होकर यात्रा करने की क्षमता है और जानवरों व पौधों के साथ बात करने की क्षमता है।

ब्रयूअर्स डिक्शनरी में एक उद्धरण है—"ऐसा कहा जाता था कि पाइथागोरस के पास एक गोल्डन थाई था, जिसे उसने एबेरिस को दिखाया, जो उत्तर देशवासी पुजारी था और उसने ओलंपिक खेलों में प्रदर्शन किया।"

एक अन्य कथा उसके चंद्रमा के बारे में वर्णन को दरशाती है—

"पाइथागोरस ने माना कि वह चंद्रमा पर लिख सकता था। उसकी योजना थी कि रक्त से एक दर्पण पर लिखा जाए और उसे चाँद के सामने रखा जाए। वह चाँद पर प्रतिबिंबित होगा।"

उपलब्धियाँ

पाइथागोरस की एक मुख्य उपलब्धि थी एक खोज कि संगीत 1 से 4 तक संख्याओं के आनुपातिक अंतराल पर आधारित होता है। उसका विश्वास था कि ब्रह्मांड प्रणाली संख्याओं के योग पर आधारित होती है। उसने तीन से पाँच ज्यामितीय ठोसों से निर्मित गणितीय अनुपातों के सिद्धांतों की खोज की। उसके पंथ के एक सदस्य हिप्पासस ने अन-अनुपातित संख्या की भी खोज की। पाइथागोरस ने वर्ग संख्याओं की भी खोज की। उसने पाया कि उदाहरण के लिए, यदि चार पत्थर लेकर उन्हें एक वर्ग के रूप में व्यवस्थित कर दिया जाए तो न केवल प्रत्येक भुजा दूसरी भुजा के बराबर होती है, बल्कि यदि दो भुजाओं को एक-दूसरे से गुणा किया जाए तो वे वर्ग की व्यवस्था में पत्थरों की कुल संख्या के योग के बराबर होती है इसीलिए इसे 'वर्ग मूल' कहा जाता है।

वह यह सोचनेवाले व्यक्तियों में से एक था कि पृथ्वी गोल है और सभी ग्रहों का एक अक्ष है और सभी ग्रह केंद्रीय बिंदु के चारों ओर घूमते हैं।

प्लेटो पर प्रभाव

पाइथागोरस ने प्लेटो के दर्शन पर महत्त्वपूर्ण प्रभाव डाला। आर.एम. हरे के अनुसार, उसके प्रभाव में तीन बिंदु शामिल थे—(अ) प्लेटोनिक गणराज्य एक समान सोचवाले लोगों के एक संगठित समुदाय के विचारों से संबंधित हो सकता है, जैसा कि पाइथागोरस ने क्रोटोन में स्थापित किया, (ब) इस बात के प्रमाण हैं कि संभवतया प्लेटो ने पाइथागोरस से यह विचार लिया कि गणित और सामान्य भाषा अमूर्त दार्शनिक सोच के लिए एक सुरक्षित आधार है, साथ ही विज्ञान और नैतिकता में पर्याप्त संपर्क के लिए भी आधार है, (स) प्लेटो और पाइथागोरस ने आत्मा व भौतिक जगत् में इसके स्थान के लिए रहस्यवादी दृष्टिकोण में समान

विचार प्रस्तुत किया। ऐसा लगता है कि दोनों ओर्फिज्म से प्रभावित थे।

प्लेटो के विचार स्पष्ट रूप से अर्कितास के दर्शन से प्रभावित हुए, जो तीसरी पीढ़ी का एक वास्तविक पाइथागोरियन था। उसने ज्यामिति में महत्त्वपूर्ण योगदान दिया, जो यूक्लिड के तत्त्वों की आठवीं पुस्तक में प्रतिबिंबित होता है।

रोमन प्रभाव

प्राचीन रोम और नूमा पोंपिलिअस की किंवदंतियों में बताया गया है कि रोम का दूसरा राजा पाइथागोरस के अधीन रहकर अध्ययन करता था। हालाँकि तारीखों में अंतर को देखते हुए कुछ विद्वान् इस किंवदंती की सत्यता को संदिग्ध मानते हैं।

गुप्त समूहों पर प्रभाव

पाइथागोरस ने एक गुप्त समूह की स्थापना की जो पाइथागोरियन भ्रातृ-मंडल कहलाया। यह गणित और दर्शन के अध्ययन के प्रति समर्पित था। इसका भावी गुप्त समूहों पर गहरा प्रभाव पड़ा, जैसे रोसीक्रुसीएनिज्म और फ्रीमेसनरी—ये दोनों समूह गणित के अध्ययन को समर्पित थे। दोनों का दावा था कि उनकी उत्पत्ति पाइथागोरस समुदाय से हुई थी।

□

आरंभिक चरण

रोम साम्राज्य के युग में एक किंवदंती प्रचलित थी कि पाइथागोरस अपोलो देवता का पुत्र था। प्रथम शताब्दी ईसवी में टायना के अपोलोनियस ने इस किस्से को जोर-शोर से प्रचारित किया। वह एक स्वयंभू चमत्कारी पुरुष था, जो अपने आपको पाइथागोरस का अवतार बताता था और जो उसी की तरह उपदेश देने का दावा भी करता था। सम्राट् सेप्टीमस सेवेरस की पत्नी महारानी जूलिया डोमना चाहती थी कि अपोलोनियस का किस्सा दूर-दूर तक प्रचारित हो, ताकि नाजरेथ के जीसस को सही जवाब दिया जा सके, जिसके अनुयायी उसे ही यहूदियों के ईश्वर का पुत्र बता रहे थे।

जूलिया डोमना के युग की एक शताब्दी के बाद (पाइथागोरस के युग की आठ शताब्दी के बाद) चालीस के नव प्लेटोवादी दार्शनिक और इतिहासकार इंबलीचुस ने पाइथागोरस संप्रदाय पर एक पुस्तक लिखी और अपने नजरिए से किंवदंतियों की पड़ताल की। वह स्वयं अंधविश्वासों के युग में जी रहा था और चमत्कारों की चर्चा करते हुए उससे विज्ञान-सम्मत दृष्टिकोण अपनाने की उम्मीद नहीं की जा सकती थी। उसने सावधानीपूर्वक विभिन्न किंवदंतियों का अध्ययन किया और कल्पना को सत्य से अलग करने का प्रयास करते हुए बताया कि पाइथागोरस को ईश्वर का पुत्र बताना सही नहीं है। इसके बावजूद जिन मिथकों को इंबलीचुस सच नहीं मान सकता था, उसने उनको पूरी तरह नजरअंदाज करना उचित नहीं समझा। वैसे भी, ईसा पूर्व छठी शताब्दी की चर्चा करते हुए इतिहासकार मिथकों को नजरअंदाज नहीं कर पाते। वह एक ऐसा युग था, जिसे जैकब ब्रोनोस्की ने 'किंवदंती और इतिहास का घालमेल, बताया था। इंबलीचुस ने इस पहलू की तरफ खास जोर दिया कि किन परिस्थितियों में लोकप्रिय किंवदंतियों का जन्म हुआ। उसी के शब्दों में, पाइथागोरस का जन्म-वृत्तांत इस प्रकार है, जिसे लिखते

हुए उसने अंधविश्वासों को अलग से रेखांकित करने का प्रयास किया था—

ईसा पूर्व छठी शताब्दी के शुरुआती तीसरे दशक में मेसार्चुस नामक एक समुद्री व्यापारी समुद्र यात्रा पर निकल पड़ा था। उस समय उसे पता नहीं था कि उसकी पत्नी गर्भवती थी। जैसा कि उस युग के अधिकांश महत्त्वपूर्ण व्यापारी करते थे, उसने भी अपोलो देवता से अपनी यात्रा की सफलता के बारे में पूछा। देवता ने बताया कि सीरिया तक ही उसकी यात्रा खासतौर पर उत्पादक और सफल साबित होने वाली थी। फिर विषय बदलते हुए देवता ने बताया कि मेसार्चुस की पत्नी के गर्भ में जो बालक पल रहा था, वह अत्यंत आकर्षक और बुद्धिमान मनुष्य बनने वाला था। वह बालक मानव जाति की प्रगति के क्षेत्र में अहम योगदान करने वाला था और कई उपलब्धियों को प्राप्त करने वाला था। यह एक विलक्षण भविष्यवाणी थी। मगर इंबलीचुस ने इस बात को रेखांकित किया है कि इस तरह की भविष्यवाणी से यह कहीं ज्ञात नहीं होता कि पाइथागोरस मेसार्चुस का पुत्र नहीं था। अपोलो को पिता का स्थान देने के लिए नहीं, बल्कि अपोलो का सम्मान करने के लिए मेसार्चुस ने अपनी पत्नी का नाम 'पार्थेनीस' से बदलकर 'पाइथाइस' रख दिया और पुत्र का नाम 'पाइथागोरस' रखने का निश्चय किया। समुद्र यात्रा जारी रही और पाइथाइस ने फोनीशिया के सिडोन नामक स्थान पर पुत्र को जन्म दिया। इसके बाद परिवार सामोस द्वीप पर स्थित अपने घर में लौट आया। जैसा कि देवता ने भविष्यवाणी की थी, मेसार्चुस को समुद्री व्यापार में प्रचुर लाभ प्राप्त हुआ था और उसकी समृद्धि बढ़ गई थी। मेसार्चुस ने 'पाइथियन अपोलो' के नाम से एक मंदिर का निर्माण कर अपनी कृतज्ञता को व्यक्त किया। वर्तमान युग में वैसा कोई मंदिर मौजूद नहीं है; मगर सामोस द्वीप पर जगह-जगह मंदिरों और तीर्थस्थलों के अवशेष मिले हैं, जिन्हें देखकर यह अनुमान लगा पाना कठिन है कि वहाँ किस देवता का मंदिर रहा होगा या किसने उसका निर्माण किया होगा।

तीसरी शताब्दी और चौथी शताब्दी ईसवी के आरंभिक हिस्से में रोम साम्राज्य के युग में पाइथागोरस की जीवनी लिखनेवाले दो अन्य लेखक—डायोजेनीज लर्टीअस और प्रोफीरी इंबलीचुस के इस मत से सहमत थे कि पाइथागोरस की माता पाइथाइस सामोस द्वीप के आरंभिक उपनिवेशवादियों के कुल से संबंध रखती थी और इस बात के पर्याप्त साक्ष्य मौजूद थे। लेकिन, पाइथागोरस की मृत्यु और जीवन की अन्य घटनाओं को लेकर इन लेखकों में विरोधाभास और मतभेद नजर आते हैं। सबसे ज्यादा विरोधाभास पाइथागोरस के पिता मेसार्चुस के वंश को लेकर नजर आता है। इंबलीचुस अपने शोध के आधार पर बताता है कि पाइथागोरस के माता-

पिता सामोस द्वीप के आरंभिक उपनिवेशवादियों के कुल से संबंध रखते थे। प्रोफीरी तीसरी शताब्दी ईसा पूर्व के एक इतिहासकार नीनथेस के विवादास्पद मत के आधार पर इस मसले पर विचार कर रहा था, जिसकी सूचनाओं में विरोधाभासों का भंडार मिलता है। प्रोफीरी ने इसी आधार पर बाताया था कि मेसार्चुस सामोस में पैदा नहीं हुआ था। नीनथेस ने एक स्थान पर लिखा—"मेसार्चुस का जन्म सीरिया के टायरे में हुआ।" वहीं दूसरे स्थान पर लिखा कि "उसका जन्म लेमनोस में हुआ और वह एक 'टायरेनियन' था।" संभवतः 'टायरे' और 'टायरेनियन' के बीच समानता होने के कारण इस किस्म की गलतफहमी पैदा हुई। प्रोफीरी ने एक और स्रोत का हवाला देकर अपने दावे की पुष्टि की है। उसने लिखा है कि "ऑन दि एनक्रेडिबल थिंग्स बियोंड थुले' नामक पुस्तक में भी मेसार्चुस को लेमनोस मूल का बताया गया है। पाइथागोरस की जीवनी लिखनेवाले तीनों लेखकों में से सबसे आरंभिक लेखक डायोजीनस लर्टीअस ने टारेंटम के प्राचीन इतिहासकार एरिस्टोजेनस के कथन को उद्धृत किया है—जिसका ईसा पूर्व चौथी शताब्दी में डायोनिसियस, सीराकाउज और पाइथागोरियन संप्रदाय के विद्वानों से घनिष्ठ संबंध था। उसने भी कहा था कि मेसार्चुस जन्म से टायरेनियन था। तीनों जीवनीकार इस बात को लेकर सहमत नजर आते हैं कि अगर मेसार्चुस का जन्म सामोस में नहीं हुआ था तो बाद में वह सामोस का नागरिक अवश्य बन गया था। डायोजीनस लर्टीजेनीस ने इस बात का भी उल्लेख किया है कि उसे तीसरी शताब्दी ईसा पूर्व में सामोस के एक नागरिक हर्मीप्पुस ने बताया था कि मेसार्चुस दुर्लभ रत्नों का व्यापार करता था।

जिस सामोस द्वीप पर पाइथागोरस का बचपन गुजरा था, उसे यूनान के तमाम द्वीपों में सर्वाधिक समृद्ध और घने जंगल से आकर्षक नजर आनेवाला द्वीप माना जाता रहा है। लेखक जैकब ब्राउनस्की ने इस द्वीप को 'जादुई द्वीप' कहकर संबोधित किया है। उन्होंने लिखा है—"यूनान के दूसरे द्वीप भी मुझे आकर्षित करते हैं; मगर यह द्वीप मुझे समृद्धि का प्रतीक नजर आता है। यहाँ के समुद्र-तट ने विद्वानों को जादूगर के रूप में तब्दील करने का काम किया है।" निश्चित रूप से बालक पाइथागोरस का साक्षात्कार पेड़ों से घिरी पर्वतमालाओं, घने जंगल की वीरानी और समुद्र-तट के सौंदर्य से हुआ था। समृद्ध परिवार के बालक के रूप में ग्रामीण जीवन, जहाँ साल भर फूल खिलते हैं और अंगूर तथा जैतून के पौधे हरे-भरे नजर आते हैं, निश्चित रूप से सुखी और विलासितापूर्ण रहा होगा। मेसार्चुस विदेश यात्राओं से लौटते समय अपने साथ तरह-तरह की चीजें लेकर आता था। उस युग के कवि एसियस ने सामोसवासियों के विलासितापूर्ण जीवन के बारे में जो कविता लिखी है,

उसके कुछ ही अंश बचे हुए हैं। उन अंशों में बताया गया है कि किस तरह सामोस के निवासी बेशकीमती पोशाक धारण करते थे और स्वर्ण-आभूषणों को पहनने को लेकर उनके बीच होड़ मची रहती थी।

बंदरगाहवाले सामोस शहर में हेरा देवी का प्रसिद्ध मंदिर था, जहाँ उपस्थित अमूल्य निधियाँ और तरह-तरह की सामग्री ने पाइथागोरस के मन में बचपन में ही दुनिया के दूसरे हिस्सों के बारे में कौतूहल का भाव पैदा कर दिया था। उस मंदिर में कीमती गहनों का भंडार था, जो ईरान, मेसोपोटामिया, लीबिया, स्पेन और अन्य दूर-दराज के देशों से लाए गए थे। पुरातत्त्वविदों को यूनान में सामोस से अधिक समृद्ध स्थान दूसरा नहीं मिला है, जहाँ विदेशी वस्तुओं का प्रचुर संग्रह विद्यमान है और जहाँ भौगोलिक विभिन्नता का अद्‌भुत प्रदर्शन दिखाई देता है। केवल हेरा देवी के मंदिर में ही विदेशी निधियों का संग्रह तैयार नहीं किया गया था, बल्कि सामोस के नागरिकों के घरों में भी विदेशी वस्तुएँ पहुँच रही थीं और लोग धड़ल्ले से उनका इस्तेमाल भी कर रहे थे। पाइथागोरस और उसके भाइयों को देखकर उत्सुकता होगी और विभिन्न देशों के बारे में कल्पनाएँ उभरती होगीं। सामोस का मेसोपोटामिया की प्राचीन एवं रहस्यमयी संस्कृति से गहरा नाता बना हुआ था।

जिसे सामोस का इतिहास कहा जाता है वह लोककथा, मौखिक इतिहास और पुरातत्त्व का मिश्रण है। दंतकथा के अनुसार, इस द्वीप पर सबसे पहले बसनेवालों का नेतृत्व एनकोयस ने किया था, जो जीयस का वीर पुत्र था और जिसने हरक्यूलिस और ओर्फिवाद के साथ सोने की खोज में अरगोनेउतस की समुद्री यात्रा शुरू की थी। डेल्फी में पाइथियन देववाणी सुनने के बाद एनकोयस ने सामोस द्वीप में एक उपनिवेश बसाने का फैसला किया था और वहाँ अर्सीडिया थेसली, एथेंस, इपीडाउरस और चाल्सीस से परिवारों को लाकर वहाँ बसाने के बारे में सोचा था। भविष्य के महान् द्वीप नगर का नाम देववाणी में 'सामोस' बताया गया था। 'सामा' का अर्थ 'अत्यधिक ऊँचा स्थान' होता है। सामोस में ऊँची पर्वत-मालाएँ हैं। प्राचीन कहानियों में पाइथागोरस के परिवार का संबंध एनकोयस से जोड़ा जाता रहा है।

सामोस नगर के आबाद हो जाने के बाद वर्तमान युग में पुरातत्त्ववेत्ताओं ने विभिन्न कथाओं की विश्वसनीयता की जाँच कर ली है। वे इस बात से सहमत हैं कि सामोस का प्राचीन इतिहास दंतकथाओं से मिलता-जुलता है। दूसरी शताब्दी ईसा पूर्व के उत्तरार्ध में इपीडाउरिया से आइओनियन समुदाय के लोग द्वीप में आकर बस गए थे और डेल्फी में पाइथियन देववाणी के अनुरूप बस्ती पहले से आबाद हो चुकी थी, हालाँकि तब तक उस दंतकथा से अपोलो का नाम नहीं जुड़ा

था। एनकोयस के नेतृत्व में जो उपनिवेशवादी आए थे, उनमें संभवतः ऐसे लोग शामिल थे, जिनका प्रव्रजन यूनान की मुख्य भूमि से एइगीयन द्वीप और एशिया माइनर के समुद्र-तटों की तरफ हुआ था।

पुरातत्त्ववेत्ता इस नतीजे पर भी पहुँचे हैं कि आइओनियन उपनिवेशवादी ही सबसे पहले सामोस द्वीप पर कदम रखनेवाले नहीं थे, बल्कि एक अन्य दंतकथा के अनुसार, जब माइसिनियन लोगों ने ट्रॉय पर आधिपत्य कर लिया था और महान् लकड़ी के घोड़े को सर्वनाशी शहर में भेज दिया था, उसके बाद वे लोग तुर्की के समुद्र-तट और आसपास के द्वीपों में बस गए थे। खुदाई से प्राप्त अवशेषों से पता चलता है कि आइओनियन लोगों के वहाँ आने से पहले सामोस द्वीप में एक हजार साल से भी अधिक समय पहले से आबादी बसी हुई थी और उस आबादी में संभवतः माइसिनियन समुदाय के लोग भी शामिल थे। ट्रोजन युद्ध के बाद द्वीप पर आकर जो भी समुदाय बसा था, उसे देर से बसनेवाला समुदाय ही माना जाएगा।

संभवतः इस बात से प्रारंभिक आबादी और नए आइओनियन उपनिवेशवादियों के बीच भाईचारे का संबंध कायम हुआ होगा कि नवागंतुकों ने तत्काल प्राग-ऐतिहासिक उर्वरता की देवी को पहचान लिया होगा, जिस देवी की उपासना वे पहले से हेरा देवी के रूप में करते रहे थे। उन लोगों की देवी माता हेरा के प्रति गहरी आस्था थी और सामोस की एक नदी इंब्रासोस़ के किनारे एक स्थान को देवी हेरा का जन्म-स्थान माना जाता था। ऐसी मान्यता थी कि उस स्थान की झाड़ियों में देवी हेरा का जन्म हुआ था। जब पाइथागोरस का जन्म हुआ, उस समय तक नदी किनारे पत्थर और लकड़ी की प्रतिमा के इर्द-गिर्द दुनिया के सर्वाधिक महत्त्वपूर्ण और भव्य मंदिर का निर्माण हो चुका था। सामोस के पास ही इफेसस में अर्टेमिस के मंदिर का निर्माण किया गया था, मगर वह हेरा देवी के मंदिर की भव्यता की बराबरी नहीं कर सकता था।

दूसरी शताब्दी ईसा पूर्व समाप्त होने से पहले पिटीअस नामक स्थान से प्रोकलेस नामक व्यक्ति की अगुवाई में उपनिवेशवादियों का नया समूह सामोस द्वीप पर पहुँचा। उन लोगों ने द्वीप पर कब्जा कर लिया। प्रोकलेस के वंशजों ने द्वीप पर लगभग 400 सालों तक शासन किया। ईसा पूर्व आठवीं शताब्दी में पहले से बसे हुए उपनिवेशवादियों ने द्वीप पर कब्जा कर लिया। पहले से बसे हुए उपनिवेशवादी धनी भू-स्वामी थे, जो अपने आपको 'जेओमोटोई' कहकर पुकारते थे, जिसका अर्थ था—'भूमि का हिस्सा प्राप्त करनेवाला'। उन लोगों ने जब तक शासन किया, उस अवधि को 'ज्योमेट्रिक' अवधि कहकर पुकारा जाता है। ऐसा केवल सामोस के

लिए ही नहीं, बल्कि समूचे यूनान के बारे में कहा जाता है। 'जेओमोटोई' लोगों ने जिस ज्यामितीय शैली में अपनी भूमि का बँटवारा किया था, उसी से 'ज्योमेट्री' (ज्यामिति) शब्द का उद्‍भव हुआ। पाइथागोरस के पूर्वज, कम-से-कम उसकी माता के पूर्वज, उन्हीं लोगों में से रहे होंगे।

कई सदियों तक जेओमोटोई लोगों के शासनकाल में सामोस की समृद्धि बढ़ती गई। इसके साथ ही मिस्र और सुदूर पूर्व के देशों के साथ सामोस का सांस्कृतिक आदान-प्रदान भी बढ़ता गया। वर्तमान युग के तुर्की के पश्चिमी समुद्र-तट के पास स्थित होने के कारण सामोस समुद्री व्यापार के अंतरराष्ट्रीय मार्ग का महत्त्वपूर्ण बंदरगाह बन गया था। मिस्र, इटली, यूनान और सुदूर पूर्व के देशों के जहाज इसी मार्ग से आवा-जाही करते थे। पूरब के देशों से कीमती सामानों को लादकर जहाज सामोस के समुद्र-तट पर पहुँचते थे। दुनिया भर में व्यापार के लिए आवा-जाही करनेवाले जहाजों के लिए सामोस एक प्रमुख केंद्र बन गया था। सामोस के जहाज निर्माता बड़े और उन्नत किस्म के जहाज बनाने के लिए विख्यात थे और अलग-अलग देशों के व्यापारी ऐसे जहाजों को खरीदकर समुद्री यात्रा पर निकलते थे। कहा जाता है कि कोलिअस नामक प्रसिद्ध व्यापारी ने इसी तरह समुद्री यात्रा करते हुए काफी लाभ अर्जित किया था और फिर उसने लाभ का एक हिस्सा हेरा देवी के मंदिर को दान कर दिया था। सामोस के पास उर्वर कृषि भूमि भी थी, जहाँ पर्याप्त मात्रा में फसल उपजाई जाती थी। जिस समय पाइथागोरस का जन्म हुआ था, उस समय यानी ईसा पूर्व छठी शताब्दी में सामोसवासी मिनाओ, श्रेस और सिलिसिया में उपनिवेश बसा रहे थे। सामोस के व्यापारी मिस्र में बसने लगे थे और फारसवासियों के साथ व्यापारिक संबंध कायम करने लगे थे।

हालाँकि द्वीप की खुशहाली लगातार बढ़ती ही रही, मगर पाइथागोरस के जन्म के समय तक जेओमोटोई लोगों का शासन समाप्त हो गया था। ईसा पूर्व सातवीं शताब्दी के उत्तरार्द्ध में संभ्रांत जेओमोटोई लोगों को तख्तापलट का सामना करना पड़ा था। कहा जाता है कि जिस समय अधिकांश द्वीपवासी हेरा देवी के मंदिर में एक उत्सव में भागीदारी कर रहे थे, उसी समय बागियों ने तख्ता-पलट कर दिया था।

पाइथागोरस का जन्म ईसा पूर्व 570 या संभवत: उससे कुछ पहले हुआ था। तब तक कोलिअस अपने साहसिक समुद्री अभियान से वापस लौट चुका था। भले ही जेओमोटोई लोगों का द्वीप पर नियंत्रण नहीं रह गया था, मगर आर्थिक एवं सांस्कृतिक क्षेत्र में सामोस नई बुलंदियों की तरफ बढ़ता चला जा रहा था। यह

सामोस का स्वर्ण युग था। पाइथागोरस की माता के जेओमोटोई परिवार को जरूर तख्तापलट की घटना से प्रभावित होना पड़ा था और दौलत तथा रुतबे में कमी आई थी। दूसरी तरफ मेसार्चुस एक व्यापारी था जिसका मुनाफा उथल-पुथल के उस दौर में घटने की जगह बढ़ता ही गया था। वह एक आदर्श विवाह था, जिसमें पार्थेनिस अपने साथ अपने परिवार की प्राचीन संभ्रांत विरासत और भूमि लेकर आई थी, वहीं मेसार्चुस ने व्यापार में सफलता अर्जित करते हुए खुशहाली की स्थिति पैदा की थी।

मेसार्चुस का जैसा पेशा था, उसे देखते हुए लगता है कि पाइथागोरस ने अपने बचपन और लड़कपन का सारा समय सामोस में नहीं व्यतीत किया होगा। इतिहासकार निनथेस के अनुसार (एक ऐसा विश्वसनीय स्रोत, जिसका हवाला तीनों जीवनीकारों ने दिया है)—वह टायरे, इटली और दूसरे कई स्थानों पर अपने पिता के साथ गया था। निनथेस और दूसरे कई लेखकों का कहना है कि पाइथागोरस के दो बड़े भाई यूनोस्टस और टीरेनस तथा एक मुँहबोला भाई भी इन यात्राओं में शामिल होते थे। अगर इस कथन में सच्चाई है कि पाइथागोरस का पिता मेसार्चुस व्यापारी होने के साथ-साथ एक जौहरी भी था, तो अवश्य उसने अपने बेटों को भी इस विद्या का प्रशिक्षण दिया होगा।

इंबलीचुस का मानना है कि पाइथागोरस को बचपन में सर्वश्रेष्ठ शिक्षा मुहैया करवाने का प्रयत्न किया गया था और सामोस के ज्ञानी लोगों की संगति में शिक्षा प्राप्त करने के साथ-साथ उसने सीरिया में अध्यात्म विद्या के पारखियों की संगति में ज्ञानार्जन किया था। यह स्वाभाविक लगता है कि सीरिया के सीडोन नामक स्थान के साथ मेसार्चुस के परिवार का बराबर संबंध बना रहा, क्योंकि पाइथागोरस का जन्म उसी स्थान पर हुआ था।

तरुण पाइथागोरस का वर्णन कहते हुए इंबलीचुस ने लिखा है कि वह आकर्षक व्यक्तित्व का स्वामी था और अपने आचरण तथा वाणी द्वारा स्वयं से अधिक उम्र के व्यक्तियों को भी प्रभावित कर सकता था। इंबलीचुस ने लिखा है कि पाइथागोरस विनम्र, विचारशील और सरल स्वभाव का था। सामोस के संग्रहालय 'कौटई' में उसी अवधि में निर्मित पाइथागोरस की एक प्रतिमा रखी है, जिसे देखकर स्पष्ट होता है कि वह एक आदर्श युवक था, जो अपने आप में खोया हुआ, रहस्यपूर्ण और पवित्र प्रतीत होता था।

सामोस में पाइथागोरस भले ही व्यावसायिक जगत् के केंद्र स्थल पर मौजूद था, मगर यूनानी दर्शन और विज्ञान के केंद्र स्थल से वह दूर था। हालाँकि वह मिलेटस से ज्यादा दूर नहीं था, जहाँ थेल्स ने सबसे पहले यूनानवासियों का परिचय

प्रकृति के अध्ययन से करवाया था। मिलेटस ही थेल्स का मुख्यालय था। पाइथागोरस के जन्म से लगभग पंद्रह साल पहले थेल्स ने एक ग्रहण पर्यवेक्षण कर अपनी राय दी थी। उस घटना को प्रतीक के रूप में यूनान के प्राकृतिक दर्शन-शास्त्र का सूत्रपात माना जाता है। अनुमान के मुताबिक 28 मई 585 ईसा पूर्व के दिन ग्रहण लगा था।

थेल्स के बारे में अधिक जानकारियाँ उपलब्ध नहीं हैं। सिर्फ इतना कहा जाता है कि उसने प्रकृति व अंतरिक्ष विज्ञान का अध्ययन किया था और वह मिथकीय व्याख्याओं से संतुष्ट नहीं था। वह इस जिज्ञासा का समाधान करना चाहता था कि विश्व का आरंभ किस तरह हुआ और क्या इससे पहले भी कुछ था। प्लेटो ने अपने संवाद 'थियोटेटस' में थेल्स का उदाहरण एक ऐसे व्यक्ति के रूप में दिया है, जो हमेशा अपने अध्ययन में जुटा रहता है।

आसमान के सितारों को निहारते हुए चल रहा थेल्स एक कुएँ में गिर पड़ा। कहा जाता है कि थ्रेस की रहनेवाली एक सुंदर और कुशल नौकरानी ने उसे कुएँ से बाहर निकाला। वह यह जानने के लिए उत्सुक था कि स्वर्ग में क्या हो रहा था; मगर जो कुछ उसके सामने था या पैरों के नीचे था, उन सबसे वह अनजान बना हुआ था।

थेल्स का एक व्यावहारिक पहलू भी था। दूसरों को परेशान करनेवाली समस्याओं का वह सरल और मौलिक समाधान ढूँढ़ सकता था। उससे जुड़े किस्से जरूर सामोस तक भी पहुँचे थे। एक किस्से में बताया गया कि जब सम्राट् क्रोसेसस की सेना धन लूटने के बाद वापस लौट रही थी तो हेलीस नदी पर पुल नहीं होने के कारण वह लाचार होकर ठिठक गई थी। थेल्स ने नदी के ऊपरी हिस्से में एक सुरंग खुदवाकर नदी की धारा को ही मोड़ दिया। इस तरह सैनिकों के सामने नदी पार करने की समस्या नहीं रह गई।

ऐसा कहा जाता है कि जल के प्रति थेल्स का विशेष लगाव था। जल कुएँ का हो या नदी का, उसका यही मानना था कि जल से ही प्रत्येक वस्तुओं का विकास संभव हो पाया है। वह मानता था कि समूचा ब्रह्मांड जल के भीतर लकड़ी या अन्य तैरनेवाली वस्तु की तरह तैर रहा था। हालाँकि बाद में अरस्तू ने इस मत का खंडन किया था। पाइथागोरस के जीवनीकार डायोजीनस लअर्टिस ने लिखा है कि बाद में थेल्स इतना वृद्ध हो गया था कि पृथ्वी से सितारों को निहारना उसके लिए संभव नहीं रह गया था। वह आरंभिक यूनानी इतिहास के उन सात संतों में एक माना जाता था जिन संतों ने किसी-न-किसी वस्तु को जीवन की उत्पत्ति का कारण माना था। थेल्स ने जल को जीवन की उत्पत्ति का कारण माना था। उन सभी संतों के तर्कों के

बीच एक पुकार का तारतम्य नजर आता था।

सामोस में पलते-बढ़ते हुए पाइथागोरस ने अवश्य थेल्स की चर्चा सुनी थी। उसके एक जीवनीकार का कहना है कि अपनी युवावस्था के आरंभिक हिस्से में वह थेल्स से मिलने के लिए भी गया था। पाइथागोरस को 'लंबे बालोंवाला सामियन' कहकर भी पुकारा जाता था। अपोलोनियस ने पाइथागोरस के जीवनीकारों को बताया था कि पाइथागोरस ने मिलेटस के अंतरिक्ष वैज्ञानिक एनेक्सीमेंडर के सान्निध्य में भी अध्ययन किया था। जब ईसा पूर्व 546 में थेल्स का देहांत हुआ, उस समय एनेक्सीमेंडर 64 साल का था। जब थेल्स ने ग्रहण का पर्यवेक्षण किया था, तब वह उम्र के दूसरे दशक में रहा होगा और जब पाइथागोरस उसका शिष्य बना होगा तब तक वह अधेड़ हो चुका होगा।

यह भी संभव है कि एनेक्सीमेंडर भी थेल्स का शिष्य रहा हो; मगर उनके विचार नहीं मिलते थे। स्वर्ग और पृथ्वी को मापने के लिए एनेक्सीमेंडर गणित और ज्यामिति का उपयोग कर रहा था और उसने दुनिया के आरंभिक मानचित्रों में से एक मानचित्र को तैयार भी किया था। पाइथागोरस के ज्ञानपिपासु मन पर एनेक्सीमेंडर के विचारों का गहरा प्रभाव पड़ा था। एनेक्सीमेंडर ने इस धारणा का खंडन किया था कि पृथ्वी तैर रही थी या किसी वस्तु से लटक रही थी या स्वर्ग के सहारे झूल रही थी। उसका मानना था कि पृथ्वी पूरी तरह स्थिर थी और वह एक दिशा से दूसरी दिशा में नहीं मुड़ सकती थी, क्योंकि संपूर्ण ब्रह्मांड सपाट था। उसने सभी वस्तुओं के संबंध में 'सीमा' और 'असीम' के सिद्धांतों का प्रतिपादन किया। जब अगली सदी में फिलोलाउस ने पाइथागोरियन सिद्धांतों को लिखना शुरू किया तो नए सिरे से एनेक्सीमेंडर के सिद्धांतों की पड़ताल भी शुरू हुई।

एनेक्सीमेंडर का कहना था कि जब 'असीम' को पृथक् किया जाता है तो विरोधाभासपूर्ण परिणाम सामने आता है, जैसे—नर-नारी, गरम-ठंडा। उसकी सृजन की सोच के केंद्र में विरोधाभास था। परस्पर विरोधी तत्त्वों में पृथक्करण बाद में पाइथागोरियन मत का प्रमुख सिद्धांत बना था। सबसे महत्त्वपूर्ण बात यह थी कि एनेक्सीमेंडर ब्रह्मांड के तमाम विरोधाभासों, भिन्नताओं, विविध रूपों के बीच एकरूपता को मौजूद पाता था। बाद में इस मत को पाइथागोरस ने अधिक सशक्त तरीके से परिभाषित किया। वैचारिक समानता को देखते हुए ऐसा प्रतीत होता है कि पाइथागोरस ने अवश्य एनेक्सीमेंडर के सान्निध्य में अध्ययन किया था। लेकिन यह भी संभव हो सकता था कि पाइथागोरस या फिलोलाउस तक एनेक्सीमेंडर के सिद्धांत अन्य स्रोतों द्वारा पहुँचे हों। युवा पाइथागोरस संभवत: एनेक्सीमेंडर के शिष्य

एनेक्सीमेनेस से भी परिचित था।

जीवनीकारों ने इस बात को रेखांकित किया है कि थेल्स ने ही पाइथागोरस को मिस्र की यात्रा करने के लिए प्रेरित किया था। इस उदार व शालीन दार्शनिक ने अपनी वृद्धावस्था की विवशताओं पर खेद प्रकट किया और अपने शरीर की कमजोरी का हवाला देते हुए अपने प्रतिभाशाली शिष्य से यात्रा करने के लिए कहा। उसने बताया कि वह स्वयं अपने ज्ञान के लिए मिस्रवासियों के प्रति आभारी था। वह मानता था कि उसकी तुलना में मिस्र के ज्ञान का सदुपयोग करने को पाइथागोरस अधिक सुयोग्य व्यक्ति था। थेल्स ने या तो स्वयं मिस्र की यात्रा की थी या फिर दूसरों के मुँह से मिस्र के बारे में सुन रखा था। उसने नील नदी की जलधारा का वर्णन किया था और वहाँ आई बाढ़ के लिए ग्रीष्म ऋतु में उत्तर की तरफ से बहनेवाली हवा को जिम्मेदार बताया था। उसका मानना था कि हवा के दबाव के चलते नदी का पानी भूमध्य सागर तक नहीं पहुँच पाता था और बाढ़ की स्थिति बन जाती थी। प्रोफीरी का कथन है कि थेल्स और पाइथागोरस ने ज्यामिति के संबंध में काफी कुछ ज्ञान मिस्र से प्राप्त किया था। प्राचीनकाल में मिस्रवासी ज्यामिति विषय में पारंगत थे, फोनेशियावासी संख्या के विषय में पारंगत थे, चाल्डियावासी अंतरिक्ष-विज्ञान एवं ईश्वर की उपासना आदि विषय में पारंगत थे। माना जाता है कि पाइथागोरस ने इस तरह की अनेक विद्याओं का अध्ययन किया था।

इस कथन में सच्चाई नजर आती है कि पाइथागोरस ने थेल्स, एनेक्सीमेंडर और एनेक्सीमेनेस के सान्निध्य में अध्ययन किया था और ज्ञानार्जन करने के लिए मिस्र व मेसोपोटामिया की यात्राएँ की थीं। अपने पिता की समुद्री यात्राओं और बाहरी जगत् के साथ वाणिज्यिक संबंधों के कारण पाइथागोरस के लिए दूर-दराज की यात्राएँ करना आसान रहा होगा।

थेल्स ने पाइथागोरस को जहाँ ज्ञान-प्राप्ति के लिए मिस्र जाने की सलाह दी थी, वहीं उसे आहार और समय की पाबंदी के बारे में सतर्क भी कर दिया था। पाइथागोरस ने अपने गुरु की सलाह के अनुसार यात्रा करने का निश्चय किया था; मगर वह पहले अपने जन्म-स्थान सीडोन पहुँचना चाहता था, उसके बाद मिस्र के लिए रवाना होना चाहता था।

□

ज्ञानार्जन के लिए यात्रा

जैसाकि जीवनीकारों ने वर्णन किया है, ज्ञानार्जन के लिए युवा पाइथागोरस की विदेश यात्रा रोमांचपूर्ण रही थी। वह भूमध्य सागर के समुद्र-तट पर माउंट कार्मेल की तलहटी में स्थित एक मंदिर में पहुँच गया था। माउंट कार्मेल का संबंध मसीहा एलीजा और उसके ईश्वर के साथ जोड़ा जाता है, साथ ही स्थानीय देवी-देवताओं से भी उसका संबंध जोड़ा जाता है। इतिहासकार जोसेफस के इस दावे को लेकर काफी विवाद रहा है कि पाइथागोरस यहूदी धर्म के सिद्धांतों से काफी प्रभावित हुआ था। संभव था कि यहाँ उसका साक्षात्कार यहूदियों से हुआ हो, हालाँकि ज्यादातर यहूदी आबादी उस समय बेबीलोन में निर्वासित थी। एक जीवनीकार ने लिखा है कि पाइथागोरस ने सिद्ध पुरुषों के साथ विचार-विनिमय किया और बिब्लोस तथा टायरे के रहस्यों को जानने का प्रयास किया। वह मात्र अंधविश्वासों को समझने का प्रयास नहीं कर रहा था, बल्कि वह ऐसे किसी भी विषय से अछूता नहीं रहना चाहता था, जिनके बारे में उसके मन में जिज्ञासा का भाव बना हुआ था। हालाँकि जीवनीकार ने इस बात को स्पष्ट नहीं किया है कि पाइथागोरस ने मिस्र या मेसोपोटामिया से क्या ग्रहण किया था।

मिस्र के विभिन्न क्षेत्रों में पाइथागोरस विचरण करता रहा। जीवनीकार ने उसकी यात्रा का रोचक वर्णन किया है। मिस्र का एक जहाज एक दिन फोनेशिया के समुद्र-तट पर पहुँचा, जहाँ एक मंदिर में पाइथागोरस ठहरा हुआ था। नाविकों ने प्रसन्नतापूर्वक जहाज पर उसका स्वागत किया। नाविकों ने सोचा कि उस तंदुरुस्त युवक को बेचकर वे अच्छी कीमत वसूल कर सकते थे। मगर समुद्री यात्रा के दौरान नाविकों को अपनी राय बदलनी पड़ी। वह युवक उन्हें आम युवकों की तुलना में भिन्न और तेजस्वी नजर आ रहा था। नाविक आपस में चर्चा कर रहे थे कि किस तरह पवित्र माउंट कार्मेल से उतरकर वह युवक उनके पास आया था और शांत

लहजे में सिर्फ इतना ही पूछा था, "क्या आप लोग मिस्त्र जा रहे हैं?"

उसके बाद वह जहाज पर आ गया था और दो रात तीन दिनों तक चुपचाप बैठा रहा था। इस दौरान न तो उसने कुछ खाया-पीया था, न ही वह सोया था। किसी नाविक ने उसे सोते हुए नहीं देखा था। समुद्री यात्रा असाधारण रूप से सफल रही थी। मौसम अनुकूल बना रहा था और मार्ग में समुद्री हवा ने बिलकुल परेशान नहीं किया था। नाविकों ने पाइथागोरस को मिस्त्र के समुद्र-तट पर सुरक्षित उतार दिया था। भूख और जागते रहने के कारण वह कमजोर हो गया था, इसलिए नाविकों ने सहारा देकर उसे जहाज से उतारा था। नाविकों ने उसके सामने फल रख दिए थे। जब नाविक चले गए तब वह फल खाने लगा था। इस कथा से पाइथागोरस के शालीन स्वभाव का परिचय मिलता है, साथ ही अपनी सुरक्षा सुनिश्चित करने की बुद्धिमत्ता भी झलकती है।

जीवनीकार ने लिखा है कि मिस्त्र पहुँचकर पाइथागोरस विभिन्न मंदिरों में घूमता रहा। वह पुजारियों और संतों, बुद्धिमान धर्माधिकारियों के पास ज्ञानार्जन के लिए गया। वह श्रेष्ठ ज्ञान की तलाश में सभी महत्त्वपूर्ण स्थानों पर गया। इस दौरान वह अंतरिक्ष विज्ञान और ज्यामिति के सूत्रों का अध्ययन करता रहा। ईसा पूर्व चौथी शताब्दी में प्लेटो के गुरु सुकरात ने इस बात का उल्लेख किया कि किस तरह पाइथागोरस ने मिस्त्र में ज्ञानार्जन किया था। सुकरात ने यह भी कहा कि ज्ञान-विज्ञान के विविध विषयों में यूनानवासी मिस्त्र के ऋणी हैं और ज्ञान-विज्ञान के भंडार में मिस्त्रवासियों की तुलना में यूनानियों का योगदान ज्यादा नहीं है।

जिस युग में पाइथागोरस ने मिस्त्र की यात्रा की थी, उस युग में मिस्त्र पर फैरो एमासीस द्वितीय का शासन था, जो सामोस के तानाशाह पोलीक्रेटस का बंधु था। किसी यूनानी व्यक्ति के लिए मिस्त्र की यात्रा करना उस युग में अनोखी बात नहीं समझती जाती थी, हालाँकि कम संख्या में ही यूनानी व्यक्ति मिस्त्र पहुँचते रहे थे।

सातवीं शताब्दी ईसा पूर्व में फैरो सामटेक प्रथम ने यूनानी व्यापारियों की सेवा ली थी और जब पाइथागोरस मिस्त्र पहुँचा था तब नौकटेटीस नगर में यूनानी लोग रह रहे थे, क्योंकि एमासीस यूनानी नगरों के साथ वाणिज्यिक संबंध कायम करना चाहता था और उसने डेल्फी नगर की पुनर्निर्माण योजना के लिए आर्थिक सहायता भी मुहैया करवाई थी। मगर उसने यूनानी व्यापारियों को केवल एक नगर में बसने की छूट दी थी और मिस्त्र के दूसरे हिस्सों में उनकी आवा-जाही पर प्रतिबंध लगा रखा था। जबकि पाइथागोरस विभिन्न हिस्सों में विचरण करता रहा था।

प्रोफीटी ने पाइथागोरस की मिस्त्र यात्रा का अलग ही वृत्तांत प्रस्तुत किया है।

उसने दार्शनिक एंटीफोन के वर्णन के आधार पर इस यात्रा का विवरण प्रस्तुत किया। इस वर्णन में बताया गया है कि पाइथागोरस एमासीस के नाम पोलीक्रेटस का एक पत्र लेकर सामोस से मिस्र पहुँचा था। अगर इस तथ्य को सच माना जाए तो यात्रा की तारीख काफी विलंब से सामने आती है, क्योंकि पोलीक्रेटस का शासन ईसा पूर्व 535 में आरंभ हुआ था। इससे कुछ समय पहले ही पाइथागोरस क्रोटोन जा चुका था। इसके बावजूद प्रोफीटी का वर्णन रोचक लगता है। पाइथागोरस सबसे पहले हेलियोपोलीस के पुजारी के पास पहुँचा। उसने उसे यह कहकर मेंफीस भेज दिया कि वहाँ के पुजारी अधिक अनुभवी और ज्ञानी थे। उन पुजारियों ने भी उसी तरह का बहाना बनाकर उसे डायोसपोलीस (प्राचीन थेल्स) भेज दिया। यह स्थान दक्षिण दिशा में 300 मील से अधिक दूर था। डायोसपोलीस के पुजारी भी उसे कहीं भेज देना चाहते थे; मगर उन्हें लगा कि इस तरह वह ज्ञान की यात्रा से निराश हो सकता था। पुजारियों ने उसकी कठिन परीक्षा ली और यूनान के शैक्षणिक संस्थान के भिन्न पाठ्यक्रमों से परिचित करवाया। पाइथागोरस ने विलक्षण प्रतिभा का परिचय देते हुए उनके शिक्षण को ग्रहण किया। यह देखकर पुजारियों ने उसकी प्रशंसा की और प्रसन्न होकर वे उसे ज्ञान का गूढ़ रहस्य बताने लगे। उन्होंने उसे अपने देवता की आराधना करने की अनुमति भी दे दी। इस तरह की अनुमति विदेशी व्यक्तियों को नहीं दी जाती थी। बाद में पाइथागोरस ने अपनी शिक्षण-प्रणाली के साथ गोपनीयता के पहलू को जोड़ा था। इस तरह की परंपरा यूनान में पहले से प्रचलित नहीं थी।

अगर पाइथागोरस ने मिस्र की यात्रा की थी तो उसने वहाँ क्या-क्या सीखा था? मिस्र के मंदिर परिसरों में 'जीवनगृह' बने हुए थे, जहाँ काफी विद्वान् पांडुलिपियाँ तैयार करते रहते थे, ग्रंथों का अध्ययन करते रहते थे और कहीं-कहीं विद्यालय का संचालन भी किया जाता था। मिस्र का शासक वर्ग शिक्षित था और पाइथागोरस स्वयं शिक्षित होने के बावजूद मिस्र की भाषाओं से परिचित नहीं था। जैसा कि प्रोफीटी का दावा है कि पुजारियों ने पाइथागोरस को शिष्य के रूप में स्वीकार किया था। तो अवश्य परिपक्व अवस्था में उसे प्राथमिक स्तर के विद्यार्थियों की तरह भाषा, वर्णमाला और संख्याओं में शुरुआत करनी पड़ी थी। इसके बाद ही उसने अधिक गूढ़ ज्ञान-विज्ञान के पाठ्यक्रम का अध्ययन किया था। उसने संभवत: पहले मिस्र की लिपि को पहचानना सीखा था, उसके बाद ग्रंथों का अध्ययन करना सीखा था। उसने गणित की दशमलव प्रणाली को सीखा था।

पाइथागोरस ने मिस्र के देवी-देवताओं से जुड़ी मान्यताओं का अध्ययन किया था, मृत्यु के बाद की स्थिति के बारे में मिस्रवासियों की अवधारणा से परिचित हुआ

था; मगर उसने पुनर्जन्म के सिद्धांत के बारे में कोई अध्ययन नहीं किया था। उसने वहाँ शाकाहार के बारे में भी कुछ नहीं सीखा होगा, क्योंकि उच्च श्रेणी के लोग गाय सहित विभिन्न पशुओं का मांस खाते थे।

मिस्रवासी काफी पहले मापने की विद्या में सकुशल थे। गीजा के खुफू में स्थित पिरामिड इस बात का जीवंत उदाहरण है। अगर प्रोफीटी के वर्णन का विश्वास किया जाए तो भ्रमण के दौरान पाइथागोरस ने अवश्य इस पिरामिड का दर्शन किया था। इसका निर्माण ईसा पूर्व 2500 में हुआ था, यानी यह पाइथागोरस के समय से 2000 साल पुराना था। इस बात की पक्की जानकारी उपलब्ध नहीं है कि मिस्रवासी ईसा पूर्व छठी शताब्दी में भी पिरामिड निर्माण विद्या में अपने पुरखों की तरह पारंगत थे या नहीं; लेकिन नगर परियोजना, भवन-निर्माण आदि कार्यों के लिए भू-सर्वेक्षण का कार्य उस युग में भी दक्षता के साथ किया जाता था। प्राचीन ढाँचा आज भी अपनी निर्माण कला के चलते विश्व को चमत्कृत कर देता है। पाइथागोरस ने इस समय तक मापने की विद्या का साक्षात्कार नहीं किया था और मिस्र में निर्माण कला के विलक्षण नमूनों को देखकर निश्चित रूप से वह काफी प्रभावित हुआ था।

मंदिरों की छतों पर चढ़कर पाइथागोरस ने जरूर चंद्रमा और तारों की गणना करने में पुजारियों के साथ सहयोग किया होगा और सीखा होगा कि ग्रह-नक्षत्रों का संबंध किस तरह मिस्रवासियों के बारह महीनों के कैलेंडर और 365 दिन के वर्ष के साथ जुड़ा हुआ था। मिस्रवासी मानते थे कि उनका देश ब्रह्मांड का केंद्र स्थल है और नक्षत्रों व पृथ्वी के बीच निश्चित रूप से संबंध है। उदाहरण के तौर पर, सिरियस नामक तारा कई महीनों तक अदृश्य रहने के बाद मध्य जुलाई में सुबह के तारे के रूप में दिखाई देने लगता था। इस तरह नव वर्ष का आरंभ होता था।

मिस्र के विभिन्न मंदिरों की अलग-अलग विशेषताएँ थीं। अगर प्रोफीटी के वर्णन के अनुसार, पाइथागोरस हेलियोपोलीस से तत्काल आगे नहीं बढ़ा होगा तो उसने प्रकृति संबंधी शास्त्र का अवश्य अध्ययन किया होगा, जिसमें बताया गया था कि प्रकृति की विविधता का स्रोत एक ही है, जो अनंत है। इस स्रोत की कल्पना एनेक्सीमेंडर के दर्शन में और बाद में पाइथागोरस के दर्शन में भी 'असीम' के रूप में की गई है। इसी तरह अगर प्रोफीटी के वर्णन के अनुसार पाइथागोरस मेंफीस से तत्काल आगे नहीं बढ़ा होगा तो उसने सृष्टि की रचना के संबंध में गहन दर्शन का परिचय प्राप्त किया होगा। कई आरंभिक संस्कृतियों में लिखित या मौखिक शब्द में सृजन की शक्ति को अंतर्निहित माना जाता था।

एक जीवनीकार ने लिखा है कि पाइथागोरस थेल्स से सामोस वापस लौट आया था, वहीं दूसरे जीवनीकार ने वापसी की यात्रा के साथ एक रोचक प्रसंग जोड़ दिया है। उस प्रसंग में बताया गया है कि केंबीसेस के सैनिकों ने पाइथागोरस को बंदी बना लिया था और उसे पकड़कर मिस्र से बेबीलोन ले गए थे। अगर यह प्रसंग सही है तो पाइथागोरस उस समय बेबीलोन पहुँचा था, जब वहाँ चेल्डियन वंश का शासन था, जिसकी शुरुआत पाइथागोरस के जन्म से पहले ईसा पूर्व 625 में हुई थी और ईसा पूर्व 539 तक इस वंश का शासन रहा था। इस अवधि में बेबीलोन ने अपने इतिहास के दूसरे स्वर्ण युग का साक्षात्कार किया था। वहीं कुछ विद्वान् केंबीसेस के सैनिकों द्वारा गिरफ्तारी के किस्से पर संदेह प्रकट करते हैं, क्योंकि केंबीसेस प्रथम वर्तमान युग के ईरान के दक्षिण-पश्चिम भाग में पर्शियन कुल का राजकुमार था। वह साइरस महान् का पिता था, जिसने बाद में बेबीलोन पर कब्जा कर लिया था। केंबीसेस ने ईसा पूर्व 600 से 599 के बीच पद छोड़ दिया था। उस समय पाइथागोरस मात्र ग्यारह साल का रहा होगा। उस युग में मिस्र और बेबीलोन के सैनिकों के बीच अकसर मुठभेड़ होती रहती थी और दोनों पक्ष के सैनिक कुछ लोगों को बंदी बनाकर भी अपने साथ ले जाते थे; मगर 529 में यह सिलसिला खत्म हो चुका था, क्योंकि बेबीलोन पर साइरस महान् का कब्जा हो चुका था और पाइथागोरस दक्षिणी इटली में रहने लगा था।

जीवनीकार का अनुमान है कि पाइथागोरस लगभग बारह सालों तक बेबीलोन में रहा होगा। बेबीलोन सामोस की तुलना में अधिक प्राचीन नगर था और मिस्र की तुलना में अधिक संभ्रांत व व्यावहारिक था। किसी भी नवागंतुक नौजवान के लिए इस तरह की समृद्धि और विविधता आकर्षण का कारण हो सकती थी। इस शहर में एक हजार साल पहले—ईसा पूर्व 1884 से ईसा पूर्व 1595 तक—एक स्वर्ण युग बीत चुका था, जब बेबीलोन वंश का शासन रहा था। खास तौर पर उस युग को हम्मुरबी के शासन के लिए याद किया जाता था, जब प्राचीन सभ्यता का तीव्रता के साथ विकास हुआ था। एक हजार साल की अवधि में मेसोपोटामिया को प्रव्रजन, सैन्य संघर्ष और सत्ता-परिवर्तन के उथल-पुथल भरे दौर से होकर गुजरना पड़ा था।

अगर जीवनीकार का वर्णन सही है तो पाइथागोरस जिस समय बेबीलोन पहुँचा, उस समय नेबुकानेजार द्वितीय वहाँ का शासक था। उस दौरान एक ही वंश के कई राजाओं ने बेबीलोन पर शासन किया था और उनका शासनकाल संक्षिप्त रहा था। नेबुकानेजार प्रथम का देहांत ईसा पूर्व 562 में हुआ था, जब पाइथागोरस केवल आठ साल का था।

पाइथागोरस भू-मार्ग से काफिले के साथ बेबीलोन पहुँचा होगा या समुद्री मार्ग से नाव में सवार होकर यूफ्रेंटस तट पर पहुँचा होगा। वह चाहे जिस मार्ग से आया हो, उसने नगर में निर्मित सात मंजिल ऊँचे स्मारक 'जिगुआर्ट' को दूर से ही देख लिया होगा। गीजा पिरामिड की तुलना में उस स्मारक की ऊँचाई कम थी। वह 300 फीट ऊँचा था, जबकि पिरामिड की ऊँचाई 481 फीट थी। इसके बावजूद जिगुआर्ट प्राचीन बेबीलोन के इतिहास का अद्‌भुत स्मारक था, जो सुनहरे अतीत की याद दिला रहा था। नेबुकानेजार ने अतीत के स्वर्ण युग के साथ अपने शासनकाल की विशिष्टता को यादगार बनाने के लिए उस स्मारक का जीर्णोद्धार करवाया था। नगर में उत्तर की तरफ के प्रवेश करने का मार्ग 66 फीट चौड़ा था। सड़क के दोनों तरफ 60 सिंहों की प्रतिमाएँ थीं, जो आगंतुकों का स्वागत करती हुई प्रतीत होती थीं। शहर के मुख्य प्रवेश द्वार पर साँड़ों और ड्रैगनों की प्रतिमाएँ सजाई गई थीं।

नगर देवता मर्डुक का मंदिर सजा-धजा था। प्रतिमा को हीरे से सजाया गया था। कक्ष की सजावट सोने से की गई थी। पाइथागोरस को बाहरी आदमी मानकर भले ही उस कक्ष में प्रवेश करने की अनुमति न मिली हो, पर उसने इसकी समृद्धि की चर्चा जरूर सुनी होगी।

मंदिर परिसर से आगे नगर यूफ्रेंटस नदी के दोनों तरफ बसा हुआ था। राजमहल, दरबार, रानियों के महल आदि सजे-धजे नजर आते थे। उस परिसर में झूलते हुए बगीचे भी थे, जिन्हें बहुत दूर से ही देखा जा सकता था। अंकगणित और रेखागणित का ज्ञान होने के कारण बेबीलोन नगर के निर्माताओं ने विलक्षण भवनों का निर्माण किया था।

बाहर से आनेवाले लोग बेबीलोन की समृद्धि और सौंदर्य देखकर वहीं बस जाना पसंद करते थे। यही वजह थी कि नगर में विभिन्न भाषा-भाषी लोग मौजूद थे; जैसे—हूरियन, केसाइट्स, हिटेटस, इलेमाइट्स, यहूदी, मिस्रवासी, आर्मिनियाई, इसिरियाई, चाल्डियाई आदि। सदियों से उस नगर में बंदी बनाकर लाए गए लोग (जिनमें जुडिया और इस्राइल से पकड़कर लाए गए यहूदी भी सम्मिलित थे और जो नेबुकानेजार के शासनकाल में भी वहाँ मौजूद थे), विजेता, यायावर आदि लोग शहर में रहते थे। वे आपस में घुल-मिल गए थे और एक मिश्रित संस्कृति नजर आने लगी थी। प्राचीन विवरणों से पता चलता है कि बेबीलोन में रोजगार और व्यापार के लिए अनुकूल वातावरण था। इस नगर में सड़क मार्ग और जलमार्ग से भाँति-भाँति की सामग्रियाँ दूर-दराज के इलाकों से लाई जाती थीं। नगर की महिलाएँ घरों में दासों और सेवकों पर शासन करती थीं, मगर सार्वजनिक स्थलों पर

संभवत: परदा करती थीं।

इस शहर की सड़कों और गलियों से होकर गुजरते हुए पाइथागोरस ने भिन्न प्रकार की बोलियाँ सुनी होंगी, इमारतों की दीवारों पर प्रकाश और छाया की सजावट को जरूर देखा होगा, भवन-निर्माण के विलक्षण कौशल द्वारा सूर्य के प्रकाश को प्रतिबिंबित होते हुए जरूर देखा होगा। वह सजे-धजे मकानों में ठहरा होगा, जिसकी आंतरिक सज्जा और बनावट ने उसे जरूर प्रभावित किया होगा। चाहे वह किसी मकान में ठहरा हो या किसी मंदिर परिसर में, पुजारियों ने उसकी उसी तरह सराहना की होगी जिस तरह मिस्र के पुजारियों ने उसकी सराहना की थी। शहर चारों तरफ रेगिस्तान से घिरा था और वहाँ धनी लोग ही मांस खाते थे। वैसी स्थिति में पाइथागोरस वहाँ शाकाहारी बनकर ही रहा होगा।

पाइथागोरस ने बेबीलोन में क्या सीखा होगा? उस नगर की कला और विन्यास से वह पहले से ही परिचित था। सामोस में स्थित देवी हेरा का मंदिर उसी कला का एक उदाहरण था। वह नगर के ज्ञानियों के पास गया होगा। लेखन करना और गणनाएँ करना उनका मुख्य काम था। उनमें से कुछ सरकारी तंत्र में शामिल थे तो कुछ मंदिर प्रबंधन में भागीदारी कर रहे थे। कुछ ज्ञानी जन सेना की मदद कर रहे थे तो कुछ आम नागरिकों के हितों के लिए कार्य कर रहे थे या विद्यार्थियों को शिक्षा प्रदान कर रहे थे। कई ज्ञानी जन स्वतंत्र रूप से अपनी बौद्धिक क्षमता का उपयोग कर रहे थे। वे बाजार में लोगों के लिए पत्र लिखते थे, कानूनी दस्तावेज तैयार करते थे। ऐसे ज्ञानी जन को छोड़कर गिने-चुने लोग ही पढ़ना-लिखना जानते थे। इस पेशे में उच्च सोपान पर मर्डुक मंदिर के पुजारी गण थे, जो धार्मिक अनुष्ठान के दौरान धर्म-ग्रंथों का पाठ करते थे। ऐसे धार्मिक पाठ को अकसर कूट भाषा में लिखा जाता था जिसे दूसरे लोग नहीं पढ़ सकते थे। इस तरह के पाठ पर हर वर्ग के लोगों को देखने पर भी प्रतिबंध लगा हुआ था। इस तरह की गोपनीयता ने पाइथागोरस को जरूर प्रभावित किया होगा। बाद में जब उसने क्रोटोन में अपने समुदाय की स्थापना की तो इसी तरह की गोपनीयता के आचरण को लागू किया।

आधुनिक युग के विद्वानों को प्राचीन मेसोपोटामिया के बारे में जितनी जानकारियाँ मिली हैं, वे इस नव-बेबीलोनियाई स्वर्ण युग से नहीं मिली हैं, बल्कि उससे एक हजार वर्ष पूर्व के स्वर्ण युग (ईसा पूर्व 1894-1595) से मिली हैं। उस युग के अवशेषों से स्पष्ट होता है कि शिक्षक गण और प्रबुद्ध वर्ग के बीच गणित विद्या का काफी विकास हुआ था। जिसे 'पाइथागोरस प्रमेय' के नाम से जाना जाता है, उसे भी उस युग के विद्वान् अच्छी तरह समझते थे। उन लोगों ने गणित विद्या के

क्षेत्र में असाधारण प्रगति की थी और पाठशालाओं में गणित की शिक्षा विद्यार्थियों को दी जाती थी। पाइथागोरस ने बेबीलोन के पुरोहितों से गणित-शास्त्र के सूत्रों को अवश्य सीखा होगा।

बेबीलोन में नक्षत्रों की गणना करनेवाले अंतरिक्षविदों के सान्निध्य में पाइथागोरस ने अंतरिक्ष-विज्ञान सीखा होगा। 28 मई 585 ईसा पूर्व के दिन ग्रहण का निरीक्षण कर थेल्स ने यूनान में 'विज्ञान एवं प्रकृति दर्शन' की बुनियाद रखी थी; मगर मेसोपोटामिया के विद्वान् उससे काफी पहले से ही ग्रहण की भविष्यवाणी करना जानते थे। वैसे, इस बात का प्रमाण उपलब्ध नहीं है कि 1000 साल व्यतीत होने के बाद भी मेसोपोटामिया के विद्वानों और अंतरिक्ष वैज्ञानिकों की पकड़ अंतरिक्ष विज्ञान पर उतनी ही मजबूत बनी हुई थी या नहीं। बेबीलोन के लोग ग्रहण के दौरान एक पीपे में पानी भरकर उसे डंडे से पीटते थे और यह समझते थे कि ऐसा करने पर चाँद का ग्रास करनेवाला शैतान भाग जाएगा। हो सकता है, विज्ञान की मान्यता के साथ-साथ तत्कालीन समाज में इस तरह का अंधविश्वास भी प्रचलित रहा हो। आधुनिक युग में भी विज्ञान का विकास होने के बावजूद जनमानस में ग्रहण को लेकर तरह-तरह के अंधविश्वास प्रचलित हैं। बाद में पर्शियन और हेलेनेस्टिक युगों में ग्रहण का निरीक्षण करने के लिए मेसोपोटामियाई अंतरिक्ष विज्ञान का प्रयोग होने लगा था और सदियों तक मंदिरों का संरक्षण होता रहा था।

पाइथागोरस ने पुनर्जन्म की अवधारणा की प्रेरणा बेबीलोन से नहीं पाई। बेबीलोन के लोगों की धारणा थी कि मृत्यु होने पर अगर असामान्य परिस्थिति में मृत्यु हुई हो तो व्यक्ति भूत बनकर भटकता रहता है। नहीं तो व्यक्ति ऐसे जगत् में चला जाता है, जहाँ से कभी वापस लौटकर नहीं आता।

इंबलीचुस की यह धारणा सही नहीं मानी जाती कि पाइथागोरस ने मिस्र और बेबीलोन में चौंतीस वर्ष व्यतीत किए (काल क्रमणिका के ब्यौरे से यह सही साबित नहीं होता); लेकिन उसका यह कथन बिलकुल सही लगता है कि जब पाइथागोरस सामोस लौटकर आया तो वहाँ के गिने-चुने नागरिक ही उसे पहचान पाए थे। इसके बावजूद वह जो ज्ञान अर्जित करके आया था और जिस तरह किस्सागोई की कला में निपुण हो चुका था, उसके जरिए उसने सामोस द्वीप के लोगों को काफी प्रभावित किया। लोगों ने उससे अनुरोध किया कि वह सार्वजनिक रूप से अपने अनुभव के बारे में बताए। सामोस के लोग शुरू में उसकी बातें सुनने के लिए काफी उत्सुक थे, मगर बाद में उन्हें अहसास हुआ कि पाइथागोरस की बातों को समझ पाना उनके वश की बात नहीं थी। जल्द ही श्रोतागण उठकर जाने लगे। जो बचे रह गए, वे

उसकी बातों की तरफ ध्यान नहीं दे पा रहे थे। पाइथागोरस सामोस के नागरिकों को गणित विद्या की विलक्षण क्षमता से परिचित कराना चाहता था। वह मन-ही-मन आशंकित था कि वृद्ध होने पर यह महान् विद्या उसके साथ ही रह जाएगी। इससे पहले वह अपने लोगों को इस विद्या का रहस्य बता देना चाहता था। अपने उद्देश्य को पूरा करने के लिए पाइथागोरस ने निश्चय किया कि वह भीड़ को शिक्षित करने की जगह सबसे पहले एक शिष्य को शिक्षित करेगा।

शिष्य के रूप में पाइथागोरस ने एक गरीब व प्रतिभाशाली खिलाड़ी को चुना, जिसे उसने मैदान में जोश और ऊर्जा के साथ गेंद खेलते हुए देखा। पाइथागोरस ने उस युवक को शिष्य बनाते हुए शर्त रखी कि वह उसके भरण-पोषण और खिलाड़ी के रूप में आगे बढ़ने के लिए जरूरी संसाधन मुहैया कराएगा, बदले में युवक को पाइथागोरस का ज्ञान सीखना होगा। पाइथागोरस ने कहा कि वह ज्ञान की बातें सरल शब्दों में उसे समझाने का प्रयास करेगा। आरंभ में युवक आर्थिक सहायता के लालच में पाइथागोरस का ज्ञान सीखने के लिए तैयार हो गया। समय गुजरने के साथ-साथ पाइथागोरस ने महसूस किया कि गणित के प्रति युवक की रुचि बढ़ती जा रही थी और उसकी जिज्ञासा को देखकर ऐसा लग रहा था कि आर्थिक मदद के लालच के बगैर भी वह गणित सीखना जारी रख सकता था। युवक घोर अभाव का सामना करते हुए भी विद्या के प्रति समर्पित रह सकता था। युवक की परीक्षा लेने के लिए एक दिन पाइथागोरस ने उससे कहा कि वह शर्त को तोड़ना चाहता है और युवक को मुक्त कर देना चाहता है। जैसाकि पाइथागोरस ने सोचा था, युवक ने कहा कि आर्थिक मदद के बगैर भी वह उसका शिष्य बना रह सकता है और अपने साथ ही पाइथागोरस के गुजारे के लिए भी कोई मेहनतवाला काम कर सकता है। उस युवक ने अपने गुरु का सम्मान करते हुए अपना नाम 'पाइथागोरस, इरंटोक्लस का पुत्र' रखा और बाद में पाइथागोरस के दूसरे सहयोगियों के साथ दक्षिणी इटली में रहने के लिए चला गया। कहा जाता है कि उस युवक ने तीन पुस्तकों की रचना की, जिसमें एक पुस्तक का नाम 'एथलेटिक्स' था। उसमें उसने सूखे अंजीर की जगह मांसाहार करने का सुझाव दिया था। अगर यह सुझाव उसने अपने गुरु की नसीहत के आधार पर दिया था तो दूसरे स्रोतों से प्राप्त जानकारी विरोधाभासपूर्ण प्रतीत होगी कि पाइथागोरस शाकाहारी था और अपने शिष्यों को भी शाकाहार अपनाने के लिए प्रेरित करता था।

एक दूसरे शिष्य से संबंधित प्रसंग भी शाकाहारी के रूप में पाइथागोरस की ख्याति के सामने विरोधाभासपूर्ण प्रतीत होता है। यूरीमेनेस भी एक धावक था, मगर

उसकी उम्र कम थी। उस दौरान ओलंपिक खेलों की तैयारी करते समय भीगा पनीर, सूखा अंजीर और गेहूँ की रोटी खाने का रिवाज प्रचलित था। पाइथागोरस ने यूरीमेनेस को इन खाद्य पदार्थों की जगह मांसाहार अपनाने की सलाह दी थी। उसने उसे केवल विजय प्राप्त करने के लिए ओलंपिक खेलों में जाने से मना किया था, बल्कि शरीर की कसरत और सेहत के उद्‌देश्य से खेलों में भागीदारी करने की सलाह दी थी। आहार परिवर्तन और पाइथागोरस के बताए गए क्रीड़ा मनोविज्ञान का चमत्कारी परिणाम सामने आया। प्रोफीटी के शब्दों में, ''यूरीमेनेस ने पाइथागोरस के निर्देशन में तैयारी करते हुए ओलंपिया में जबरदस्त कामयाबी हासिल की।''

प्रोफीटी का कहना है कि उस अवधि में ओलंपिक में भाग लेनेवाले केवल दो शिष्य ही नहीं थे, बल्कि पाइथागोरस के और भी शिष्य थे। प्रोफीटी ने एक पुस्तक 'ऑन दि इनक्रेडिबल थिंग्स बियोंड थुले' का उल्लेख करते हुए बताया है कि इस पुस्तक में पाइथागोरस के पिता के संबंध में जानकारियाँ मिलती हैं। प्रोफीटी का मत है कि इस पुस्तक में लेखक ने सावधानीपूर्वक पाइथागोरस के बारे में जो जानकारियाँ दी हैं, उन्हें झुठलाया नहीं जा सकता। वैसे प्रोफीटी इन बातों पर विश्वास करने के लिए भी दबाव नहीं डालता है। व्यापार के सिलसिले में यात्रा के दौरान एक बार पाइथागोरस के पिता मेसार्चुस ने रास्ते में पीपल के एक पेड़ के नीचे एक नवजात बच्चे को लेटे हुए देखा, जो एकटक सूरज की तरफ देख रहा था और सरकंडे की नलिका मुँह में लगाकर पेड़ से टपकनेवाली ओस की बूँदों को पी रहा था। यह देखकर मेसार्चुस ने महसूस किया कि इस घटना के साथ जरूर कोई दैवी चमत्कार जुड़ा हुआ था। उसने बच्चे को अपने एक मित्र को सौंप दिया और उसका पालन-पोषण करने का दायित्व सौंप दिया। बाद में उसने उसकी शिक्षा का भी व्यय वहन किया और उसका नाम 'एस्ट्रीयस' रखा। मेसार्चुस ने एस्ट्रीयस को अपने पुत्र पाइथागोरस के साथ रख दिया। बाद में पाइथागोरस ने इस मुँहबोले छोटे भाई को अपना शिष्य बना लिया। प्रोफीटी ने एक चौथे शिष्य का भी उल्लेख किया है, जिसका नाम 'थ्रेस का जलमोक्सीज' था और कुछ लोगों के अनुसार, वह 'थेल्स' के नाम से भी जाना जाता था। वह भले ही ओलंपिक का खिलाड़ी नहीं था, मगर उसकी शारीरिक बनावट जरूर प्रतिभाशाली रही होगी; क्योंकि गँवार लोगों ने उसे हरक्यूलिस समझ लिया था और उसकी पूजा करने लगे थे।

'ऑन दि इनक्रेडिबल थिंग्स बियोंड थुले' में उन खूबियों का वर्णन किया गया है, जिनके आधार पर पाइथागोरस किसी विद्यार्थी को अपने सान्निध्य में अध्ययन करने की आज्ञा देता था। इसके लेखक ने सुना था (जिसके स्रोत के बारे में नहीं

बताया गया है) कि अपने पास आनेवाले सारे विद्यार्थियों को पाइथागोरस अपना शिष्य नहीं बनाता था, न ही वह बौद्धिक क्षमता या शालीनता के आधार पर शिष्यों का चुनाव करता था। वह विद्यार्थी के चेहरे के भाव, शरीर की भाषा और समर्पण के भाव का गहराई के साथ निरीक्षण करता था। वह सादगी को अपनानेवाले, वाचाल प्रवृत्ति की जगह मौन रहनेवाले विद्यार्थी को अधिक पसंद करता था। वह शिष्य बनने के लिए आनेवाले विद्यार्थी की पड़ताल करते समय गौर करता था कि कहीं उसकी कोई अवांछित इच्छा या लगाव तो नहीं है। उसे क्रोध किस तरह प्रभावित करता है। वह संतुष्ट स्वभाव का जीव है या अति महत्त्वाकांक्षी है। मित्रता पसंद करता है या कलह पसंद करता है। जब कोई विद्यार्थी इन कसौटियों पर उत्तीर्ण हो जाता था, तब पाइथागोरस उसके सीखने, याद रखने और तेजी से अनुसरण करने की क्षमता की जाँच करता था। सबसे अधिक प्राथमिकता इस बात को दी जाती थी कि कोई भी विद्यार्थी आत्मसंयम और प्रेम की भावना से प्रेरित होकर आता था या नहीं। प्राकृतिक शालीनता और सुसंस्कृत होना आवश्यक माना जाता था। उग्रता, ढिठाई, निर्लज्जता, काहिली और स्वेच्छाचारिता उसे बरदाश्त नहीं थीं। अगर शिष्य पाइथागोरस की अपेक्षाओं के अनुरूप आचरण कर पाने में असफल रहता था तो वह उसे 'अजनबी और असभ्य' बताकर बहिष्कृत कर देता था।

जेमोटोई के शासन का अंत कर जो मनमानी का सिलसिला शुरू हुआ तो ईसा पूर्व 535 में सबसे कुख्यात तानाशाह पोलीक्रेटस ने सामोस की सत्ता सँभाली। शुरू-शुरू में वह अपने दो भाइयों की मदद से शासन चलाता रहा था, मगर जल्द ही उसने दोनों की हत्या कर दी। सामोस की शक्ति और संपदा में लगातार इजाफा होता जा रहा था; मगर पड़ोसी राज्यों से उसके रिश्ते बिगड़ते ही जा रहे थे। पूर्वी मध्य सागर क्षेत्र में पोलीक्रेटस से सभी नफरत करते थे और उससे डरते भी थे। प्राचीन काल में उसकी नौसेना सर्वश्रेष्ठ मानी जाती थी। वहीं कुछ लोग उसके नौसैनिकों को 'दस्युओं का गिरोह' कहकर पुकारते थे। पोलीक्रेटस विभिन्न देशों की यात्रा करता था और अलग-अलग शासकों से मिलकर व्यापारिक संबंध स्थापित करता था। ऐसे शासकों में फैरो एमासीस भी शामिल था। मगर उसकी संधियाँ निरर्थक साबित होती थीं, क्योंकि वह निर्दयता के साथ द्विपक्षीय रिश्तों को कुचल देता था।

पोलीक्रेटस के नेतृत्व में सामोस समृद्धि की ऊँचाई तक पहुँच गया था। एक तरफ उसकी आर्थिक प्रगति हो रही थी, दूसरी तरफ उसका राजनीतिक वर्चस्व भी बढ़ता चला गया था। कला, साहित्य एवं निर्माण के क्षेत्र में भी सामोस प्रगति कर रहा था। उस जमाने में वह समस्त यूनानी नगर-राज्यों में सर्वाधिक शक्तिशाली बन

चुका था। पाइथागोरस सामोस के इस उत्कर्ष काल के शुरुआती हिस्से में ही वहाँ मौजूद रहा। पोलीक्रेटस कवि एनाक्रेयन का संरक्षक था और उसने यूपालीनोस नामक अभियंता को नया बंदरगाह और सुरंग बनाने का दायित्व सौंपा था। दोनों ही निर्माण कार्य प्राचीन युग में अभियांत्रिकी के क्षेत्र में असाधारण उपलब्धि माने गए। आल्पाइन जल-प्रपात से पहाड़ की ऊँचाई के रास्ते से सामोस नगर तक सुरंग खोदकर पेयजल आपूर्ति की व्यवस्था की गई थी। इस तरह गरमी के मौसम में भी नगर के लोगों को पानी की किल्लत का सामना नहीं करना पड़ता था। वर्तमान युग में भी ये दोनों चीजें मौजूद हैं। हालाँकि बंदरगाह अब समुद्र के नीचे चला गया है, मगर सुरंग का महत्त्व जस-का-तस बना हुआ है, जो उस युग की निर्माण कला का जीवंत उदाहरण है।

पोलीक्रेटस के समुद्री बेड़े में 100 जहाज थे। प्रत्येक जहाज पर 1000 धनुर्धर तैनात रहते थे। अलोकप्रिय होने और लंबे समय तक पोलीक्रेटस के सामोस से अनुपस्थित रहने के बावजूद कोई भी तख्ता-पलट करने का साहस नहीं कर पाता था। ईसा पूर्व 522 में तब तक पाइथागोरस सामोस छोड़कर जा चुका था। सरडीस के एक पर्शियन शासक ने पोलीक्रेटस को खत्म करने के लिए एक योजना बनाई। उसने उसे राज्य का दौरा करने के लिए आमंत्रित किया और वहाँ पहुँचते ही उसे फाँसी पर लटका दिया।

इंबलीचुस का यह वर्णन सही प्रतीत होता है कि इटली के क्रोटोन नगर में जाकर बसने से पहले पाइथागोरस सामोस में नियमित रूप से मौजूद रहा। इन वर्षों में वह कई विद्वानों से मिला, डेल्फी की यात्रा की और क्रेटे तथा स्पार्टा जाकर उन स्थानों के नियमों का अध्ययन किया। वे नियम सामोस के नियम से अलग थे। इंबलीचुस ने उल्लेख किया है कि इस दौरान पाइथागोरस सामोस के सार्वजनिक जीवन में रुचि लेने लगा था। प्रोफीटी ने लिखा है कि इसी अवधि में पाइथागोरस एक दीक्षा समारोह में भाग लेने के लिए क्रेटे गया था।

क्रेटे में वह मोरगोट के पुजारियों के पास एक प्रार्थी बनकर गया था, जिन्होंने उसे समुद्र किनारे औंधे मुँह लिटाकर, फिर नदी किनारे लिटाकर, काली भेड़ के रोएँ का मुकुट पहनाकर उल्कापात द्वारा शुद्ध किया था। काले ऊन को लपेटकर वह इडियन गुफा में लेट गया था और 27 दिनों तक वहीं रहा था।

इसके बाद उसने जीउस के सामने प्रसाद अर्पित किया था। फिर उसे उस बिछौने को देखने की आज्ञा मिली थी, जिसका निर्माण पुरोहितगण हर साल जीउस के लिए करते थे। दीक्षा की प्रक्रिया से गुजरते हुए पाइथागोरस ने जीउस की कब्र पर

लिखा था—'यहाँ जान को दफन किया गया है, जिसे लोग 'जीउस' कहकर पुकारते हैं।'—इसका निहितार्थ था कि पाइथागोरस अब उस देवता को अन्य लोगों की तुलना में अधिक व्यक्तिगत रूप से जानता था।

समय गुजरने के साथ-साथ पाइथागोरस की ख्याति चारों तरफ फैलने लगी। देश-विदेश के विद्वान् ज्ञान प्राप्त करने के लिए उसके पास आने लगे। दूर-दराज के विद्यार्थी एकत्र होने लगे। इस दौरान उसने प्रशासनिक पद पर सामोस की सेवा भी की। उस युग में विद्वानों के लिए ऐसा करना अनिवार्य माना जाता था।

बीच-बीच में वह नगर के बाहर निर्जन स्थान पर अपने घनिष्ठ सहयोगियों के साथ विचार-विमर्श करने के लिए चला जाता था। वर्तमान युग में उस स्थान को 'पाइथागोरस गुफा' के नाम से जाना जाता है। यह सामोस द्वीप की सबसे ऊँची पहाड़ी माउंट काटकेटीस की तलहटी में स्थित है और उसके अंदर तक जाने के लिए लकड़ी की सीढ़ियाँ बनी हुई हैं।

जैसे-जैसे सार्वजनिक कार्यों की जिम्मेदारी बढ़ती गई, पाइथागोरस के लिए अपने अध्ययन को जारी रख पाना असंभव होता गया। प्रोफीटी ने लिखा है कि व्यस्तता के अलावा पाइथागोरस महसूस कर रहा था कि पोलीक्रेटस की सरकार दिनोंदिन हिंसक होती जा रही थी और वह आशंकित हो उठा था कि ऐसे निरंकुश शासन के चलते स्वतंत्र विचारधारावाले व्यक्तियों को संकट का शिकार होना पड़ सकता था।

पाइथागोरस इस परिणाम पर पहुँचा था कि पोलीक्रेटस के क्रूर शासन के बीच एक दार्शनिक का जीवन सुरक्षित नहीं था। उसके जैसे स्पष्टवादी व्यक्ति के प्राण सच्चाई के कारण संकट में पड़ सकते थे। पाइथागोरस शिक्षा के मामले में सामोस के लोगों की अरुचि देखकर भी क्षुब्ध हो उठा था। वह दक्षिणी इटली की तरफ रवाना हो गया। उसने सुन रखा था कि इटली में विद्या के प्रति समर्पित व्यक्ति का सबसे अधिक आदर किया जाता था।

□

समुदाय की स्थापना

ईसा पूर्व छठी शताब्दी के सातवें दशक की शुरुआत में पाइथागोरस एक जहाज पर सवार होकर टारेनटम से पश्चिम की दिशा में इटली के समुद्र-तटीय नगर क्रोटोन की तरफ रवाना हुआ। इस यात्रा के संबंध में निश्चित तथ्य इतिहास में मौजूद हैं। इनमें से सर्वाधिक विश्वसनीय आरंभिक स्रोत 'टारेनटम के एरीटोक्सेनस' को माना जाता है, जिसने इस प्रसंग का वर्ष ई.पू. 532-531 बताया है। इस नगर के पास एक अंतरीप में नगर के स्त्री-पुरुष देवी हेरा की उपासना करते थे। जहाज क्रोटोन बंदरगाह तक पहुँच गया। जहाज के यात्री नीचे उतरने लगे। उनमें समुद्री यात्री, दास, बुनकर और श्रमिक शामिल थे। मध्य सागर क्षेत्र में क्रोटोन बंदरगाह की काफी महत्ता थी और इस नगर में जहाजों का निर्माण किया जाता था। इटली प्रायद्वीप के दोनों किनारों से वाणिज्यिक जहाजों का आवागमन इसी मार्ग से संभव हो पाता था। मिस्र के नगरों, उत्तर के लातीन समुदायों और मध्य सागर के विभिन्न क्षेत्रों से वाणिज्यिक जहाजों का आवागमन होता था।

आधुनिक युग में क्रोटोन नगर की खुदाई के दौरान कई पुरातात्त्विक अवशेष बरामद हुए हैं, जो अतीत की कहानी को बयान करते हैं। आधुनिक क्रोटोन नगर उसी जगह बसा हुआ है जिस जगह पाइथागोरस के जमाने का क्रोटोन बसा हुआ था। नए नगर को बसाते समय खुदाई के दौरान कई महत्त्वपूर्ण चीजें बरामद हुईं। उन चीजों द्वारा पुरातत्त्वविदों ने अनुमान लगाया है कि पाइथागोरस के युग में नगर का विन्यास किस तरह का रहा होगा।

बंदरगाह के पीछे भूमि ऊँची होती जाती है और एक पहाड़ी शृंखला शुरू हो हो जाती है। पाइथागोरस के आगमन से दो शताब्दी पहले उस पहाड़ी पर एकीयन प्रवासियों ने अपनी बस्ती बसा ली थी। बाद में पहाड़ी लोगों के लिए तब तक धार्मिक आस्था का केंद्र बनी रही, जब तक उन्होंने अंतरीप में हेरा देवी के मंदिर

की तरफ अधिक ध्यान देना नहीं शुरू कर दिया। जब पाइथागोरस क्रोटोन पहुँचा, तब वहाँ तीन पंक्तियों में लोगों के घर बने हुए थे। उसे घरों के बीच तंग गलियों से होते हुए आगे बढ़ना पड़ा था। लोगों के घर पत्थर और कच्ची ईंट से बने हुए थे। खपरैल की छतें थीं। घर ऐसे होते थे, जिनका मुँह आँगन की तरफ होता था और सड़कों की तरफ खिड़की या दरवाजों का निर्माण नहीं किया जाता था। पाइथागोरस बेबीलोन में रह चुका था। उस नगर के साथ क्रोटोन की तुलना करते हुए वह जरूर इस परिणाम पर पहुँचा होगा कि क्रोटोन के लोग बेबीलोन के लोगों की तुलना में अधिक विश्वसनीय और मैत्रीपूर्ण थे। उनके घरों की बनावट ने उसे ऐसा सोचने के लिए विवश कर दिया होगा, क्योंकि घर का प्रवेश द्वार आँगन की तरफ से दिखाई पड़ता था।

हो सकता है कि पाइथागोरस इस स्थान से पूरी तरह अपरिचित न रहा हो। मिस्र से मेसीना, सिसली और टेरीनियन सागर तक के समुद्री मार्ग के बीच में ही क्रोटोन का बंदरगाह स्थित था और उसका व्यापारी पिता अधिकतर टेरीनियर सागर के तटवर्ती इलाकों की यात्रा करता रहता था। क्रोटोन का मौसम सुहावना था और इस क्षेत्र को अच्छे स्वास्थ्य के अनुकूल माना जाता था। यहाँ समुद्र सामोस के पास स्थित समुद्र की तरह अपारदर्शक नहीं था, बल्कि पारदर्शी और नीला था। समुद्र का तट विस्तृत नजर आता था और दूर-दूर तक लहरों के मचलने का खेल देखा जा सकता था। पहाड़ियों पर घने वृक्ष थे और नगर के आसपास भी हरे-भरे जंगल थे। उत्तरी और पश्चिमी क्षितिज पर पेड़ों की कतारों को देखा जा सकता था। क्रोटोन के लिए जंगल सर्वाधिक महत्त्वपूर्ण आर्थिक संसाधन थे, जैसा कि सामोस के लोगों के लिए भी जंगल की काफी अहमियत थी, क्योंकि लकड़ियों से जहाज का निर्माण किया जाता था।

पाइथागोरस जरूर जानता होगा कि वह जिस नगर में बसने के लिए आया था, उस नगर में एक विलक्षण खिलाड़ी और एक यशस्वी चिकित्सक का जन्म हो चुका था। ओलंपिक खेलों में क्रोटोन की उपलब्धियों को देखकर मिस्र जगत् के लोगों को ईर्ष्या का भाव महसूस होता था। मिस्र का हर नागरिक क्रीड़ा के क्षेत्र में क्रोटोन की कामयाबी से परिचित था। हर चार साल के अंतराल पर नगर के खिलाड़ी जहाज पर सवार होकर ओलिंपिया से पूर्व की दिशा में मिस्र में आयोजित होनेवाले ओलंपिक खेलों में भागीदारी करने के लिए जाते थे और पाइथागोरस के जन्म से दो दशक पहले से ही क्रोटोन के खिलाड़ी लगातार जीत हासिल करते रहे थे। क्रोटोन का मिलो नामक पहलवान लगातार छह ओलंपिक खेलों में कुश्ती का

विजेता बनता रहा था। यानी चौबीस सालों तक वह विजेता बना रहा था। प्राचीन या आधुनिक काल में ऐसी सफलता शायद ही किसी दूसरे खिलाड़ी को प्राप्त हो पाई हो। डेल्फी में आयोजित होनेवाले पाइथियन खेलों में भी लगातार छह बार वह विजयी रहा था। उसके बारे में एक किस्सा प्रचलित था कि उसने कंधे पर एक साँड़ को उठा लिया था और ओलिंपिया के स्टेडियम में दौड़ता रहा था। औषधि विज्ञान के क्षेत्र में क्रोटोन का डेमोसीडेस काफी प्रसिद्ध था। वह एथेंस में लोगों का उपचार करता था और बाद में सामोस के तानाशाह पोलीक्रेटस का चिकित्सक बन गया था। उसकी ख्याति कई देशों में फैल गई थी और आगे चलकर पर्सियन सम्राट् डारियस महान् ने उसे अपना चिकित्सक नियुक्त किया था। लेकिन पाइथागोरस ने जैसा सुन रखा था कि क्रोटोन के नागरिक 'ज्ञान का आदर' करते थे, तो इसका अर्थ यही था कि वे 'सीखने के लिए तत्पर' थे, क्योंकि बौद्धिक या विचारधारा के क्षेत्र में क्रोटोन ने अभी तक कोई विशेष प्रगति नहीं की थी।

नगर को समुद्र के साथ जोड़नेवाले प्रायद्वीप के पास एक अंतरीप में स्थित 'हेरा लेसीनिया' क्रोटोन का सर्वाधिक महत्त्वपूर्ण धार्मिक स्थल था। जब पाइथागोरस पहुँचा था, तब मंदिर का निर्माण कार्य आरंभ ही हुआ था। मगर जल्द ही क्रोटोन का हेरा मंदिर सामोस के हेरा मंदिर की तरह ही भव्य बन गया था। मंदिर के खजाने की एक निशानी आज भी बची हुई है, जो प्राचीन युग की साक्षी है। यह एक स्वर्ण मुकुट है, जिस पर खूबसूरत नक्काशी की गई है। इसे क्रोटोन के संग्रहालय में सुरक्षित रखा गया है। पाइथागोरस ने इस मुकुट को अवश्य देवी की प्रतिमा के माथे पर सजा हुआ देखा होगा। मंदिर में दान करनेवाले क्रोटोन के श्रद्धालु काफी धनी और समर्पित व्यक्ति थे। वे जीउस की माता को प्रकृति की देवी की तरह पूजते थे और मानते थे कि वह देवी पशुओं व समुद्र-यात्रियों की सुरक्षा सुनिश्चित करती है।

पोलीक्रेटस के शासन का सामोस में प्रत्यक्षदर्शी होने के नाते पाइथागोरस को क्रोटोन की शासन-प्रणाली पुराने जमाने की शासन-प्रणाली लगी होगी। जिस तरह सामोस में तानाशाही का युग शुरू होने से पहले थोड़े से लोगों द्वारा शासित तंत्र प्रचलित था, वैसा ही तंत्र क्रोटोन में भी प्रचलित था। ये शासक खुद को 'थाउजैंड' कहकर पुकारते थे। वे स्वयं को उन प्रव्रजनकारियों का वंशज बताते थे, जो पाइथागोरस के आगमन से दो शताब्दी पहले एकिया से यूनान पहुँचे थे। पर्वतीय घाटी में आबादी बढ़ जाने पर मिसकेलोज नामक नेता की अगुवाई में वे लोग जहाज पर सवार होकर किस्मत आजमाने के लिए पश्चिम की दिशा में रवाना हो

गए थे और इस तरह क्रोटोन पहुँच गए थे। मुख्य भूमि से उनका कोई रिश्ता नहीं रह गया था, इसलिए उन्हें 'उपनिवेशवादी' कहकर नहीं पुकारा जा सकता था। प्राचीन अवशेषों से पता चलता है कि मिसकेलोस के साथ आए प्रव्रजनकारियों ने क्रोटोन में बसे मूल लोगों को पहाड़ियों की दिशा में खदेड़ दिया था।

समुद्र-तटीय नगरों के बीच हमेशा ही हिंसक झड़पें होती थीं और उनका आपस में सौहार्दपूर्ण संबंध नहीं बना हुआ था। इसके बावजूद क्रोटोन की सुरक्षा करने के लिए कोई दुर्ग नहीं बनाया गया था। संभवत: विभिन्न नगरों की आपसी दूरी अधिक होने की वजह से इस तरह की व्यवस्था करने की जरूरत नहीं महसूस की गई होगी। हालाँकि क्रोटोन के लोग दूसरे नगरों की यात्राएँ करते थे। पाइथागोरस के समय में सिबरीस नगर को क्रोटोन का शत्रु और प्रतिस्पर्धी माना जाता था और क्रोटोन के लोग वहाँ जाते हुए हिचकते थे। वह नगर क्रोटोन से 70 मील की दूरी पर उत्तर दिशा में स्थित था। कई किस्से ऐसे हैं, जिनसे पता चलता है कि पाइथागोरस मेटापोंटम नगर भी गया था, जो सिबरीस से 70 मील दूर उत्तर दिशा में स्थित था। क्रोटोन की तरह सिबरीस और मेटापोंटम नगरों में भी एकियन समुदाय के लोग बसे हुए थे। मेटापोंटम से 30 मील की दूरी पर टारेनटम नगर था, जहाँ स्पाटेन समुदाय के लोग बसे हुए थे। क्रोटोन से टारेनटम की दूरी 140 मील थी। इन नगरों में बसे हुए लोग संभवत: एकियन या स्पार्टन के रूप में अपनी विशिष्ट पहचान को बनाए रखने के प्रति सचेत बने हुए थे; मगर बृहत् यूनानी जगत् उन्हें सामूहिक रूप से 'इटालियोटाई' कहकर पुकारता था। वहीं उत्तर-पश्चिम के पड़ोसी देश, लातीन और इट्रूस्कन क्षेत्र के लोग उन्हें 'ग्रीसी' कहकर पुकारते थे। यूनान के लोग उस क्षेत्र को 'मेगाले हेलास' कहते थे, वहीं लातीनी लोग उस इलाके को 'मेगना ग्रीसिया' कहते थे।

पाइथागोरस के समय में दक्षिणी इटली में रहनेवाले लोगों ने अनुमान नहीं लगाया था कि रोम नामक एक छोटा सा स्थान एक महत्त्वपूर्ण नगर के रूप में रूपांतरित हो रहा था। सदियों पुरानी मानव बस्ती को नगर का रूप दिया जा रहा था। एक पहाड़ी से लेकर दूसरी पहाड़ी तक और मैदानी इलाकों में भी निर्माण कार्य चल रहा था। यह निर्माण और विस्तार का संकेत था, जो जल्द ही मेगना ग्रीसिया के वर्चस्व को सिद्ध करने वाला था।

पाइथागोरस के समय से 250 साल बाद जब रोम इटली प्रायद्वीप पर जीत हासिल कर रहा था, तब जाकर यूनानी इतिहासकारों ने उसकी तरफ गौर करना शुरू किया। लेकिन बाद में जब रोम विश्व शक्ति बन गया तो उसने अपना

इतिहास और परंपरा रचकर अपने पूर्वजों का संबंध मिस्र के शत्रुओं के साथ जोड़ा, जो ट्रॉय के ट्रोजन लोग थे। उन्होंने माना कि पाइथागोरस उनके एक आरंभिक राजा नूमा का शिक्षक था। यह सच है कि पाइथागोरस ने नूमा को कभी शिक्षा नहीं दी थी, क्योंकि पाइथागोरस के जन्म से पहले ही नूमा की मौत हो चुकी थी। मगर शिक्षा के क्षेत्र में अग्रणी हो चुके रोम के लोग यह मानने के लिए तैयार नहीं थे कि पाइथागोरस के समय में उनके पूर्वज इतने महान् संत के बारे में कुछ नहीं जानते थे।

क्रोटोन और उसके पड़ोसी नगरों के बीच वाणिज्यिक रिश्ता बना हुआ था और संभवतः इन नगरों की हैसियत रोम से बढ़कर थी। लातीन और अन्य इट्रूस्कन केंद्र भी क्रोटोन से इस मामले में पीछे ही थे। क्रोटोन के अधिक महत्त्वपूर्ण मित्र एवं शत्रु नगर दक्षिणी समुद्र-तट और पूर्व, दक्षिण तथा पश्चिम की तरफ एगियन व मध्यसागर क्षेत्र में थे। दूरी के लिहाज से क्रोटोन रोम की अपेक्षा यूनान के पास था।

जिस समय पाइथागोरस क्रोटोन में आकर बसा था, उस समय उसकी उम्र लगभग 40 साल थी और वहाँ वह लगभग 30 सालों तक रहा था। तेजी से वह लोगों का सम्मान प्राप्त करने में सफल हो गया था और उसके इर्द-गिर्द विश्वसनीय सहयोगियों का समूह एकत्र होता गया था। उसने एक समुदाय की स्थापना की, जो उसके नाम से विख्यात हो गया था और उसकी ख्याति फैलती जा रही थी। उन दिनों उसके शिष्य किसी भी विषय पर उसके विचार को ब्रह्मवाक्य के समान मानते थे और गहरी श्रद्धा के साथ उसके उपदेशों पर विश्वास करते थे। जो लोग उसके शिष्य बन रहे थे, उनमें आम नागरिक, स्त्रियाँ एवं गण्यमान्य नागरिक शामिल थे।

क्रोटोन के नागरिकों के साथ पाइथागोरस के संबंध का वर्णन करते हुए इंबलीचुस और प्रोफीटी ने अरस्तू के शिष्य डिकारचुस के लिए वर्णन का सहारा लिया है, जिसे पाइथागोरस के युग का एक आरंभिक स्रोत माना जाता है। डिकारचुस सिसली के मेसिना नामक स्थान का रहनेवाला था। यह स्थान क्रोटोन से ज्यादा दूर नहीं है। पाइथागोरस के देहांत के 180 वर्ष बाद ईसा पूर्व 320 में डिकारचुस अपने कैरियर के उत्कर्ष पर था। जब इंबलीचुस के वर्णन को जोड़ा तो उसने प्रोफीटी और डाइजेनीस लअर्टिस की तुलना में अधिक विस्तार से लिखा, मगर उसने स्रोत का उल्लेख नहीं किया। इस तरह उसने पाठकों को यह बताने का प्रयास किया कि वर्णित की गई घटनाएँ पाइथागोरस के जीवन की विश्वसनीय

घटनाएँ थीं और उन प्रसंगों पर संदेह नहीं किया जा सकता था।

क्रोटोन में गुजारे गए पाइथागोरस के जीवन की सूचनाओं का एक संभावित खोया हुआ सूत्र था, जिसे ढूँढ़कर वर्णन की विश्वसनीयता बढ़ाई जा सकती थी। लेकिन इसके लिए जीवनीकार का दृढ़ विश्वास आवश्यक था कि वास्तव में ऐसा कोई गुमशुदा सूत्र था। बुद्धिजीवियों का एक वर्ग जहाँ इस बात पर संदेह प्रकट करता है वहीं दूसरा वर्ग मानता है कि इसके अस्तित्व को नकारना उचित नहीं होगा। प्रोफीटी मानता था कि उसका वजूद था। पाइथागोरस की मौत और उसके कई शिष्यों की हत्या के बाद की अवधि के बारे में उसने लिखा है—

"अब पाइथागोरस मानव समुदाय से दूर रहने लगे थे। वे एकाकी, विषादग्रस्त और हताश थे। उन्हें लग रहा था कि मानव जाति के बीच से दर्शनशास्त्र का नाम हमेशा के लिए मिट जाएगा। प्रत्येक शिष्य ने अपनी-अपनी स्मृति के आधार पर अपने पंथ के बारे में लिखना शुरू कर दिया। उन्होंने अपनी पत्नी और बच्चों से कहा कि ऐसे विवरणों को वे अमूल्य धरोहर के रूप में सुरक्षित रखें। इस परंपरा का पालन पाइथागोरस परिवारों में लंबे समय तक किया गया।"

प्रोफीटी का मानना है कि शिष्यों के लिये गए ऐसे संस्मरणों में भले ही श्रद्धा के भाव की अधिकता देखी जा सकती है, मगर उनकी ऐतिहासिक सत्यता से इनकार नहीं किया जा सकता। इन संस्मरणों को मात्र दंतकथाओं का वर्णन मान लेना भी उचित नहीं होगा। हालाँकि बाद में कुछ अमान्य संस्मरण भी सामने आए, जिनको लेकर विद्वानों के बीच ऐसे संस्मरणों के प्रति स्वाभाविक रूप से संदेह का भाव पैदा हुआ।

इंबलीचुस ने संभवत: डिकारचुस के विवरण को आधार बनाकर बताया है कि क्रोटोन पहुँचकर पाइथागोरस ने शुरुआती दौर में अखाड़े में जाकर युवाओं के साथ संवाद स्थापित करना शुरू कर दिया। युवाओं को माता-पिता का आदर करने, सहनशील बनने, ज्ञान प्राप्त करने की सीख देना—बुजुर्गों को उपदेश देने की तुलना में अधिक सरल काम था। लेकिन इतना तो निश्चित है कि अपने चमत्कारी व्यक्तित्व द्वारा पाइथागोरस ने युवा वर्ग के बीच ज्ञान की भूख पैदा कर दी थी।

शासक मंडली 'थाउजैंड' के सदस्यों ने जब अपने पुत्रों के मुँह से पाइथागोरस की प्रशंसा सुनी तो उन्होंने क्रोटनवासियों की भलाई के संबंध में सुझाव देने के लिए पाइथागोरस को दरबार में आमंत्रित किया। यूनानी नगर राज्यों में इस तरह किसी ज्ञानी व्यक्ति को सलाह देने के लिए राजदरबार में आमंत्रित

किया जाना कोई अस्वाभाविक बात नहीं समझी जाती थी। जब एथेंस में एपोस्टल पाल पहुँचा था तो उसे एरीयोपयेगस ने इसी तरह राजदरबार में आमंत्रित किया था, जहाँ पहुँचकर वह एथेंस के गण्यमान्य व्यक्तियों के सामने काफी समय तक नए विचारों की चर्चा करता रहा था। बहुरंगी संस्कृतिवाले क्रोटोन नगर में भी गण्यमान्य नागरिक एक ऐसे विशिष्ट ज्ञानी व्यक्ति के विचारों से अवगत होने के लिए लालायित थे, जो हाल ही में एक अभिजात नगर से उनके नगर में आया था।

पाइथागोरस ने निमंत्रण स्वीकार कर लिया। इंबलीचुस ने लिखा है कि उसके कुछ उपदेश सामान्य किस्म के थे, वहीं कुछ उपदेश असामान्य प्रकार के थे। उसने प्रस्ताव रखा कि स्वर संगति, सामंजस्य, छंदबद्धता और मैत्री के लिए सहायक सभी चीजों की आराधना करने के लिए कला देवी का एक मंदिर बनाया जाए। स्वर संगति, सामंजस्य और मैत्री पाइथागोरस के मत के प्रमुख अंग बनते जा रहे थे और बाद में इंबलीचुस के युग में नव-पाइथागोरियन युग में भी इन्हें प्रमुखता दी गई। पाइथागोरस ने शासकों को सलाह दी कि ''तुम जिन लोगों पर शासन करते हो, उन्हें अपने बराबर ही समझो। स्वयं को उनकी अपेक्षा श्रेष्ठ नहीं समझो। न्याय का विकास करो। अगर कोई विरोध करता है तो उसे दंडित करने की जगह उसके कारण को समझने की कोशिश करो। दुविधा की मनोवृत्ति से बचो। परिवार में बच्चों का प्यार प्राप्त करने का प्रयास करो। माता-पिता ही बच्चों के भावी जीवन का निर्माण करते हैं। बच्चों को माता-पिता से अलग करना घोर पाप है। अपनी पत्नी के अलावा किसी अन्य स्त्री से शारीरिक संबंध मत बनाओ। अगर तुम आदर प्राप्त करना चाहते हो तो एक धावक की तरह प्राप्त करो, जो दौड़ते समय अपने प्रतिस्पर्धी को घायल करने की जगह दौड़ में विजय हासिल कर आदर प्राप्त करता है। अगर तुम यश पाना चाहते हो तो उसी के अनुरूप अपने जीवन को जीने का प्रयत्न करो।''

इन सुझावों में जो सरलता और आकर्षण है—और किसी तरह का बनावटीपन नहीं है—इसकी वजह से ये सुझाव वर्तमान युग में भी प्रासंगिक बने हुए हैं। यह कहना उचित नहीं होगा कि परवर्ती रोमन युग से प्रभावित होकर इंबलीचुस ने ये बातें पाइथागोरस के मुँह से कहलवाई होंगी; बल्कि ये ऐसे उपदेश हैं, जो मौखिक इतिहास में जीवंत बने रहे होंगे और जिन उपदेशों को पाइथागोरस के शिष्यों ने पीढ़ी-दर-पीढ़ी संरक्षित रखा होगा।

इंबलीचुस ने लिखा है कि पाइथागोरस की बातें सुनकर क्रोटोन के शासक एवं गण्यमान्य व्यक्ति काफी प्रभावित हुए। उन लोगों ने कला देवी के मंदिर का

निर्माण करवाया और उनमें से कइयों ने रखैलों से संबंध-विच्छेद कर लिये। उन लोगों ने पाइथागोरस से अनुरोध किया कि वह युवाओं को औपचारिक शिक्षा प्रदान करे। उसे नगर की स्त्रियों को भी शिक्षित करने का दायित्व सौंपा गया। पाइथागोरस परंपरा में नारी शिक्षा को बढ़ावा देना एक महत्त्वपूर्ण हस्तक्षेप था।

इंबलीचुस ने लिखा है कि ''युवाओं को संबोधित करते हुए पाइथागोरस ने लगभग वही बातें कहीं, जो बातें वह अखाड़े में जाकर युवाओं से कहता रहा था। इसके साथ ही उसने नसीहत दी कि युवाओं को अपने मन में किसी के प्रति प्रतिशोध की भावना नहीं रखनी चाहिए और बुराई का जवाब बुराई से नहीं देना चाहिए। युवाओं को सुनने और बोलने की कला का अभ्यास करना चाहिए। इंबलीचुस ने अपना निजी मत प्रकट किया है कि इस तरह युवाओं को नैतिक शिक्षा प्रदान करते हुए पाइथागोरस ने अपने चमत्कारी व्यक्तित्व का परिचय दिया था।''

इंबलीचुस ने लिखा है कि ''स्त्रियों को संबोधित करते हुए पाइथागोरस ने स्त्रियों की मर्यादा पर विशेष बल दिया था। उसने इस बात को खासतौर पर रेखांकित किया था कि क्रोटोन नगर की देवी नारी शक्ति का प्रतीक थी, जो नारी समाज की मर्यादा को उजागर करती थी। अपने धार्मिक अनुष्ठानों में पशुओं की बलि अथवा अन्य आडंबरों को छोड़कर समानता, संयम और सादगीपूर्ण भेंट प्रस्तुत करने की सलाह दी थी। वार्त्तालाप के दौरान स्त्रियों को प्रसन्न रहना चाहिए और दूसरों के प्रति सदाचरण करना चाहिए, ताकि सभी उसके आचरण की सराहना करें। नारी को यह बात समझनी चाहिए कि अपने माता-पिता की तुलना में अपने पति को ज्यादा प्यार करने में कोई बुराई नहीं है। उसे अपने पति का विरोध नहीं करना चाहिए; हालाँकि असहमत होने पर किसी भी विषय पर वह अपने पति के साथ चर्चा कर सकती है। अगर पति उसे खुली छूट प्रदान करता है तो वैसी स्वतंत्रता का कभी दुरुपयोग नहीं करना चाहिए।'' इंबलीचुस ने लिखा है कि ''पाइथागोरस के उपदेशों का गहरा प्रभाव पड़ा और क्रोटोन नगर में पति-पत्नी एक-दूसरे के प्रति पहले की तुलना में अधिक समर्पित दिखाई दिए। महिलाएँ हेरा देवी के मंदिर में कीमती आभूषण चढ़ावे के रूप में प्रदान करने लगीं।''

प्रोफीटी और डागोजीनस लअर्टिस की तुलना में इंबलीचुस ने अधिक विस्तार से वर्णन किया है। मगर क्रोटोनवासियों को दी गई पाइथागोरस की शिक्षा के बारे में वे दोनों जीवनीकार भी चुप नहीं रहे हैं। डायोजीनस लअर्टिस ने एक ऐसे अहम उपदेश का उल्लेख किया है, जिसका उल्लेख इंबलीचुस ने नहीं किया—

''मानव जीवन ओलंपिक खेलों की तरह है। इसमें कुछ लोग विजय और गौरव हासिल करना चाहते हैं, कुछ लोग व्यापार कर लाभ अर्जित करना चाहते हैं; वहीं कुछ लोग ऐसे भी हैं, जो इस खेल के दर्शक की तरह भूमिका निभाना चाहते हैं।''

पाइथागोरस के उपदेशों के निचोड़ को प्रस्तुत करते हुए इंबलीचुस ने कहा है कि यह पाइथागोरस के सिद्धांतों का केंद्र-बिंदु है और सार्वजनिक तथा निजी जीवन में वह इन्हीं विचारों पर जोर देता रहा था—''प्रत्येक व्यक्ति को व्याधियों से मुक्त रहना चाहिए, आत्मा को अज्ञान से मुक्त रखना चाहिए, भोग को पेट से अलग रखना चाहिए, अनैतिकता से शहर को मुक्त रखना चाहिए, कलह को परिवार से मुक्त रखना चाहिए और जीवन के प्रत्येक क्षेत्र में अतिरेक से दूर रहना चाहिए।''

इंबलीचुस ने पाइथागोरस की शिक्षण प्रणाली की भी प्रशंसा की है—''वह केवल तथ्य और विचारों को ही प्रस्तुत नहीं करता था, बल्कि ऐसे आचरण की शिक्षा (जैसे मौन रहने की शक्ति) भी देता था, जिनके जरिए श्रोता विभिन्न विषयों का ज्ञान आसानी से प्राप्त कर सकता था।''

प्रोफीटी ने पाइथागोरस के प्रभावशाली व्यक्तित्व का उल्लेख करते हुए लिखा है—''उसकी उपस्थिति गरिमापूर्ण होती थी। बातचीत और हाव-भाव के द्वारा व्यक्तित्व की विशिष्टता झलकती थी। उसे प्रकृति का पूरा सहयोग मिला था और भाग्य की देवी उस पर मेहरबान थी।''

इंबलीचुस ने लिखा है कि ''उस समय के भीतर ही पाइथागोरस के शिष्यों की संख्या 600 हो गई थी। डायोजीनस लअर्टिस ने लिखा है कि भ्रातृ-मंडल के सदस्यों को किसी बात पर अभिमान न करने की सलाह दी गई थी। मैत्री द्वारा समानता का विकास करने के लिए कहा गया था।''

सभी सदस्यों को अपनी चीजें आपस में समान रूप से बाँटनी पड़ती थीं और अपने साथ लाई गई चीजें सामूहिक भंडार गृह में रखनी पड़ती थीं। बाद में भी सीराकौस में रहनेवाले पाइथागोरियन समुदाय के लोग इस नियम का पालन करते रहे। आपस में सारी चीजें बाँटने की वजह से पाइथागोरस के शिष्यों को 'केनोबाइट्स' कहकर पुकारा गया। यूनानी में 'केनोबाइट्स' का अर्थ 'साझा जीवन' होता है।

इसके बावजूद, समुदाय के भीतर सभी पाइथागोरियन को बराबरी का दर्जा नहीं मिला हुआ था। इंबलीचुस, प्रोफीटी और उनके स्रोत माने जानेवाले निकोमाचुस ने लिखा है कि पाइथागोरस के 600 विद्यार्थी थे, जो पूरी तरह दीक्षित

थे। इसके अलावा 2,000 लोगों का एक बड़ा समूह था, जो 'श्रोता वर्ग' कहलाता था। इस समूह के लोग अपनी पत्नी और बच्चों को साथ लेकर एक विशाल प्रेक्षागृह में एकत्र होते थे और पाइथागोरस का प्रवचन सुनते थे।

व्यावहारिक रूप से यह संभव नहीं था कि श्रोता वर्ग के लोग अपने-अपने पेशे को छोड़कर साधना में जुट जाते। उनमें कई समृद्ध और प्रभावशाली नगरवासी थे। तीनों जीवनीकारों ने बताया है कि वे लोग प्रवचन के समय एक-दूसरे के प्रति भाई-चारे का बरताव करते थे, मन की शांति महसूस करते थे और अपनी संपत्ति का एक हिस्सा दान कर देते थे।

श्रोता वर्ग में शामिल लोग पाइथागोरस के प्रति अत्यंत श्रद्धा भाव रखते थे; उसे ईश्वर, देव दूत या अवतार से कम नहीं समझते थे। निकोमाचुस के वर्णन के विपरीत इंबलीचुस ने लिखा है कि "सभी शिष्य पाइथागोरस को ईश्वर के समकक्ष नहीं मानते थे।" अरस्तू ने लिखा है कि पाइथागोरियन समुदाय में जीव की तीन श्रेणियाँ मानी जाती थीं—ईश्वर, मनुष्य और उन दोनों श्रेणियों के बीच पाइथागोरस।

जब पाइथागोरस क्रोटोन पहुँचा था, तब सैन्य क्षमता के मामले में क्रोटोन काफी पिछड़ा हुआ था। मेगना ग्रीसिया के विभिन्न समुदायों के बीच झड़पें होती रहती थीं। उनके बीच आंतरिक और बाहरी तनाव का भाव बना रहता था। सभी एक-दूसरे पर हावी होने और वर्चस्व कायम करने की कोशिश करते रहते थे। उन्हीं दिनों क्रोटोन से कुछ मील दूर दक्षिण दिशा में सागरस नदी में हुए युद्ध में क्रोटोन की सेना को लोकरी की सेना के हाथों शर्मनाक रूप से पराजित होना पड़ा था।

इंबलीचुस ने क्रोटोन को जहाँ 'इटली का सबसे सुसभ्य नगर' कहा है, वहीं ईसा पूर्व 530 में क्रोटोन की दशा काफी दयनीय हो चुकी थी; वहीं यूनानी औपनिवेशिक नगरों के बीच सिबरीस नगर का दबदबा बढ़ता चला गया था।

हालाँकि क्रोटोन के अधिकार-क्षेत्र में विस्तृत इलाका था। उसकी सीमा उत्तर दिशा में नेटा नदी तक, सिबरीस नगर की ओर और दक्षिण में टासीनो नदी तक फैली हुई थी। दोनों नदियों के मुहाने के बीच का तटवर्ती इलाका क्रोटोन का था। इसी इलाके के मध्य में शहर बसा हुआ था। वहीं तटवर्ती इलाके से दूर पहाड़ियों तक का क्षेत्र क्रोटोन के अधिकार में था। उन्हीं पहाड़ियों में दोनों नदियों का उद्गम स्थल था। मिसकेलोस 200 साल पहले अपने साथ लोगों को लेकर उस नगर में आया था। इन दो शताब्दियों में तटवर्ती इलाके के जंगल का वजूद मिटता गया था

और शहर के दक्षिणी क्षेत्र में कृषि भूमि का विस्तार होता गया था। नगर के लोगों के लिए कृषि काफी अहमियत रखती थी। कृषि भूमि में कई जल-प्रपातों और दो अन्य नदियों की सहायता से सिंचाई की व्यवस्था की जाती थी। उन खेतों में गेहूँ और जौ की फसल पैदा की जाती थी। उत्तरी दिशा में जो खुले इलाके थे, वहाँ पशुपालन किया जाता था।

नगरवासी पाइथागोरस से अपेक्षा रखते थे कि उसके जैसा ज्ञानी व्यक्ति सार्वजनिक जीवन में अहम भूमिका निभाए और जल्द ही उसने और उसके सहयोगियों ने कुलीन तंत्र के नेताओं के परामर्शक के रूप में या कुलीन तंत्र के अंग के रूप में यह भूमिका निभाई। वे केवल नगर और उसके परिवेश में ही नहीं, बल्कि क्षेत्र के दूसरे समुदायों के बीच भी काफी प्रभावशाली बन गए थे।

प्रोफीटी ने लिखा है कि ''पाइथागोरस की छवि असाधारण वक्ता के रूप में बन गई थी और उसका प्रवचन सुनने के बाद सेंटोरिया के तानाशाह सिमिकस का हृदय परिवर्तन हो गया था। सिमिकस ने अपनी धन-संपत्ति अपनी बहन और नागरिकों के बीच बाँट दी थी। स्थानीय दंतकथाओं से आरंभिक इतिहासकारों के इस दावे की पुष्टि होती है कि पाइथागोरस ने मेगना ग्रीसिया के नगरों के निवासियों के मन में स्वतंत्रता का भाव जगाया था और उनकी व्यक्तिगत स्वतंत्रता की भावना को प्रेरित किया था।''

पाइथागोरस और उसके अनुयायी नागरिक जीवन से भेदभाव, कलह, विश्वासघात आदि को दूर करने और न्यायसंगत व्यवस्था स्थापित करने में सफल हुए थे। यही वजह थी कि कई पीढ़ियों तक इन नगरों में अमन-चैन का वातावरण बना रहा था और विवाद या युद्ध के भँवर में नए सिरे से फँसने से पहले ये नगर दुनिया के दूसरे नगरों के लिए आदर्श बने रहे थे।

'स्वतंत्रता से प्रेम' एक ऐसा आदर्श था, जो संभवत: बाद में पाइथागोरियन समुदाय के साथ जुड़ा था। पाइथागोरस के युग में यूनानी जगत् में राजनीतिक विचारधारा के तहत सुशासन इस बात पर निर्भर नहीं करता था कि जनता को कितनी आजादी दी जाती थी, बल्कि इस बात पर निर्भर करता था कि कितना अनुशासन कायम किया जाता था और सामूहिक हितों का कितना खयाल रखा जाता था।

डायोजीनस लअर्टिस ने लिखा है कि पाइथागोरस ने क्रोटोनवासियों के लिए एक संविधान तैयार किया था और पाइथागोरस तथा उसके अनुयायी 'उच्च अभिजात तंत्र' पर विश्वास करते थे, जिसका मतलब था कि शासन की बागडोर

सर्वश्रेष्ठ व्यक्ति के हाथ में होनी चाहिए।

ईसा पूर्व 510 में क्रोटोन में पाइथागोरस के आगमन के 20 साल बाद ओलंपिक खेलों के चमत्कारी विजेता और पाइथागोरस के अनुयायी मिलो ने परंपरागत शक्तिशाली शत्रु सिबरीस के खिलाफ युद्ध में क्रोटोन की सेना का नेतृत्व किया था। मिलो ने युद्ध के दौरान विलक्षण रणनीति का परिचय दिया था। उसने क्रेथीस नदी की धारा का मुँह इस तरह मोड़ दिया था कि सिबरीस नगर में बाढ़ आ गई थी और उसने अपनी सेना के साथ धावा बोलते हुए सिबरीस की सेना को धूल चटा दी थी।

आधुनिक समय में जो सिबरीस नगर है, वह यूनानी युग के सिबरीसवाले स्थल से दूर है। चूँकि क्रोटोन के हमले की वजह से प्राचीन सिबरीस नगर हमेशा के लिए नष्ट हो गया था, इसलिए वह स्थल एक रोमन नगर के नीचे दबा हुआ है, जहाँ पुरातात्त्विक खुदाई में हस्तशिल्प के नमूने बरामद हुए हैं। उनमें ईसा पूर्व सातवीं शताब्दी की सुराहियाँ मिली हैं। सुराहियों के ऊपर जो नक्काशी मिली है, बाद में उसकी पहचान पाइथागोरस प्रमेय के रूप में की गई। इसका अर्थ है कि वह अत्यंत वैभवशाली, सभ्य, अभिजात नगर था, जिसे मिलो ने नष्ट कर दिया था। नगर का कोई अवशेष बचा नहीं रह गया है। पुरातत्त्वविदों ने इस दिशा में काफी मेहनत की है और एक रोमन नगर में खुदाई के दौरान पानी से भरा हुआ एक गड्ढा मिला है, जिसे एकमात्र अवशेष के रूप में लोगों को दिखाया जाता है।

सिबरीस की तबाही के साथ इलाके भर में क्रोटोन का प्रभाव और वर्चस्व बढ़ता चला गया था। इतिहासकार क्रोटोन के भाग्य-परिवर्तन का श्रेय पाइथागोरस को देते हैं, जिसने अपनी शिक्षा और प्रशिक्षण द्वारा क्रोटोन के नागरिकों के बीच नई जागरूकता पैदा की थी।

अगर डायोजीनस लअर्टिस, प्रोफीटी और इंबलीचुस के दावे पर विश्वास किया जाए और आधुनिक काल के विद्वान् भी इस बात से इनकार नहीं करते हैं—तो यह सच है कि पाइथागोरस ने इतिहास में पहली बार सफलतापूर्वक 'दार्शनिक शासन' के आदर्श को कायम किया था, जिस 'दार्शनिक शासन' की अवधारणा बाद में प्लेटो ने दुनिया के सामने प्रस्तुत की थी।

या सच्चाई इसके विपरीत थी? उस युग की आलोचना करनेवाले इस प्रसंग को अलग ही तरीके से प्रस्तुत करते हैं। उनका दावा है कि पाइथागोरस और उसके अनुयायी निरंकुश और दमनपूर्ण तरीके से शासन चला रहे थे। सिबरीस के साथ युद्ध उस समय शुरू हुआ, जब क्रोटोन ने पाइथागोरस के कहने पर सिबरीस के

500 शरणार्थियों को आश्रय दिया था। सिबरीस में जब उन लोगों की बेशुमार दौलत उनसे छीन ली गई तो वे नाराज होकर क्रोटोन भाग गए थे। सिबरीस में एक किस्म का सामाजिक सुधार अभियान शुरू किया गया था और दौलतमंदों से दौलत छीनकर गरीबों के बीच बाँटी जा रही थी। अमीरों के प्रति अपनी सहानुभूति के चलते पाइथागोरस ने शरणार्थियों का साथ दिया था। इस प्रसंग द्वारा पाइथागोरस को निरंकुश और दमनपूर्ण व्यवस्था का पोषक बताने का प्रयास किया गया है। यह प्रसंग पाइथागोरियन समुदाय की परंपरागत मान्यता से मिलता-जुलता नहीं है, क्योंकि समुदाय का मानना रहा है कि पाइथागोरस ने भ्रातृ-मंडल के बाहर कभी अपने आदर्शों को थोपने का प्रयास नहीं किया था।

यह बात स्पष्ट नहीं है कि किन कारणों के चलते पाइथागोरस सिबरीस में यथा-स्थिति को बहाल रखना चाहता था या क्रोटोन में उसने जो सुधार किए थे उनके पीछे उसकी व्यक्तिगत महत्त्वाकांक्षा कार्य कर रही थी, या वह धनिक तंत्र आधारित ढाँचे को मजबूत बनाना चाहता था अथवा वह समुदायों को उच्च नैतिक स्तर तक ले जाने के लिए परिवर्तन करना चाहता था। सभी आरंभिक जीवनीकारों और यूरोप के 18वीं शताब्दी के प्रगतिशील विचारकों का मानना है कि पाइथागोरस विभिन्न मानव समुदायों को उच्च नैतिक स्तर तक ले जाने के लिए परिवर्तन करना चाहता था।

ऐसे कई प्रमाण मिलते हैं, जिनसे पता चलता है कि पाइथागोरस ने क्रोटोन की अर्थव्यवस्था पर गहरा प्रभाव डाला था। मुद्राशास्त्री पाइथागोरस को इस बात का श्रेय देते हैं कि उसी ने सबसे पहले हथौड़े से ठोककर तैयार किए गए सिक्कों का प्रचलन शुरू किया था। इस तरह के सिक्कों का क्रोटोन और उसके अधिकार-क्षेत्रवाले इलाकों में प्रचलन था।

इस तरह के सिक्के जहाँ आकर्षक होते थे वहीं उनका अनुकरण करना कठिन था। और जो लोग मुद्राशास्त्र के इतिहास से परिचित हैं, वे इस बात से दंग रह जाते हैं कि उस काल अवधि में इस तरह के सिक्कों का अस्तित्व में आना किसी चमत्कार से कम नहीं था; क्योंकि उससे पहले सिक्कों के क्रम विकास को देखने पर साफ पता चलता है कि ऐसे सिक्के अपने आप में अनोखे थे। मुद्राशास्त्र के इतिहास में इस तरह की दूसरी परिघटना कहीं नजर नहीं आती।

ऐसा नहीं है कि इससे पहले सिक्कों का प्रचलन नहीं था। मिलटेस से पूरब की तरफ लीडिया में ईसा पूर्व 700 से पहले भी सिक्कों का प्रचलन था। मगर क्रोटोन में जिस तरह के अनूठे सिक्के प्रचलित हुए, उनके पीछे किसी महान्

आविष्कारक का ही योगदान संभव हो सकता था। इतिहासकार सी.टी. सेल्टमेन ने लिखा है कि यह काम कोई लिओनार्डो द विंची किस्म का प्रतिभाशाली व्यक्ति ही कर सकता था। सिक्कों के प्रचलन की अवधि का अध्ययन करने से स्पष्ट होता है कि उनकी खोज पाइथागोरस ने ही की थी।

पाइथागोरस एक जाने-माने व्यापारी का पुत्र था और उसे विश्व की बाजार व्यवस्था की सटीक जानकारी थी। उसका पिता एक जौहरी भी था, इस नाते आकर्षक और छोटे आकार के विन्यास के बारे में वह अच्छी तरह जानता था। सब कुछ याद रखने की क्षमता उसके पास थी। वह संख्या की शक्ति से परिचित था।

ईसा पूर्व चौथी शताब्दी में पाइथागोरियन समुदाय से करीबी रिश्ता रखनेवाले एरिस्टोक्लेनस ने लिखा है कि ''पाइथागोरस ने कुछ खास किस्म की नाप-तौल प्रणाली की भी शुरुआत की थी; मगर संख्या के अध्ययन को उसने महज वाणिज्यिक उद्देश्यों के लिए उपयोगी नहीं माना था। इससे स्पष्ट होता है कि पाइथागोरस ने वाणिज्यिक नजरिए से भी संख्याओं के उपयोग का अध्ययन किया था। इस तरह की सोच के चलते ही वह क्रोटोन वासियों के लिए सिक्कों की खोज करने में सफल रहा था।''

इसमें कोई शक नहीं कि पाइथागोरस ने अपने कई शत्रु बना लिये थे, मगर काफी वर्षों तक उसके शत्रु उसे या उसके अनुयायियों को नुकसान नहीं पहुँचा पाए थे। पाइथागोरस जब तक वहाँ रहा और फिर उसकी मृत्यु या निर्वासन के 50 साल बाद क्रोटोन के अधिकार-क्षेत्र से आगे भी पाइथागोरियन नेतृत्व का विस्तार होता रहा। दक्षिण में यह विस्तार कौलोनिया तक (पुराने शत्रु लोकरी के दरवाजे तक) और उत्तर में सीरो मेटीना के अपोलो एलीयो तक (सिबरीस के रास्ते से) यह विस्तार होता रहा था। सीरो मेटीना पर वर्चस्व प्राप्त करना एक उपलब्धि थी। यह नगर उम्दा मदिरा के निर्माण के लिए मशहूर था। पश्चिम में क्रोटोन का प्रभाव टेरीना तक फैल गया था। यह क्रोटोन के अभ्युदय का चरमोत्कर्ष था।

इंबलीचुस या डायोजीनस लअर्टिस की तुलना में प्रोफीटी ने पाइथागोरियन समुदाय की गोपनीयता की नीति को विशेष रूप से रेखांकित किया है और उसकी विशिष्टता के बारे में बताया है। इसके साथ-साथ उसने यह भी बताया है कि गोपनीयता की नीति पाइथागोरियन समुदाय के लिए किस तरह हानिकारक साबित हुई।

प्रोफीटी ने इस बात का उल्लेख किया है कि पाइथागोरस ने क्रोटोन के शासकों का दिल जीत लिया था और युवाओं तथा महिलाओं को अपने उपदेशों से

प्रभावित करता रहा था। प्रोफीटी ने स्रोत के रूप में डिकारचुस की सूचनाओं का इस्तेमाल किया है। मगर उसने यह नहीं बताया है कि पाइथागोरस अपने श्रोताओं के समक्ष किस तरह का वक्तव्य प्रस्तुत करता था या उसके उपदेश में किस तरह के विषय शामिल होते थे। प्रोफीटी ने इस तरह के तथ्य उपलब्ध नहीं होने के पीछे पाइथागोरियन परंपरा की गोपनीयता की नीति को जिम्मेदार माना है।

तीनों जीवनीकारों ने आरंभिक स्रोत को भरोसेमंद माना है। वहीं पाइथागोरियन परंपरा की गोपनीयता की नीति के बारे में प्रोफीटी की टिप्पणी अधिक महत्त्वपूर्ण प्रतीत होती है। प्रोफीटी का कहना है कि पाइथागोरस के जीवनकाल में उसके अनुयायी अपने गुरु के विचारों, सिद्धांतों, उपदेशों या उसके बनाए नियमों के बारे में दूसरों को कुछ नहीं बताते थे। इन सबके बारे में उन्होंने कोई लिखित विवरण तैयार नहीं किया था, क्योंकि वे गोपनीयता की नीति का पालन करना जरूरी समझते थे।

इसी गोपनीयता की नीति के चलते पाइथागोरस से संबंधित तथ्य कई शताब्दियों में टुकड़ों के रूप में, बिखरे हुए रूप में, विकृत रूप में सामने आते रहे हैं। ऐसे तथ्यों में दूसरे लोगों के विचार शामिल हैं, यानी दूसरों के नजरिए से पाइथागोरस और उसके अनुयायियों को देखने का प्रयास होता रहा है।

केवल प्रोफीटी ही अकेला नहीं था, जिसने पाइथागोरियन समुदाय की गोपनीयता को रेखांकित किया था। डायोजीनस लअर्टिस ने स्पष्ट किया है कि दो प्रकार की गोपनीयता बरती जाती थी—एक तरह की गोपनीयता का अर्थ बाहरी लोगों से सिद्धांतों को सुरक्षित रखना था, दूसरी तरफ सुने गए और सीखे गए विचारों के मामले में निजी तौर पर गोपनीयता बरतने का नियम था। यह नियम प्रशिक्षण के दौरान शिष्यों पर खास तौर पर लागू किया जाता था।

प्रशिक्षण के दौरान पाँच सालों तक शिष्यों को मौन रहकर विचारों को सुनना पड़ता था। इस अवधि के गुजर जाने के बाद ही स्वीकृति मिलने पर उन्हें पाइथागोरस से मुलाकात करने की इजाजत मिल पाती थी और उसके आवास में जाने की छूट मिल जाती थी।

मौन रहने का लाभ एक प्राचीन नियम को रेखांकित करता था, जिसका उल्लेख हिंदू धर्मग्रंथों में भी मिलता है और इंबलीचुस के बाद की कुछ पीढ़ियों के बाद ईसाई चर्च के धर्माधिकारियों ने भी इस नियम को अपना लिया था।

क्या पहले किस्म की गोपनीयता का अर्थ कोई भी विचार लिखित रूप में दर्ज नहीं करना था? तीसरी-चौथी शताब्दी के जीवनीकारों में से केवल

डायोजीनस लअर्टिस ने इस बात का उल्लेख किया है कि पाइथागोरस ने अपने विचार को पुस्तक का रूप प्रदान किया था। मगर उसकी जीवनी में 'पाइथागोरस की कृतियाँ' शीर्षक अध्याय स्पष्ट नहीं है और यह अध्याय विचारसंगत प्रतीत नहीं होता। वह अनुमान के आधार पर इस अध्याय की शुरुआत करता है।

कुछ लोगों का कहना है, जो सही नहीं है कि पाइथागोरस अपने पीछे कोई पुस्तक छोड़कर नहीं गया। लेकिन प्रकृति वैज्ञानिक हरक्लिटस ने उचित कहा है—मेसार्चुस के पुत्र पाइथागोरस ने ज्ञान की विविध शाखाओं में नए अन्वेषण किए और उन्हें लेखन का रूप दिया।"

इस अंश को पढ़ने से प्रतीत होता है कि लअर्टिस की धारणा के विपरीत हरक्लिटस का आशय था कि पाइथागोरस लेखन विद्या में पारंगत था, मगर इसका अर्थ यह नहीं कि उसने ग्रंथों की रचना की।

हालाँकि डायोजीनस लअर्टिस का यह कथन बिलकुल सही है कि हरक्लिटस की बातों का अच्छी तरह विश्लेषण करना चाहिए, क्योंकि वह पाइथागोरस के युग का ही व्यक्ति था और पाइथागोरस के संबंध में उसके मंतव्य को सर्वाधिक प्राचीन माना जाता है।

हरक्लिटस ने जब भी अपने सिद्धांतों की चर्चा की है तो उसके विचार पाइथागोरियन मत से मिलते-जुलते प्रतीत होते हैं; मगर पाइथागोरस के संबंध में उसकी विस्तृत टिप्पणी कहीं नहीं मिलती है। उसने ज्यादातर अपने विचारों की चर्चा की है और दूसरे विचारों को अधिक अहमियत नहीं दी है।

हरक्लिटस ने दूसरे लोगों की खिल्लियाँ उड़ाई हैं और कई महान् व्यक्तियों की आलोचना की है। दार्शनिकों को तो उसने खासतौर पर निशाना बनाया है। उसने इस तरह की अपमानजनक टिप्पणी की है—

"ज्यादा सीखने से ही कोई बुद्धिमान नहीं बन जाता, नहीं तो हेसिओड और पाइथागोरस या जेनोफेंस या हाकाटाकस भी बुद्धिमान बन गए होते।"

इस तरह की बयानबाजी को देखते हुए हरक्लिटस के विवरण के आधार पर यह बात मानी नहीं जा सकती कि पाइथागोरस ने किसी पुस्तक की रचना की थी।

वैसे डायोजीनस लअर्टिस भी पाइथागोरस के पुस्तक लेखन को लेकर किसी निश्चित राय तक नहीं पहुँच पाया था; मगर उसका अनुमान था कि पाइथागोरस ने कम-से-कम तीन पुस्तकों की रचना की थी, जिनका वजूद उसके जीवनकाल तक रहा था। अगर यह बात सही है तो बाद में या तो वे पुस्तकें गायब हो गईं या नष्ट कर दी गईं।

वहीं, लअर्टिस के कुछ वर्षों के बाद ही पाइथागोरस की जीवनी लिखनेवाले प्रोफीटी का कहना है कि पाइथागोरस ने अपने पीछे कोई पुस्तक नहीं छोड़ी थी। वैसे डायोजीनस लअर्टिस के दावे पर संदेह पैदा होना स्वाभाविक भी है, क्योंकि हेलेनिस्टिक और रोमन कालों में पाइथागोरस विचारधारा को लेकर कई तरह की धोखाधड़ी उजागर हुई। मगर यह तथ्य एक आरंभिक एवं विश्वसनीय स्रोत से निकलकर सामने आया है कि पाइथागोरस ने ओर्फियस के नाम से कविताओं की रचना की थी। पाइथागोरस के देहांत के बाद जनमे विद्वान् नाटककार और जीवनीकार आयोन ऑफ चिओस ने इस बात की पड़ताल करने की कोशिश की थी कि ओर्फियस के नाम से चर्चित कविताओं की रचना किसने की थी। वह इस नतीजे पर पहुँचा था कि उन कविताओं का रचयिता पाइथागोरस था और पाइथागोरस ने उन कविताओं को ओर्फियस के नाम समर्पित कर दी थी।

□

ज्ञान का प्रेमी

पाइथागोरस का बचपन एक ऐसे परिवार में गुजरा था, जिसका संबंध कृषि के साथ तो था ही, व्यापार भी उस परिवार की जीविका का साधन था। समृद्ध परिवार में बचपन गुजारते हुए पाइथागोरस ने सामोस के साथ शेष दुनिया के रिश्ते को महसूस किया था। हेरा मंदिर की भव्यता ने उसे बचपन में ही प्रभावित किया था और उसने मृत्यु के बाद जीवन के संबंध में कई तरह की धारणाओं के बारे में सुन रखा था।

प्राचीन ग्रीक जगत् में मृत्यु के बाद की स्थिति और अमरता के बारे में पोंगापंथी अवधारणा प्रचलित थी और जो होमर के महाकाव्य में और बाद में नगर-राज्यों के अधिकांश संप्रदायों व साहित्य में भी प्रतिबिंबित हुई थी। मनुष्य की आत्मा मृत्यु के बाद भी बची रहती थी; मगर उसका बचना कोई प्रसन्नता की बात नहीं थी।

होमर की रचनाओं के नायकों के लिए वास्तविक सत्य शरीर ही था, जिसके साथ खुशहाल जीवन का आदर्श जुड़ा हुआ था। इस रूप में बचे रहने से क्या फायदा हो सकता था, जब न तो आहार का सुख मिले, न शिकार का, न प्रेम का, न वासना का? मृत्यु का अर्थ इन सुखों से अलगाव समझा जाता था, जब आत्मा कमजोर व असहाय अवस्था में एक परछाईं, एक स्वप्न, धुआँ, लटकते हुए चमगादड़ की तरह बची रह जाती थी। केवल ईश्वर का अमरत्व ही श्रेष्ठ था; मगर इस अर्थ में नहीं कि ईश्वर मृत्यु से बच जाते थे, बल्कि उनकी कभी मृत्यु ही नहीं होती थी। कोई भी मनुष्य अपनी सीमा को लाँघकर देवत्व प्राप्त नहीं कर पाया था, न ही देवताओं जैसा अमरत्व प्राप्त कर पाया था।

मुख्यधारा की ऐसी अवधारणा के अलावा देहातों में रहनेवाली जनता और कुछ शहरी जनता के पास मृत्यु के बाद की स्थिति को लेकर अनेक तरह की

धारणाएँ थीं। ऐसी धारणाएँ इस कदर पुरानी थीं कि किसी को उनके उद्‌गम के बारे में निश्चित जानकारी नहीं थी। आम जनता इस तरह की धारणाओं द्वारा अपने भीतर पैदा होनेवाली शंकाओं का जवाब ढूँढ़ने का प्रयास करती थी और अपने आपको तसल्ली देने की कोशिश करती थी कि उसके साथ जो भी गलत और अन्यायपूर्ण हो रहा था, उसका एक-न-एक दिन जरूर इनसाफ होने वाला था।

इलेयूसीस नगर में एक रहस्यमयी संप्रदाय सक्रिय था और पाइथागोरस के जन्म से कुछ साल पहले जब इलेयूसीस एथेंस का हिस्सा बन गया तो उस संप्रदाय का विस्तार होता गया और वह हेलेनिक जगत् के दायरे से आगे फैलता चला गया। उस संप्रदाय का मानना था कि धरती माता ड्रेमीटीर और उनकी पुत्री पर्सेफोन ने मृत्यु के बाद भी दूसरे लोक में जाकर सुखद जीवन गुजारा था। इस संप्रदाय का मानना था कि मृत्यु के बाद जो नया जीवन मिलता है, उसमें किसी तरह की तकलीफ नहीं मिलती।

वहीं ओर्फिक समुदाय की अवधारणा कुछ हद तक जटिल थी, जिसके तहत आत्मा को दैवी और नश्वर तत्त्वों का मिश्रण माना जाता था। दैवी अंश का विकास करने के लिए और नश्वर अंश का प्रभाव कम करने के लिए निरंतर पवित्र आचरण करना जरूरी बताया गया था। पवित्र आचरण का अर्थ निरंतर आराधना करना और मांसाहार से दूर रहना था। यह प्रक्रिया केवल एक जीवनकाल में पूरी होनेवाली नहीं थी। एक आत्मा को बार-बार जन्म लेना पड़ता था और जीवनकाल के आचरण से अगले जन्म की स्थिति का निर्धारण होता था। अंतिम लक्ष्य होता था 'बच्चुस' के साथ विलीन हो जाना।

ओर्फिवाद की जड़ें उस ऐतिहासिक युग में थीं, जब डायोनीसस की आराधना की जाती थी। डायोनीसस बच्चुस का ही दूसरा नाम था। शुरू में उस देवता को उर्वरता का प्रतीक माना जाता था, बाद में उसके साथ मदिरा और नशे का संबंध भी जोड़ दिया गया। वह थ्रेसियन समुदाय का देवता था। यह समुदाय कृषिजीवी था, जो यूनानी मुख्य भूमि से उत्तर दिशा में एजियन सागर, काला सागर और डेन्यूब नदी के तटवर्ती इलाके में रहता था।

यूनानी लोग थ्रेसियन समुदाय को अविकसित व जाहिल मानते थे और पाँचवीं शताब्दी के इतिहासकार हेरोडोटस ने उनके बारे में लिखा था कि वे लोग पूरी तरह असभ्य थे, जो बदहाल जिंदगी गुजारते थे। ऐतिहासिक युग के आरंभ में जो डायोनीसस या बच्चुस की आराधना की परंपरा यूनान पहुँची तो इसका तीखा विरोध किया गया; मगर उसकी अप्रामाणिकता और जंगलीपन ने लोगों के मन में

जिज्ञासा का भाव भी पैदा किया, जिसका चित्रण यूरीवाइड्स के नाटक 'द बच्चुस' में किया गया है।

इस समुदाय में नारी को ऊँचा दर्जा प्रदान किया गया था और अगर नाटककार की बातों पर यकीन किया जाए तो विवाहित एवं अविवाहित स्त्रियाँ पहाड़ियों पर एकत्र होकर सामूहिक नृत्य करती थीं और पशुओं को चीरकर कच्चा गोश्त खा जाती थीं। नारी को ऊँचा स्थान देने की परंपरा से पाइथागोरस का परिचय संभवत: ओर्फिवाद द्वारा हुआ था; मगर उसने इस परंपरा के हिंसक पक्ष को अपने समुदाय के साथ नहीं जोड़ा था।

पाइथागोरस के समय तक ओर्फिक समुदाय के लोग यूनान के विभिन्न हिस्सों के अलावा दक्षिणी इटली और सिसली में रह रहे थे। डायोनीसस या बच्चुस की आराधना की प्राचीन शैली में काफी बदलाव आ चुका था। अब शरीर और दिल को सुख देने की जगह मस्तिष्क को सुकून पहुँचाने की पद्धतियों पर विशेष रूप से बल दिया जा रहा था।

समुदाय के सदस्य अनुष्ठान की पद्धति में आए बदलाव का श्रेय ओर्फिवाद को देते थे। कहा जाता है कि पाशविकता की स्थिति में ओर्फिक स्त्रियों ने ओर्फिवाद को उसके सुधारकों से नाराज होकर टुकड़ों में बाँट डाला था। ओर्फिवाद संभवत: एक ऐसा व्यक्ति था, जो दंतकथाओं में लिपटा हुआ था। उसकी कल्पना एक पुरोहित के रूप में की गई है। बाद में उसका संबंध गीत-संगीत के साथ जोड़ा गया और उसे अर्ध-मिथकीय नायक का दर्जा प्रदान किया गया। कुछ लोग उसे 'देवता' कहकर भी पुकारते थे।

अगर पाइथागोरस की युवावस्था की यात्राओं की कथाएँ सही हैं तो निश्चित है कि उसका परिचय मिस्र और मेसोपोटामिया की धार्मिक परंपराओं के साथ हुआ था और संभवत: माउंट कार्मेल या बेबीलोन में उसका साक्षात्कार यहूदी मत से भी हुआ था।

इन कथाओं की विश्वसनीयता पर भले ही सवालिया निशान लगाए जाएँ, लेकिन जिस तरह पाइथागोरस क्रेटे में मोर्गोस के पुजारियों के साथ दीक्षा समारोह में शामिल हुआ था, उससे तो इतना स्पष्ट होता ही है कि वह विभिन्न मान्यताओं की गहराई में जाना चाहता था और विभिन्न धार्मिक मतों व विश्वासों का व्यक्तिगत रूप से अनुभव प्राप्त करना चाहता था।

क्रोटोन में पाइथागोरस और उसके अनुयायियों ने होमरकालीन या ओलंपिक परंपरा के बहुदेववाद का दामन नहीं छोड़ा था। कुछ लोग पाइथागोरस को अपोलो

देवता का अवतार भी मानते थे। सहिष्णुता, बौद्धिकता और अनुशासन के साथ देवता का संबंध पाइथागोरियन मत के अनुसार अनिवार्य माना जाता था। जिस समय पाइथागोरस का प्रभाव क्रोटोन में चरम पर था, उसी समय देवी हेरा के मंदिर का निर्माण किया जाना महज इत्तफाक नहीं था, बल्कि दूसरे देवों के प्रति आस्था का परिचायक था।

इसके बावजूद जब पाइथागोरस ने निश्चय किया कि वह किन धारणाओं पर विश्वास करेगा और अमरता के संबध में अपने शिष्यों को क्या उपदेश देगा तो उसने निर्णायक रूप से ओर्फिवाद के सिद्धांतों को चुना। उसने ओर्फिवाद में प्रचलित आत्मा के पुनर्जन्म के विचार को ग्रहण किया। यह कोई गोपनीय बात नहीं थी। प्रोफीटी ने लिखा है कि सभी इस तथ्य से भलीभाँति परिचित थे।

एक आरंभिक प्रमाण से स्पष्ट होता है कि पाइथागोरस मानता था कि एक भले आदमी की भलाई का लाभ उसे अगले जन्म में मिलता है। इस बात का उल्लेख आयोन ऑफ चिओस ने किया है, जो पाइथागोरस के युग का विद्वान् था। वह भले ही पाइथागोरियन समुदाय का सदस्य नहीं था, मगर उसने पाइथागोरियन विचारों को जरूर अपनाया था और उसने एक ओर्फिक कविता पाइथोरस को समर्पित की थी—''जिस मनुष्य में सहिष्णुता और मानवता के गुण होते हैं, मृत्यु के बाद उसकी आत्मा को नए जन्म में उसका सुखद परिणाम प्राप्त होता है। पाइथागोरस, जो हर विषय का जानकार था और मानव मस्तिष्क को अच्छी तरह समझता था, का ऐसा ही मानना था।''

पुनर्जन्म में विश्वास संबंधी अपने मत को पाइथागोरस ने और भी विस्तार दिया था। वह दावा करता था कि उसे अपने पिछले जन्मों के बारे में सारी जानकारी थी। इस विचार की जड़ें भी ओर्फिवाद में मिलती हैं। 'पेटेलिया पांडुलिपि' के नाम से मशहूर एक ओर्फिक साहित्य में आत्मा को निर्देश दिया गया है कि वह किस तरह स्वयं को ईश्वर के पास ले जाने और 'स्मृति' की शक्ति पाने के लिए प्रयास कर सकती है। पाइथागोरस जिस स्मृति का दावा कर रहा था, ओर्फिक साहित्य में आत्मा की वैसी स्मृति की ही चर्चा की गई है।

पिछले जन्मों की स्मृति रखने की पाइथागोरस की क्षमता का आरंभिक उल्लेख ईसा पूर्व पाँचवीं शताब्दी के कवि-दार्शनिक इंपेडोकल्स ने किया है, जो सिसली के एक्रागस का रहनेवाला था और आयोन की तरह उसका भी जन्म उस समय हुआ था, जब पाइथागोरस का देहांत हुआ था। उसे अकसर पाइथागोरियन मत का अनुयायी कहकर पुकारा जाता है; मगर उसके ज्यादातर सिद्धांत

पाइथागोरियन मत से भिन्न थे। पुनर्जन्म के सिद्धांतों का उसने खुलकर समर्थन किया था—

"उन सबके बीच एक विलक्षण ज्ञानी पुरुष था
जिसके पास थी गहरी अंतर्दृष्टि
हर तरह के कौशल से परिचित था वह
अपने मस्तिष्क की एकाग्रता के सहारे
वह आसानी से सबकुछ देख सकता था
दस या बारह जन्मों की बातें।"

इंबलीचुस ने भी बेहिचक स्वीकार किया कि पाइथागोरस के पास अपने पिछले जन्मों की स्मृतियाँ थीं; लेकिन उसने इस बात का विवरण नहीं दिया है कि पाइथागोरस ने ऐसी दक्षता कैसे हासिल की थी और उसे कौन सी बातें याद थीं। स्मृति के आरंभ में पाइथागोरस का हरमेस देवता के पुत्र एथालीडेस के रूप में उल्लेख किया गया है—इस सूत्र पर इंबलीचुस को विश्वास नहीं था।

जो भी हो, हरमेस ने एथालीडेस से कोई उपहार चुनने के लिए कहा। उसने कहा कि वह चाहे तो देवताओं जैसा अमरत्व अपने लिए माँग सकता है। एथालीडेस ने कहा कि वह ऐसी स्मृति शक्ति चाहता है, जिसके सहारे उसे पिछले जन्मों की तमाम बातें याद रह सकें।

यही वजह थी कि पाइथागोरस जहाँ एथालीडेस के रूप में गुजारे गए अपने जीवन को याद कर सकता था, वहीं उससे पहले यूफोरबस, हरमोटीमस, मछुआरे पीरहरन आदि के रूप में गुजारे गए जीवन की बातों को भी याद कर सकता था। यूफोरबस ट्रोजन की लड़ाई का एक नायक था, जिसका चित्रण होमर ने अपने महाकाव्य 'इलियड' में किया है। इंबलीचुस और प्रोफीटी ने लिखा है कि यूफोरबस की अंत्येष्टि के बारे में होमर ने जो गीत लिखा था, पाइथागोरस वीणा बजाकर उस गीत को गाया करता था—

"उसके सुनहरे बालों पर सजनेवाला मुकुट
जिसे पहनकर सम्राट् भी इतरा सकते थे
जिस पर सोने और रत्नों से नक्काशी की गई थी
जमीन पर बिखरा हुआ था
धूल में मिला हुआ टूटा हुआ
युवा और आकर्षक यूफोरबस लेटा हुआ था;
जबकि क्रूर स्पार्टन उसकी भुजाओं को मरोड़ रहे थे।"

डायोजीनस लअर्टिस ने एक कहानी प्रस्तुत की है, जो पाइथागोरस की स्मृति संबंधी दावे की पुष्टि करती प्रतीत होती है। लेकिन इंबलीचुस ने इसका खंडन करते हुए कहा है कि ''यह मनगढ़ंत किस्म का किस्सा लगता है।'' वहीं प्रोफीटी भी इसे विश्वसनीय मानने से इनकार कर देता है।

जब ट्रोजन की लड़ाई में राजा मेनेलौस के हाथों यूफोरबस मारा गया, तब उसकी आत्मा ने (या तो सीधे या कई जन्मों के बाद) हरमोटीमस के रूप में शरीर धारण किया। हरमोटीमस को भी अपने पिछले जन्म की बातें याद थीं। किसी किस्से में घटनास्थल पश्चिमी तुर्की का ब्रांकीडे बताया गया है तो किसी किस्से में यूनानी मुख्य भूमि के अरगोस को घटनास्थल बताया गया है। चाहे घटनास्थल जो भी रहा हो, हरमोटीमस ने एक मंदिर में प्रवेश किया। उसने दीवार पर एक पुराने ढाल को लटकते हुए देखा, जो बुरी तरह बिखरा हुआ था। उसके ऊपर हाथी दाँत से निर्मित हिस्सा सुरक्षित था।

यह ढाल या तो मेनेलौस उपहार के रूप में अपोलो को सौंपकर गया था या वह ट्रोजन की लड़ाई के अवशेषों में से एक था। इस पुराने जीर्ण-शीर्ण ढाल को देखकर हरमोटीमस रोने लगा। जो लोग उसके आसपास मौजूद थे, उन्होंने उससे रोने की वजह पूछी। उसने बताया कि यूफोरबस के रूप में वही इस ढाल को धारण कर ट्रोजन की लड़ाई में शामिल हुआ था।

श्रोताओं को उसकी बात पर विश्वास नहीं हुआ। हरमोटीमस ने लोगों से कहा कि वे चाहें तो ढाल के पिछले हिस्से में यूफोरबस का नाम देख सकते हैं। लोगों ने ढाल को दीवार से उतारा और उसे पलटकर देखा। सचमुच उसके पिछले हिस्से में यूफोरबस का नाम अंकित था।

जब हरमोटीमस की मौत हुई तो उसकी आत्मा ने एक मछुआरे के रूप में पुनर्जन्म लिया, जिसका नाम पीरहरन था। पीरहरन की मौत के बाद आत्मा ने पाइथागोरस के रूप में शरीर धारण किया। पाइथागोरस की स्मृतियों का यही पूरा वृत्तांत था। उसकी आत्मा ने कई पशुओं और पौधों के रूप में भी जन्म लिया था। उसे पूर्व जन्मों की यंत्रणाएँ याद थीं और वह दूसरों की यंत्रणाओं को भी अच्छी तरह याद कर सकता था।

आत्मा के पुनर्जन्म के जिस सिद्धांत की बात पाइथागोरस करता था, उसके अनुसार आत्मा पशुओं और पेड़-पौधों के रूप में बार-बार जन्म लेने के भँवर में ही उलझकर नहीं रह जाती थी। ओर्फिवाद की तरह जन्म-मरण के इस चक्र से मुक्ति संभव थी। मुक्ति की संभावना और उपाय को ध्यान में रखकर ही

पाइथागोरस ने मानव जीवन संबंधी नियम सुनिश्चित किए थे।

पाइथागोरस के अनुसार, अमरत्व का एक उच्च स्तर होता था, जहाँ तक पहुँचने से पहले आत्मा 'दैवी अग्नि का अंश' होती थी, जो कमजोर अवस्था में होती थी और उसे लंबे समय तक मरणशील शरीरों की कैद में रहना पड़ता था। बुद्धिमान मनुष्य का लक्ष्य होना चाहिए कि सांसारिक जीवन-मरण के चक्र से मुक्ति पाने का प्रयास करे और अमरत्व के उच्च स्तर को प्राप्त कर ले।

पाइथागोरस ने अपने आपको 'दार्शनिक' कहा था, जिसका अर्थ उसने 'ज्ञान का प्रेमी' बताया था। यह कहना उचित होगा कि उसने इस संबोधन को एक नया अर्थ प्रदान किया था। वह केवल ज्ञान-पिपासु दार्शनिक नहीं था, बल्कि पूरी तरह ज्ञान के प्रति समर्पित था, क्योंकि सत्य तक पहुँचने का वही तरीका था और चरम लक्ष्य आत्मा की मुक्ति प्राप्त करना था।

एरिस्टोक्सेनस ने उन पाइथागोरियन लोगों के बारे में लिखा है, जिनको वह जानता था। उसने लिखा—"वे लोग जो भी कार्य करते थे, हमेशा अपने सामने मोक्ष का लक्ष्य अवश्य रखते थे। यही उनकी प्रेरणा शक्ति थी और उनका पूरा जीवन ईश्वर का अनुसरण करना होता था। उनके जीवन-दर्शन का यही केंद्रीय भाव भी होता था।"

हर तरह का दर्शन और अन्वेषण—प्रकृति, मानव प्रवृत्ति, संसार और ब्रह्मांड को जानने की युक्ति और पर्यवेक्षण—इन सबका उद्देश्य आत्मा को शुद्ध करना और पुनर्जन्म के चक्र से मुक्ति पाना था। सभी जीवों की एकता के सिद्धांत के आधार पर पाइथागोरियन इसी तरह के जीवन-दर्शन पर अमल करते थे।

कई प्राचीन नैतिक पुस्तकों में भी इसी तरह के नैतिक जीवन का उपदेश मिलता है। ऐसी पुस्तकों में यहूदियों का धर्मग्रंथ 'ओल्ड टेस्टामेंट' भी शामिल है। लेकिन उन पुस्तकों में ईश्वर की खोज के साथ ब्रह्मांड के ज्ञान की खोज का संबंध नजर नहीं आता। जैसाकि जाने-माने विद्वान् डब्ल्यू.के.सी. गुथरी ने लिखा है—

"मानव जीवन का लक्ष्य परम मोक्ष प्राप्त करना है—ऐसा विचार प्रस्तुत कर पाइथागोरस ने दार्शनिक, गणितीय और धार्मिक प्रतिभा का विलक्षण प्रयोग किया। पाइथागोरियन मत की यही मौलिकता और विशिष्टता भी है।"

इस सिलसिले में डायोजीनस लअर्टिस ने कोलोफोन के कवि जेनोफेंस की पंक्तियों को उद्धृत किया है, जिसने ज्यादातर समय सिसली और इटली में व्यतीत किया था और जो संभवतः पाइथागोरस का समकालीन था। हालाँकि वह पाइथागोरस के देहांत के कई वर्षों बाद तक जीवित रहा था। जेनोफेंस व्यंग्यात्मक

कविताएँ लिखता था और इन पंक्तियों द्वारा उसने पुनर्जन्म के बारे में पाइथागोरस की मान्यता पर रोशनी डाली थी—

"और एक बार उसने देखा
कुछ लोग एक पिल्ले की
पिटाई कर रहे थे
लोगों का कहना है कि
यह देखकर उसे दया आ गई
और उसने कहा—
रुको, उसे मत मारो,
उसके भीतर मेरे मित्र की आत्मा है—
उसकी आवाज सुनते ही
मैं पहचान गया हूँ।"

इन पंक्तियों का अर्थ अकसर यह लगाया जाता है कि पाइथागोरस ने अपने एक मित्र की आवाज पहचान ली थी, जिसने मरने के बाद पिल्ले के रूप में जन्म लिया था। मगर पाइथागोरियन समुदाय के लोगों के लिए इन पंक्तियों का अर्थ अधिक गहरा था। 'मित्र' का आशय था—संसार का कोई भी पशु, पेड़-पौधा या मनुष्य की आत्मा। किसी भी यूनानी समुदाय में इतना गहरा भ्रातृत्व-बोध नहीं था जितना पाइथागोरियन समुदाय में था। इस समुदाय के लोग जीवों को महज माटी के पुतले नहीं समझते थे, बल्कि जीवों की उपस्थिति के पीछे सुसंगत एकता का सौंदर्य मानते थे।

डब्ल्यू.के.सी. गुथरी ने लिखा है—"ऐसा ब्रह्मांड, जहाँ सभी एक हो जाते हैं; जहाँ एक सुसंगत व्यवस्था बनी हुई है, संरचना की पूर्णता ही जिसका सौंदर्य है।"

कुछ पाइथागोरियन विद्वानों ने एकता का संबंध समय के साथ जोड़ दिया था। अरस्तू के शिष्य यूडेमस ने लिखा है—"पाइथागोरियन ने वैश्विक एकता का रिश्ता समय के साथ जोड़ दिया था।"

मृत्यु के बाद आत्मा मनुष्य, पशु या वनस्पति के रूप में पुनर्जन्म लेती है—इस तरह की मान्यता का प्रभाव पाइथागोरियन समुदाय के खाद्याभ्यास पर पड़ना स्वाभाविक था। ऐसा प्रभाव ओर्फिक समुदाय के खाद्याभ्यास में भी दिखाई देता था। मगर आहार को लेकर विस्तृत विवरण पाइथागोरस और उसके घनिष्ठ अनुयायियों के सिवा किसी को पता नहीं था और इस संबंध में तरह-तरह के अनुमान लगाए गए हैं। प्राचीनकाल से ही खाद्याभ्यास को लेकर पाइथागोरस की

मान्यताओं की मनमानी व्याख्याएँ की गई हैं और अलग-अलग अर्थ लगाए गए हैं।

किसी वनस्पति को खाने का अर्थ किसी आत्मा को खाना है, क्योंकि आत्मा वनस्पति के रूप में भी जन्म लेती है—इस धारणा के चलते खाद्याभ्यास के बारे में पाइथागोरस ने गोपनीयता बरती थी, यह बात विश्वसनीय नहीं लगती। इमपेडोकल्स ने टिप्पणी की थी कि अगर आपको अगला जन्म चुनना हो तो आप शेर या नागफनी का पौधा बनना पसंद करेंगे। इंबलीचुस का कहना है कि पाइथागोरस ने मांसाहार को इसलिए वर्जित किया था, क्योंकि वह मानता था कि शाकाहार से शरीर की और मन की शांति मिलती है। पशुओं का मांस खानेवाला आदमी किसी दूसरे आदमी की हत्या करने या युद्ध लड़ने की बात आसानी से सोच सकता है।

अरस्तू का मानना था कि पाइथागोरस और उसके अनुयायी पशुओं के हृदय, गर्भ को छोड़कर और जलसाही को छोड़कर मांसाहार करते थे। वहीं प्लूटार्क का मानना था कि पाइथागोरस और उसके अनुयायी समुद्री जीव को नहीं खाते थे। डायोजीनस लअर्टिस का कहना है कि वे समुद्री जीव एवं पशुओं के हृदय को नहीं खाते थे और जैसाकि एरिस्टोक्सनेस ने कहा है कि वे कृषि उपयोगी बैल, भेड़ आदि को छोड़कर सभी पशुओं का मांस खाते थे।

प्रोफीटी ने ईसा पूर्व तीसरी या चौथी शताब्दी के एक आरंभिक स्रोत के आधार पर बताया है कि आहार के मामले में पाइथागोरस दोहरे मापदंड अपना रहा था। जो जीवन भर के लिए पाइथागोरियन मत के प्रति समर्पित नहीं थे—जैसे खिलाड़ी या सैनिक—वे मांस खा सकते थे। मगर अपने विद्यालय के सदस्यों को पाइथागोरस ने केवल ईश्वर के नाम पर बलि चढ़ाए गए पशु का मांस खाने की छूट दे रखी थी।

प्रोफीटी का मानना है कि इस तरह का नियम सभी जीवों की एकता और दयाभाव के आधार पर लागू किया गया था। पाइथागोरस आहार के रूप में शहद, ज्वार की रोटी, जौ और जड़ी-बूटियाँ पसंद करता था। पाइथागोरस के प्रिय आहार के बारे में प्रोफीटी ने विस्तार से लिखा है—

''वह पोस्तदाना, तिल, समुद्री फूल का घोल तैयार करता था। फिर उसमें डेफोडिल्स फूल के पत्ते, मुश्कदाना के पत्ते, अरहर और जौ मिलाता था। इस व्यंजन को वह शहद के साथ मिला देता था।''

प्रोफीटी के अनुसार, ''पाइथागोरस ने इस आहार विधि की खोज करने का दावा नहीं किया था, बल्कि उसका कहना था कि डेमीटर ने हरक्यूलिस को यह

विधि उस समय सिखाई थी, जब उसे लीबिया के रेगिस्तान में भेजा गया था।''

परवर्ती समय में पाइथागोरियन समुदाय के खाद्याभ्यास के बारे में ईसा पूर्व चौथी शताब्दी के हास्य नाटकों से जानकारी मिलती है, जिन्हें एंटीफेंस, एलक्सीस और एरिस्टोफोन ने लिखा था। एक शताब्दी पहले पाइथागोरस ने जिस खाद्याभ्यास की सलाह दी थी, उसका वही रूप नहीं रह गया था।

नाटकों में चित्रित किया गया तथ्य वास्तविक भी हो सकता था या महज अनुमान पर आधारित हो सकता था; मगर ये नाटककार अत्यंत विश्वसनीय समझे जाते थे। साहित्य और दर्शन पर व्यंग्य करने के लिए मशहूर एंटीफेंस ने लिखा था कि ''कुछ दयनीय पाइथागोरियन नाली में से लोनिया बटोरकर चबा रहे हैं।''

उसके नाटक 'द सैक' में एक किरदार है, जो पाइथागोरियन की तरह मांस नहीं खाता, बल्कि सूखी रोटी का टुकड़ा चबाता रहता है। एलेक्सिस ने अपने नाटक 'द मेन फ्रॉम टारेनटम' में लिखा है कि ''पाइथागोरियन रोज एक सूखी रोटी खाते हैं और एक प्याली पानी पीते हैं, जो कैदियों का आहार लगता है। क्या सभी ज्ञानी पुरुष इसी तरह जीते हैं?'' दूसरा किरदार जवाब देता है कि ऐसी बात नहीं है। कुछ पाइथागोरियन तो चार-चार घंटे पर एक प्याली भूसा खा जाते हैं। 'द पाइथागोरिस्ट' नामक नाटक में एरिस्टोफोन ने लिखा है—

''पानी पीने के मामले में (मदिरा नहीं) वे मेढक की तरह हैं। साग-सब्जी का लुत्फ उठाने के मामले में वे झींगुर ही तरह हैं। नहीं सोने के मामले में वे चमगादड़ की तरह हैं। सवेरे नंगे पाँव चलने के मामले में वे सारस की तरह हैं।''

एलेक्सिस ने 'द मेन फ्रॉम टोरेनटम' में लिखा है—''जैसा हमने सुना है, पाइथागोरियन मछली या किसी जीवित प्राणी को नहीं खाते। साथ ही वही एकमात्र ऐसे जीव हैं, जो मदिरा नहीं पीते।''

''लेकिन इपीकेटीड्स पाइथागोरियन होते हुए भी कुत्ते को खा जाता है।''

''मगर वह पहले उन्हें मार डालता है। फिर वे जीवित प्राणी नहीं रह जाते।''

एक शताब्दी बाद डायोजीनस लअर्टिस ने पाइथागोरस की जीवनी लिखते समय इसी विषय पर अपनी राय इन शब्दों में व्यक्त की—

''तुम मात्र एक शख्स नहीं हो, जो
जीवित प्राणी को नहीं खाते, हम भी वैसे ही हैं।
और मैं पूछना चाहूँगा कि किसने कभी
चखा होगा जीवित प्राणी को, महान् संत पाइथागोरस?
जब गोश्त को उबाला जाता है

या अच्छी तरह भूना जाता है नमक डालकर
मैं नहीं समझता कि उसे
जीवित कहकर पुकारा जा सकता है,
उसे हम बेहिचक खा जाना पसंद करते हैं,
तब वह जिंदा गोश्त नहीं रह जाता।''

फलियों के प्रति पाइथागोरस का दृष्टिकोण उसके आहार संबंधी विवादों में सबसे प्रमुख विवाद रहा है। यह उतना हलका सवाल नहीं है जैसा नजर आता है; क्योंकि इसी तरह के दृष्टिकोण के चलते बाद में पाइथागोरस को जान भी गँवानी पड़ी।

ईसा पूर्व तीसरी शताब्दी के कवि कालिमाकस ने जहाँ बेहतरीन कविताओं की रचना की, वहीं अलेक्जेंड्रिया पुस्तकालय में संगृहीत पुस्तकों के लेखकों के जीवन व लेखन पर विवरण भी तैयार किया। वह ऐसी कई पुस्तकों से परिचित था जिन पुस्तकों को देखने का अवसर परवर्ती युग के विद्वानों को नहीं मिला, क्योंकि पुस्तकालय आग लगने की वजह से नष्ट हो गया। कालिमाकस ने पाइथागोरस के इस मत का समर्थन किया है कि 'फलियों का आहार पीड़ादायक है।'

सिसरो ने प्लेटो का हवाला देते हुए लिखा है कि ''पाइथागोरियन समुदाय के लिए फलियों का आहार वर्जित था, क्योंकि उनके सेवन से चित्त चंचल हो उठता था और मन की शांति भंग होती थी। इसके सेवन से व्यक्ति को रात में ठीक से नींद नहीं आती थी। फलियों में हवा की मौजूदगी के चलते इस तरह की चंचलता पैदा होती थी।'' चूँकि इस तरह की मान्यता प्रचलित थी कि आत्मा भी वायु का ही एक रूप है, इसलिए अर्थ यह लगाया गया कि जब कोई फलियों को खाता है तो वह आत्मा को खा रहा होता है।

डायोजीनस लअर्टिस ने लिखा है कि उग्रता से बचने के लिए और सुखद नींद पाने के लिए फलियों को वर्जित किया गया था। उसने कुछ अन्य वजहों के बारे में भी बताया है, जिनका उल्लेख करते हुए अरस्तू ने बताया था कि पाइथागोरस फलियों को क्यों नहीं खाता था। एक वजह यह भी थी कि फलियों का इस्तेमाल कुलीन तंत्र की सरकार के निर्वाचन के दौरान किया जाता था।

प्लेटो के शिष्य हेराक्लेडीस ने फलियों के निषेध के बारे में बताया था कि जब फलियों को एक बार गोबर में लपेटकर गर्भ में रखा गया तो 40 दिनों में उन्होंने मानव भ्रूण का रूप धारण कर लिया।

पशुओं के साथ संवाद स्थापित करने की पाइथागोरस की क्षमता के बारे में

एक किस्सा प्रचलित है, जब उसने फलियों को चर रहे एक बैल से बातचीत की थी। तब चरवाहों ने पाइथागोरस के कहने पर बैल को फलियाँ चरने से नहीं रोका तो पाइथागोरस ने बैल के कान में कुछ फुसफुसाकर कहा। इसके बाद बैल ने फिर कभी फलियों की तरह आँखें उठाकर नहीं देखा। पाइथागोरस उस बैल को हेरा मंदिर में ले गया, जहाँ वह कई वर्षों तक 'पवित्र बैल' बनकर जीवित रहा।

ईसा पूर्व दूसरी शताब्दी के विद्वान् आउलुस गेलियस, जिसके लेखन में कई लुप्त पुस्तकों के उद्धरण मौजूद हैं, ने इस बात का स्पष्ट रूप से खंडन किया है कि पाइथागोरस ने फलियों के सेवन को वर्जित किया था। उसने लिखा है कि एरिस्टोक्सेनस के अनुसार पाइथागोरस दूसरी सब्जियों की तुलना में फलियों का सेवन अधिक करता था, क्योंकि उनके सेवन से पेट का हाजमा बिलकुल दुरुस्त रहता था।

आउलुस गेलियस का यह भी दावा था कि फलियों को लेकर जितनी भी भ्रांतियाँ फैली थीं, वह उनका निराकरण कर सकता था। उसका कहना था कि इस तरह की भ्रांति इंपडेकल्स की एक कविता की वजह से उत्पन्न हुई थी, जिसमें लिखा गया था—'मूर्ख, महामूर्ख, फलियों को हाथ मत लगाओ!'

गेलियस की व्याख्या है कि इस कविता में फलियों का अर्थ सब्जी नहीं है, बल्कि इसका अर्थ 'अंड ग्रंथि' है। पाइथागोरस जटिल सांकेतिक शब्दों का प्रयोग करता था, जिसका वास्तविक अर्थ केवल उसके अनुयायी ही अच्छी तरह समझ सकते थे। गेलियस का कहना है कि कवि इंपडेकल्स ने जब फलियों का उल्लेख किया तो वह गर्भ-धारण और प्रजनन के कारण को दरशाने की कोशिश कर रहा था। फलियाँ भी बीज ही हैं, जिनकी तुलना 'अंड ग्रंथि' से की जा सकती है। इसके बाद गेलियस ने कविता की पंक्ति का भावार्थ बताया है कि 'शारीरिक संबंध से दूर रहना चाहिए।'

पाइथागोरस ब्रह्मचर्य को बढ़ावा नहीं देता था। ऐसे कई उदाहरण मिलते हैं, जहाँ उल्लेख मिलता है कि मानव जाति के क्रम को जारी रखने के लिए उसने अपने शिष्यों को संतान-उत्पत्ति का उपदेश दिया था। मगर शारीरिक संबंध को लेकर उसकी निश्चित राय थी।

डायोजीनस लअर्टिस के अनुसार, "पाइथागोरस महज आनंद-प्राप्ति के लिए शारीरिक संबंध बनाने के खिलाफ था। उसने कहा था जब तुम अपने आपको कमजोर बनाना चाहो तो शारीरिक संबंध स्थापित करो।"

पाइथागोरस के अनुयायियों का चाहे जितना मजाक उड़ाया गया हो,

डायोजीनस लअर्टिस के अनुसार, स्वयं पाइथागोरस कभी हास्य-विनोद में लिप्त नहीं होता था। इसका अर्थ यह नहीं था कि वह आनंद की अनुभूति से दूर रहता था। वह हँसी-मजाक, निरर्थक वार्त्तालाप और अकर्मण्यता से हमेशा दूर रहता था। वह शिष्यों से कहता था कि हास्य-विनोद में समय गँवाने की जगह उन्हें संयम और शालीनता का अभ्यास करना चाहिए।

प्रोफीटी ने लिखा है कि पाइथागोरस उतना हास्य-रहित नहीं था, जितना उसके बारे में प्रचलित किया जाता है। वह न तो खुशी से असंतुलित होता था, न दुःख में निराश होता था। किसी ने उसे खुशी के मारे उछलते हुए या तकलीफ की वजह से मातम मनाते हुए नहीं देखा था। प्रोफीटी ने पाइथागोरस के ऐसे स्वभाव के पीछे उसके संतुलित खाद्याभ्यास को मुख्य कारण बताया था।

पाइथागोरियन परंपरा में बताया गया है कि पाइथागोरस ने संतान उत्पन्न की थी। प्रोफीटी ने पाइथागोरस के परिवार के बारे में बताते हुए लिखा है—''ऐसा कहा जाता है, फिर उल्लेख किया है कि पाइथागोरस की पत्नी थेनो थी, जो क्रेटो के पाइथेनेक्स की पुत्री थी। पाइथागोरस और थेनो की एक पुत्री मिया थी, जो क्रोटोन में अविवाहित और विवाहित स्त्रियों का मार्गदर्शन करती थी। दोनों का एक पुत्र टेलाउगस था। एक अनुमान के मुताबिक, उनका दूसरा पुत्र भी था, जिसका नाम एरीगनोटा था।''

इंबलीचुस ने लिखा है कि ''पाइथागोरस ने एरिस्टाकस को अपना उत्तराधिकारी बनाया था, जिसने पाइथागोरस की मृत्यु के बाद उसकी विधवा थेनो से विवाह कर लिया था, विद्यालय का दायित्व सँभाल लिया था और उसके बच्चों को शिक्षित किया था।''

इंबलीचुस ने उनमें से किसी नाम का उल्लेख नहीं किया है। संतान के रूप में प्रोफीटी ने जिन नामों का उल्लेख किया है, उसने लिखा है कि पाइथागोरस के पिता के नाम पर उसके पुत्र का भी नाम 'मेसार्चुस' था, जिसने एरिस्टाकस के वृद्ध हो जाने पर विद्यालय का दायित्व सँभाल लिया था। इसी तरह इंबलीचुस की एक जानकारी भ्रांति उत्पन्न करती है कि थेनो नामक एक महिला थी, जो क्रोटोन के ब्रोंटीनस की पत्नी थी और जो अत्यंत विदुषी पाइथागोरियन महिला थी।

सवाल यह पैदा होता है कि क्या ब्रोंटीनस की मृत्यु हो गई थी और पाइथागोरस ने उसकी विधवा से विवाह कर लिया था, या कोई दूसरी बात थी? हो सकता है कि थेनो नाम की दो स्त्रियाँ हों, जो आपस में माँ-बेटी हों। डायोजीनस लअर्टिस ने लिखा है कि ब्रोंटीनस की पत्नी थेनो पाइथागोरस की शिष्या थी और

पाइथागोरस की पत्नी थेनो संभवत: क्रोटोन के ब्रोंटीनस की पुत्री थी।

एरिस्टोक्सेनस ने सत्रह विदुषी पाइथागोरियन स्त्रियों की सूची बनाई थी, जिसमें थेनो का नाम भी शामिल था। इस सूची में ओलंपिक खिलाड़ी मीलो की पत्नी मिया का नाम भी शामिल था। इतना निश्चित है कि पाइथागोरियन भ्रातृ-मंडल में महिलाएँ सक्रिय भूमिका निभाती थीं।

डायोजीनस लअर्टिस ने लिखा है कि थेनो ने पुस्तकों की रचना की थी और लअर्टिस के जीवनकाल में वैसी पुस्तकों का अस्तित्व बना रहा था। वैसे, कुछ विद्वान् मानते हैं कि पाइथागोरियन मत के नाम पर कुछ फर्जी पुस्तकें भी प्रचलित रही हैं। डायोजीनस लअर्टिस ने थेनो के उपदेश को उद्धृत भी किया है। जब उससे पूछा गया कि सहवास के बाद कब स्त्री शुद्ध हो जाती है, तो उसने कहा—जैसे ही स्त्री पति से अलग होती है, वह शुद्ध हो जाती है; मगर पर-पुरुष से अलग होकर कभी शुद्ध नहीं हो पाती।

थेनो ने सलाह दी थी कि 'पति के करीब जानेवाली स्त्री को वस्त्र की तरह अपनी लज्जा भी उतार देनी चाहिए।' अगर वास्तव में यह सलाह पाइथागोरस की पत्नी ने दी थी तो फिर इस बात पर संदेह उपजता है कि पाइथागोरस वास्तव में सुखानुभूति को प्राप्त करने से दूर रहा होगा।

ऐसा माना जाता है कि क्रोटोन में पाइथागोरियन समुदाय के लोग आदर्श जीवन गुजार रहे थे। वे संतान की उत्पत्ति कर रहे थे, जिनके लिए नए प्रकार का विद्यालय बना था, जहाँ संसार और ब्रह्मांड के रहस्यों के बारे में नई किस्म की शिक्षा दी जा रही थी। उनके लिए आहार का विशेष रूप से निर्धारण किया गया था। स्त्री और पुरुष समान रूप से ज्ञानार्जन में लगे रहते थे और अगले जन्म को सुधारने के लिए प्रयत्न करते रहते थे। उनके बीच मान्यता प्रचलित थी कि उनकी अगुवाई करनेवाला गुरु कोई साधारण मनुष्य नहीं था।

जिस तरह यहूदी धर्मग्रंथ और ईसाई धर्मग्रंथ में प्राचीन चमत्कारों का वर्णन किया गया है, उस तरह पाइथागोरस से जुड़े चमत्कार किसी उपदेश या नए रहस्योद्घाटन से संबंधित नहीं हैं, न ही उनसे यह प्रदर्शित होता है कि चमत्कार द्वारा पाइथागोरस किसी का उपचार कर रहा था।

पाइथागोरस से जुड़े चमत्कार ऐसे थे, जो कभी-कभार होते थे। वे ऐसे चमत्कार थे जो आम स्त्री-पुरुष के अनुभव से पृथक् दैवी किस्म के थे और जो सभी वस्तुओं, स्थानों, पशुओं और देवताओं की एकता को प्रदर्शित करते थे; जो वर्तमान, भविष्य और अतीत के समन्वय को दरशाते थे।

अरस्तू ने लिखा है कि ''पाइथागोरस के बारे में कहा जाता था कि एक ही दिन उसे क्रोटोन में देखा जाता था और मेटोपोंटम में भी देखा जाता था और एक अवसर पर ओलंपिया में आसन से उठते समय उसने अपनी सोने की जाँघ प्रदर्शित की थी। सभी ने देखा था कि जाँघ सोने से निर्मित थी। इटूरिया में जब एक जहरीले साँप ने उसे काटा तो उसने भी उसे काट लिया। साँप तुरंत मर गया, मगर पाइथागोरस को कुछ नहीं हुआ।''

कई प्रत्यक्षदर्शियों ने बताया था कि कसास नदी ने पाइथागोरस का नाम लेकर उसका अभिवादन किया था और उसने एक बार सटीक भविष्यवाणी की थी कि कौलोनिया में एक सफेद भालू नजर आने वाला था। एक बार भयंकर संघर्ष की भविष्यवाणी करने के बाद वह क्रोटोन से गायब हो गया था और मेटापोंटम में नजर आया था।

इंबलीचुस और प्रोफीटी ने विभिन्न प्राचीन स्रोतों के आधार पर इस बात की पुष्टि की है कि पशु-पक्षी पाइथागोरस की बात सुनते थे और उसका कहना मानते थे। ओर्फियस भी इसी तरह हिंसक पशुओं को अपने वश में कर लेता था।

पाइथागोरस की निंदा करनेवालों ने उसके चमत्कारों को झुठलाने के लिए उसे 'कपटी' कहकर संबोधित किया था। डायोजीनस लअर्टिस ने ईसा पूर्व तीसरी शताब्दी के हरमीयस के एक किस्से को दोहराया है। हरमीयस सामोस का रहनेवाला था। किस्से में बताया गया कि मेसार्चुस एक जौहरी था। एक दिन पाइथागोरस भीतर के कमरे में छिप गया। इस दौरान घटनेवाली सारी घटनाओं को उसकी माता ने लिख लिया और सारा ब्योरा उसके पास भेज दिया। कुछ देर बाद पाइथागोरस प्रकट हुआ और लोगों को अपनी अनुपस्थिति में घटी घटनाओं के बारे में बताने लगा। लोग उसे दैवी पुरुष समझकर उसके सामने नतमस्तक हो गए। कई विद्वान् मानते हैं कि इस तरह के प्रसंगों द्वारा पाइथागोरस की गरिमा और अहमियत को ठेस पहुँचाने की साजिश रची गई थी।

□

अंतिम चरण

क्रोटोन में पाइथागोरस ने तीस वर्षों तक शांतिपूर्ण जीवन व्यतीत किया। इंबलीचुस ने जो जीवनी लिखी है, उसमें पाइथागोरस के उन शिष्यों की लंबी सूची है, जो उसके चरणों में बैठकर उसका उपदेश सुनते थे, उससे सवाल पूछते थे, जटिल सवालों की पड़ताल करते थे और उसके विभिन्न प्रकार के प्रयोगों में सक्रिय प्रतिभागिता करते थे। इंबलीचुस ने यह सूची एरिस्टोक्सेनस से ग्रहण की है।

सवाल पैदा होता है कि क्या युवा चिकित्सक अल्कमेकन उन शिष्यों में से एक था? क्या सचमुच कोई ब्रोंटीनस नामक आदमी था, जिसकी पत्नी का नाम थेनो था और पुत्री का नाम भी थेनो था? क्या 'लियो' और 'बैठीलस' नामक शिष्यों का सचमुच वजूद रहा था? और वे पाइथागोरियन स्त्रियाँ कौन थीं, जिनके नामों का उल्लेख सूची में किया गया है, मगर उनके बारे में किसी तरह की जानकारी नहीं दी गई है?

इसके अलावा ऐसी कोई प्रामाणिक जानकारी उपलब्ध नहीं है, जिससे पता चल सके कि नए सिक्कों का प्रचलन शुरू होने पर अर्थव्यवस्था पर किसी तरह का प्रभाव पड़ा और मीलो के हमले में सिबरीस की तबाही को छोड़कर क्रोटोन और उसके आसपास के इलाकों में पाइथागोरस नेतृत्व के प्रभाव के बारे में भी कोई जानकारी उपलब्ध नहीं है। यह भी स्पष्ट नहीं है कि किन पदों पर पाइथागोरियन कार्य कर रहे थे और उन्हें किस तरह के अधिकार प्राप्त थे।

सिर्फ इतना ही पता चलता है कि क्रोटोन और उसके आसपास के इलाकों पर पाइथागोरस का गहरा प्रभाव था और उसके मार्गदर्शन में वह अंचल कई मायनों में लाभान्वित हुआ था। यह भी स्पष्ट है कि लगभग 500 ईसा पूर्व में क्रोटोन में पाइथागोरस के आने के तीन दशक बाद जनसाधारण की शत्रुता और

संभवत: उसके अनुयायियों के बीच विद्रोह के चलते सबकुछ समाप्त हो गया था।

इस संबंध में जो भी विवरण उपलब्ध हैं, वे भ्रांतिपूर्ण और परस्पर विरोधी हैं। इन विवरणों से एक बात जरूर साफ होती है कि पाइथागोरस और उसके अनुयायी या तो राजनीतिक रूप से अत्यधिक शक्तिशाली हो गए थे या अत्यधिक राजनीतिक शक्ति प्राप्त करना चाहते थे। इसके अलाव, फलियों के प्रति आदर भाव को भी विनाश का एक कारण बताया जाता है।

डायोजीनस लअर्टिस ने लिखा है कि एक दिन जब पाइथागोरस अपने सहयोगियों के साथ मीलो के घर गया था, तभी किसी ने जानबूझकर घर में आग लगा दी थी। आग लगानेवाले या तो क्रोटोन के वैसे नागरिक हो सकते थे, जो इस बात को लेकर आशंकित थे कि पाइथागोरस तानाशाही व्यवस्था कायम करने वाला था या फिर ऐसे क्षुब्ध लोग थे, जिन्हें समुदाय का हिस्सा नहीं बनाया गया था और जो खुद को समुदाय का हिस्सा बनने लायक समझते थे।

पाइथागोरस जलते हुए घर से भाग निकलने में कामयाब हुआ, मगर उस समय उसकी घेरकर हत्या कर दी गई, जब उसने फलियों के खेत को पार करने से इनकार कर दिया और लंबे रास्ते से आगे बढ़ने लगा। डायोजीनस लअर्टिस ने लिखा है कि ''पाइथागोरस ने सोचा होगा कि फलियों के खेत को लाँघने या आक्रमणकारियों के सामने गिड़गिड़ाने की जगह मौत को गले लगाना बेहतर है। उसके साथ ही उसके 40 सहयोगियों की भी हत्या कर दी गई।''

डायोजीनस लअर्टिस की दिलचस्पी भी पाइथागोरस की मृत्यु के प्रसंग में थी। उसने इस संबंध में हरमीयस की कही गई कथा का उल्लेख किया है। इस कथा में पाइथागोरस ओर उसके सहयोगियों को युद्ध की पृष्ठभूमि में पेश किया गया है। वे लोग सीराकुस की सेना से लड़ने के लिए एग्रीजेंटीन की सेना में शामिल हो गए थे। सीराकुस की सेना ने युद्ध में उन्हें पराजित किया और उनकी हत्या कर दी। उस समय पाइथागोरस फलियों के एक खेत के पास खड़ा था। फलियों के प्रति उसके आदर भाव से शत्रु पर कोई प्रभाव नहीं पड़ा। उसके 35 सहयोगियों को पकड़कर टारेनटम में जिंदा जला दिया गया। उनके खिलाफ आरोप था कि वे दुश्मनों की सरकार बनाने की साजिश में शामिल थे।

डायोजीनस लअर्टिस ने फलियों के साथ जुड़े पाइथागोरस के अंतवाले प्रसंग को पद्यमय शैली में हास्य रस के साथ चित्रित किया है—

''पता नहीं क्यों पाइथागोरस
फलियों का इतना आदर करता रहा? क्यों, जबकि

उसे वहीं अपने प्रिय शिष्यों के साथ
जान देनी पड़ी।''

पाइथागोरस की मृत्यु के संबंध में डिकारचुस और हेराक्लेडीस पोंटीकस के उद्धरण के साथ डायोजीनस लअर्टिस ने एक दूसरी कथा प्रस्तुत की है, जिसमें बताया गया है कि पाइथागोरस आक्रमणकारियों के चंगुल से बच निकलने में कामयाब हो गया था, मगर जल्द ही मेटापोनटम में उपवास करते हुए उसने शरीर त्याग दिया था।

प्रोफीटी ने एरीस्टोक्सेनस के उद्धरणों की सहायता से पाइथागोरस की मृत्यु का अधिक विस्तृत विवरण प्रस्तुत करने का प्रयास किया है और कई शंकाओं का समाधान भी किया है। इंबलीचुस ने भी इसी तरह का प्रयास किया है।

प्रोफीटी के विवरण में बताया गया है कि पाइथागोरस और उसके शिष्यों की अभूतपूर्व सफलता, नगरों के प्रशासन और अन्य मामलों में निरंतर बढ़ते हुए उनके प्रभाव के चलते सीलोन नामक एक आदमी क्षुब्ध हो उठा था। वह एक धनी सामुदायिक नेता था, जो स्वार्थी, हिंसक और क्रूर स्वभाव का था। उसके साथ वफादार लोगों का एक समूह भी था। उसे अपनी काबिलियत पर जरूरत से ज्यादा घमंड था और वह हर क्षेत्र में शिखर पर पहुँचने की महत्त्वाकांक्षा रखता था। उसे पूरा विश्वास था कि पाइथागोरस के समुदाय में उसका हार्दिक स्वागत किया जाएगा।

सीलोन पाइथागोरस के पास गया और खुद को उसके समुदाय में शामिल कर लेने का अनुरोध किया। उसे देखते ही पाइथागोरस ने कहा, ''इसे कहो, जाकर अपना काम करे।'' प्रोफीटी ने उल्लेख किया है कि किसी भी आदमी को देखते ही पाइथागोरस उसकी प्रवृत्ति को अच्छी तरह समझ लेता था।

जब सीलोन के अनुरोध को ठुकरा दिया गया तो उसके दिल में प्रतिशोध की आग सुलगने लगी। उसने अपने समर्थकों को एकत्रित किया और पाइथागोरस तथा उसके शिष्यों को खत्म करने की साजिश रची। इंबलीचुस ने लिखा है कि पाइथागोरस का प्रभाव चरम पर था और क्रोटोन तथा आसपास के नगरों की जनता उसके प्रति गहरी आस्था रखती थी, इसलिए सीलोन को अपनी साजिश पर अमल करने में कुछ वक्त लग गया। वहीं कुछ विद्वानों ने यह भी लिखा है कि पाइथागोरियन समुदाय के दमन और निरंकुशता से तंग आकर सीलोन ने एक जनसमूह का नेतृत्व किया था।

इंबलीचुस ने राय जाहिर की है कि अलग-अलग घनत्ववाले डिस्कों की

मदद से संगीत के मान को प्रदर्शित करनेवाले हिपासस ने इस साजिश में संभवत: भेदिए की भूमिका निभाई थी। इंबलीचुस का मानना है कि सीलोन के हमले से पहले समुदाय के भीतर हिपासस असंतुष्ट था और पाइथागोरस से असहमत रहता था। उसे अधिक संकीर्ण विचारवाला व्यक्ति माना जाता था। उसने प्रशासनिक पदों पर तैनात पाइथागोरियन नेताओं से अधिक जनतांत्रिक नीतियाँ अपनाने की सलाह दी थी। हो सकता है कि उसने सीलोन के साथ मिलकर पाइथागोरस के नेतृत्व को चुनौती देने की रणनीति बनाई हो।

मानव स्वभाव की बेहतर समझ रखनेवाले विद्वान् डब्ल्यू.के.सी. गुथरी ने उस समय की जटिल राजनीतिक परिस्थिति को महत्त्वपूर्ण माना है, जिसके चलते पाइथागोरस की मृत्यु हुई या उसे निर्वासित होना पड़ा—

''सत्ता पर गिने-चुने लोगों का नियंत्रण होने के कारण कई प्रकार की असंतुष्ट शक्तियाँ एकजुट हो रही थीं; वहीं आम जनता के मन में संदेह का भाव बढ़ता जा रहा था। अभिजात वर्ग भी पाइथागोरस और उसके शिष्यों पर भरोसा नहीं कर रहा था, क्योंकि उस समय पाइथागोरस का प्रभाव अपने चरमोत्कर्ष पर पहुँच चुका था।''

प्रोफीटी ने डिकारचुस के वर्णन का हवाला देते हुए पाइथागोरस के अंतिम दिनों के बारे में सबसे बड़ा और नाटकीय ब्योरा प्रस्तुत किया है। उसने लिखा है कि जब पाइथागोरस अपने शिष्यों के साथ मीलो के घर गया था, उसी समय सीलोन के लोगों ने घर में आग लगा दी थी।

पाइथागोरस के प्रति समर्पित शिष्यों ने अपने आपको आग की लपटों के हवाले करते हुए भी एक-दूसरे को पकड़कर एक पुल बना दिया था, ताकि वृद्ध पाइथागोरस जलते हुए घर से सुरक्षित बाहर निकल सके। पाइथागोरस ने अपने बचे हुए साथियों के साथ नगर तक पहुँचने का प्रयास किया।

सड़क पर भागते हुए जा रहे पाइथागोरस के शिष्यों को आक्रमणकारियों ने पकड़ लिया। मगर संकट की घड़ी में शिष्यों ने अपने गुरु को सुरक्षित रखने का हर संभव प्रयास किया था और इस तरह पाइथागोरस आक्रमणकारियों से बचते हुए कौलोनिया के बंदरगाह तक पहुँचा, जहाँ से वह लोकरी पहुँच गया था।

लोकरीवासियों ने उसे आश्रय देने से इनकार कर दिया। संभवत: उन लोगों को अहसास हो गया था कि पाइथागोरियन वर्चस्व समाप्त हो गया था और अगर वे पाइथागोरस को आश्रय देते तो उन्हें सीलोन के हमले का सामना करना पड़ सकता था। या यह भी हो सकता था कि उन लोगों को पाइथागोरस से डर लगता हो,

क्योंकि उन लोगों ने उसकी कहानियाँ सुनी थीं और वे लोग उससे प्रभावित होकर अपनी जीवन–शैली को बदलने के लिए तैयार नहीं थे।

पाइथागोरस लोकरी से टारेनटम गया, फिर क्रोटोन वापस पहुँचा। क्रोटोन वासियों ने भी उसे अपनाने से इनकार कर दिया। प्रोफीटी ने लिखा है कि हर स्थान पर उग्र भीड़ उसका विरोध कर रही थी। आखिरकार पाइथागोरस को मेटापोंटम में स्थित कलादेवी के मंदिर में आश्रय मिला, जहाँ उपवास रखते हुए उसने मौत को गले लगा लिया।

वहीं मेटापोंटम के लोगों में एक अलग ही किस्सा प्रचलित है। उनका मानना है कि क्रोटोन से आकर पाइथागोरस ने मेटापोंटम में एक विद्यालय की स्थापना की। उसकी मृत्यु के बाद विद्यालय और उसके आवास को हेरा मंदिर के अधिकार–क्षेत्र में संरक्षित रखा गया। ईसा पूर्व पहली शताब्दी में जब सिसरो मेटापोंटम गया तो लोगों ने उसे पाइथागोरस का घर दिखाया। सिसरो ने लिखा है कि उस घर को देखकर वह अभिभूत हो उठा था।

□

पाइथागोरियन फिलोलाउस का लेखन

पाइथागोरस के देहांत के बाद दक्षिणी इटली में पाइथागोरियन भ्रातृ-मंडल का सफाया रातोरात या कम समय के भीतर ही नहीं हो गया था। ईसा पूर्व पाँचवीं शताब्दी की हिंसा के दौरान कई पाइथागोरियन सुरक्षित बच गए थे और पाइथागोरस के न रहने पर भी औपनिवेशिक नगरों में उसके शिष्य उसके मत का प्रचार कर रहे थे।

उस युग में एक ही पाइथागोरियन का नाम बचा हुआ था, जो मेटापोंटम का हिपासस था। वह विद्वान् था और संभवत: अत्यंत प्रतिभाशाली भी था। वह पाइथागोरस के घनिष्ठ शिष्यों में से एक था। उसने संगीत संबंधी सिद्धांत, गणित और प्राकृतिक दर्शन के क्षेत्र में नए अन्वेषण किए थे और अग्नि को वह प्रमुख तत्त्व मानता था। मगर पाइथागोरस की मृत्यु के बाद उसकी गरिमा भी खत्म हो गई। असल में, उसे एक दुर्भाग्यशाली और बुरे पात्र के रूप में याद किया जाता है।

जिस समय पाइथागोरियन विद्वानों को पता लगा कि प्रकृति के साथ गणित का गहरा संबंध बना हुआ है तो उन्होंने इस तथ्य के बारे में दुनिया को कुछ नहीं बताया। गोपनीयता बरतना उनकी परंपरा थी। वहीं हिपासस इस खोज का श्रेय लेने के लिए बेताब था। संगीत संबंधी खोज में भी उसका योगदान रहा था। ऐसे किस्से भी प्रचलित हैं कि हिपासस के साथ हमेशा उसका दुर्भाग्य भी चलता रहा। उससे गलती कहाँ हुई, इसके बारे में कई तरह की बातें कही जाती हैं; लेकिन इतना निश्चित है कि जहाँ सभी अच्छी बातों का श्रेय पाइथागोरस को दिया जाता रहा है, वहीं सभी नाकामियों और गलतियों का दोष हिपासस के सिर पर मढ़ा जाता रहा है।

हिपासस के संबंध में सर्वाधिक विश्वसनीय विवरण अरस्तू और एरिस्टोक्सेनस के लेखन में मिलता है, जिसमें बताया गया है कि पाइथागोरियन

भ्रातृ-मंडल के दो घटक थे—एक्यूसमेटिकी और मैथेमेटिकी और इस विभाजन से बाद में गड़बड़ी पैदा हुई थी, जिसके पीछे किसी-न-किसी रूप में हिपासस जिम्मेदार था। पाइथागोरस ने रुचि और क्षमता के हिसाब से अपने अनुयायियों को संगृहीत करने के लिए दो श्रेणियाँ बनाई थीं, लेकिन बाद में दोनों श्रेणियाँ एक-दूसरे के खिलाफ हो गईं।

एक्यूसमेटिकी श्रेणी के शिष्य पूरी तरह ज्ञान के प्रति समर्पित थे। इंबलीचुस के अनुसार, उनका दर्शन ज्ञान को मौलिक रूप अर्जित कराना था। पाइथागोरस की कही गई प्रत्येक बात को वे देववाणी के समान समझते थे और उसी रूप में संरक्षित रखने का प्रयास करते थे।

विद्वानों का मानना है कि इस श्रेणी के शिष्य पाइथागोरस के सरल उपदेशों को आसानी से कंठस्थ कर लेते थे और इन उपदेशों में बुनियादी नैतिक शिक्षा शामिल होती थी। उनमें से कुछ शिष्य उपदेशों की व्याख्या करने में पारंगत थे और संभवत: समुदाय के भीतर इस तरह की व्याख्या करने की क्षमता रखनेवाले शिष्यों को विशेष महत्त्व दिया जाता था।

समुदाय के भीतर सांकेतिक भाषा का प्रयोग किया जाता था और शिष्यों को ऐसी भाषा को सीखने-समझने का अभ्यास करवाया जाता था। इंबलीचुस ने ऐसी सांकेतिक भाषा के कुछ उदाहरण भी दिए हैं। कुछ लोग पूछते थे, ''ईश्वर की देन क्या है?'' सूर्य और चंद्रमा। दूसरी तरह से पूछा जाता था, ''ज्ञान क्या है? संख्या।' ''सबसे सच्ची बात क्या है? मनुष्य नश्वर है।'' ''मनुष्य को क्या करना चाहिए और क्या नहीं करना चाहिए?''

बड़े वाक्यों में अलग अर्थ निहित होते थे। 'मंदिर में कोने में नहीं जाना चाहिए'—इसका अर्थ था, ईश्वर का अनादर नहीं करना चाहिए।

'किसी का बोझ उतारने की जगह सिर पर रखने में मदद करनी चाहिए', इसका अर्थ था—'अकर्मण्यता को बढ़ावा नहीं देना चाहिए।' एक्यूसमेटिकी इस तरह की कूटभाषा को समझते थे। यही वजह है कि वे खुद को 'पाइथागोरियन' कहकर पुकारते थे।

दूसरी तरफ 'मैथमेटिकी' श्रेणी के शिष्य पाइथागोरियन भ्रातृ-मंडल के तहत एक्यूसमेटिकी को अंग मानते थे, मगर वे पाइथागोरियन ज्ञान को विशेष रूप से अर्जित करते थे और संरक्षित रखते थे। हालाँकि अकसर उनके बीच सहमति नहीं होती थी। उन्हें लगता था कि एक्यूसमेटिकी वर्ग के ज्ञान के विस्तार से बचना पाइथागोरियन मत के विपरीत आचरण था।

अरस्तू और एरिस्टोक्सेनस के अनुसार, हिपासस मैथमेटिकी श्रेणी का विद्वान् था या उसे मैथमेटिकी श्रेणी का अनुयायी उस समय माना गया था, जब दोनों श्रेणियों का ध्रुवीकरण हो गया था। एक्यूसमेटकी श्रेणी के अनुयायियों ने हिपासस के विचारों को भ्रातृ-मंडल के प्रतिकूल मान लिया था। मैथमेटिकी श्रेणी से अपेक्षा की गई थी कि वह हिपासस का बचाव करती; मगर उस श्रेणी ने रक्षात्मक रवैया अपनाना ठीक समझा। उस श्रेणी ने तर्क दिया कि वह किसी नए सिद्धांत की खोज नहीं कर रही थी, बल्कि पाइथागोरस के बताए रास्ते पर ही चल रही थी। एक्यूसमेटिकी श्रेणी मैथमेटिकी श्रेणी के अनुयायियों पर आरोप लगा रही थी कि वे पाइथागोरस के आदर्श का पालन करने की जगह हिपासस के आदर्श का पालन कर रहे थे। ऐसी स्थिति में मैथमेटिकी श्रेणी ने खुद को हिपासस से अलग कर लिया।

हिपासस संकट से घिर गया। उसके दंड के बारे में कई कथाएँ प्रचलित हैं। इन कथाओं में उसे समुद्र में फेंक देने, समुदाय से बहिष्कृत करने और जीते-जी कब्र में दफना देने जैसी बातें कही गई हैं।

हिपासस की कथा द्वारा पाइथागोरियन आविष्कारों पर कुछ रोशनी डाली जा सकती है। आधुनिक इतिहासकारों को इस बात पर संदेह है कि हिपासस ने हेराक्लिटस को शिक्षा प्रदान की थी; मगर उनका मानना है कि हेराक्लिटस कई बार हिपासस के संपर्क में आया था। कहा जाता है कि हिपासस ने हेराक्लिटस को कई बातें सिखलाई थीं। पाइथागोरस के जीवनकाल में ही हेराक्लिटस का जन्म हुआ था, इसलिए माना जाता है कि हिपासस पाइथागोरस का आरंभिक समकालीन था। अनुपात की खोज के बाद और हिपासस के पतन से पहले हिपासस ने डिस्क संबंधी प्रयोग किए थे। यह पाइथागोरस की मृत्यु के बाद की घटना रही होगी। इस घटनाक्रम पर गौर करने से स्पष्ट होता है कि संगीत के मान की खोज पाइथागोरस की अगली पीढ़ी में नहीं हुई थी, बल्कि यह आरंभिक पाइथागोरियन खोज थी।

हिपासस का पतन और मैथमेटिकी-एक्यूसमेटिकी संघर्ष के हवाले से ही स्पष्ट नहीं होता कि ईसा पूर्व 500 की हिंसा के बाद भी बचे हुए पाइथागोरियन मैगना ग्रेसिया इलाके में सक्रिय रहे थे। भ्रातृ-मंडल का प्रभाव समूचे इलाके में बना हुआ था।

इंबलीचुस ने लिखा है कि एरिस्टाकस पाइथागोरस का उत्तराधिकारी था, जिसने उसकी विधवा थेनो से विवाह कर लिया था, विद्यालय का दायित्व सँभाल

लिया था और उसके बच्चों को शिक्षित किया था। एरिस्टाकस जब काफी वृद्ध हो गया तब पाइथागोरस के एक पुत्र मेसार्चुस ने विद्यालय का दायित्व सँभाल लिया। अगर मेटापोंटम में प्रचलित जनश्रुति पर विश्वास किया जाए तो निर्वासित होने के बाद पाइथागोरस कुछ दिनों तक जीवित रहा था और उसने मेटापोंटम में एक विद्यालय की स्थापना भी की थी।

कुछ पाइथागोरियन राजनीतिक महत्त्व के पदों पर बने रहे या तेजी से उन्होंने ऊँचा रुतबा हासिल कर लिया और अपने प्रभाव का इस कदर विस्तार कर लिया कि वे निरंकुश होकर शासन चलाने लगे। ऐसे पाइथागोरियन नेताओं ने नगरों पर दबंगई से शासन करना शुरू कर दिया। ईसा पूर्व 454 के मध्य में जनता ने क्रांति करते हुए ऐसे शासकों की सत्ता को उखाड़ फेंका।

ईसा पूर्व दूसरी शताब्दी के इतिहासकार पोलीबियन ने किसी आरंभिक स्रोत के हवाले से लिखा है—"पाइथागोरियन सभास्थलों को आग के हवाले कर दिया गया और चारों तरफ उनके खिलाफ हिंसा होने लगी। उन इलाकों के यूनानी नगरों में बड़े पैमाने पर खून-खराबा हुआ और उसमें बहुत से लोग मारे गए।"

इस क्रांति की आग ने थेब्स, फिलिअस (कोरींथ के पास), सीरीकस आदि नगरों में पाइथागोरियन समुदाय को लील लिया। मैगनाग्रेसिया इलाके में पाइथागोरियन स्वर्ण युग पर दूसरी और आखिरी बार परदा गिर गया। जिस मूल समुदाय को पाइथागोरस ने दीक्षित किया था, उसका नामो-निशान तक नहीं बचा।

अगर व्यापक संदर्भ में देखा जाए तो समुदाय के पतन के बावजूद पाइथागोरस के विचारों का प्रभाव बढ़ता ही चला गया और पाइथागोरस की अहमियत भी बढ़ती गई। इसी समय से भूमध्य सागर क्षेत्र में दो परस्पर विरोधी विचारधाराओं का टकराव शुरू हो गया—पहली आयोनियन विचारधारा, जो मुख्य भूमि मिस्र और भूमध्य सागर क्षेत्र में प्रभावी थी और दूसरी पाइथागोरियन या इटालियन विचारधारा, जिसकी उत्पत्ति दक्षिणी इटली से हुई थी।

पाइथागोरियन शरणार्थी समुदायों और उनके वंशजों तथा पाइथागोरस के विचारों से प्रभावित प्लेटो जैसे दार्शनिकों के प्रयास से एक अमूर्त प्राचीन समूह की विचारधारा शक्तिशाली वैश्विक विचारधारा के रूप में रूपांतरित हो गई। ऐसा कोई विचारक नहीं था, जो पाइथागोरियन या इटालियन दर्शन की उपेक्षा करने की बात कर सकता था।

इस दौरान बचे-खुचे भ्रातृ-मंडल के सदस्यों को एक्यूसमेटिकी, मैथमेटिकी संघर्ष बुरी तरह प्रभावित करता रहा था। शुरुआती पाइथागोरियन विद्वानों के

आपसी टकराव की वजह से ही आरंभिक दौर के तथ्यों पर रोशनी डाल पाना वर्तमान युग में कठिन हो गया है। सदियों से विद्वान् विचारक इस बात पर बल देते रहे हैं कि मैथमेटिकी श्रेणी के अनुयायी ही सच्चे पाइथागोरियन थे, जिन्होंने पाइथागोरियन गणितीय विरासत का संरक्षण किया और उसका निरंतर विकास भी किया। इस तर्क के समर्थन में कहा जाता है कि मैथमेटिकी परंपरा की मदद से ही प्लेटो ने मानव जाति के समक्ष पाइथागोरस के आविष्कारों को प्रस्तुत किया। उसने पश्चिमी सभ्यता को नई राह दिखाई।

प्लेटो के बाद की पीढ़ी के दार्शनिक अरस्तू को दोनों पाइथागोरियन श्रेणियों की खूबियों की जानकारी थी। उसने बताया कि चमत्कारी दंतकथाएँ, पुनर्जन्म का सिद्धांत और पाइथागोरस की पूर्वजन्म की स्मृतियाँ एक्यूसमेटिकी परंपरा की धरोहर थीं। मैथमेटिकी परंपरा ने इन बातों को स्वीकार किया; मगर संख्या, गणित और संगति के माध्यम से संसार और आत्मा के प्रति अलग विचार अपनाया।

मैथमेटिकी श्रेणी ने ऐतिहासिक तथ्यों का संरक्षण किया कि किस तरह सामोस में पोलीक्रेटस के शासन के दौरान पाइथागोरस क्रोटोन आया और किस तरह उसने वहाँ के शासकों को प्रभावित किया।

अरस्तू मैथमेटिकी श्रेणी के इस दावे को मानता था कि ज्ञान और गणित की परंपरा पाइथागोरस ने शुरू की थी। प्लेटो ने पाइथागोरियन गणितीय सिद्धांत का श्रेय पाइथागोरस को दिया था।

ईसा पूर्व पाँचवीं शताब्दी का उत्तरार्द्ध (450 से 400) आज भी आधुनिक जगत् की सांस्कृतिक स्मृतियों में जीवंत बना हुआ है। एसकीलस की अगुवाई में ग्रीक ट्रेजेडी नाटकों के युग की शुरुआत हुई थी, जिसे सोफोकल्स और यूरीपीडस जैसे नाटककारों ने और समृद्ध बनाया था। उन नाटकों में ऐसे विषय चुने गए थे, जिन्हें आज भी प्रासंगिक बनाने के लिए किसी आधुनिक संदर्भ को जोड़ने की जरूरत नहीं है।

एरीस्टोफेंस सार्वजनिक मामलों और नेताओं पर व्यंग्य करते हुए दर्शकों का भरपूर मनोरंजन कर रहा था और हलकी-फुलकी कॉमेडी द्वारा रंगमंच को लोकप्रिय बना रहा था। जल्द ही नए स्वरूप और विषय सामने आए और पुराने नाटकों को 'पुरानी कॉमेडी' कहकर पुकारा जाने लगा। इसके बावजूद इक्कीसवीं शताब्दी में एरीस्टोफेंस के नाटक 'द फ्रॉग्स' को ब्रॉडवे के कलाकारों ने संगीतमय तरीके से प्रस्तुत कर जता दिया कि वे नाटक आज भी किस कदर प्रासंगिक बने हुए हैं।

चिकित्सक हिप्पोक्रेटस कार्य कर रहा था और लेखन कर रहा था। 2,000 साल बाद आज भी चिकित्सा-शास्त्र के विद्यार्थी उसके नाम की शपथ खाकर अपने पेशे की शुरुआत करते हैं। मुख्य यूनानी भूमि में स्थिति एथेंस का पर्शियन लोगों के साथ लंबा संघर्ष खत्म हो गया था और धीरे-धीरे वहाँ की स्थिति सामान्य होती जा रही थी। चाँदी की खदानों और पर्शियन युद्ध के दौरान सहयोगी रह चुके डेलियन लीग के सदस्यों की मदद से एथेंस की समृद्धि भी बढ़ती जा रही थी।

एथेंसवासियों को पता नहीं था कि यह शांति अधिक दिनों के लिए नहीं थी और जल्द ही पेलोपोनेशियन युद्ध शुरू होने वाला था। पर्शियन लोगों के जलाए हुए अपने नगर को एथेंसवासियों ने नए सिरे से आबाद किया था।

इसी युग में प्लेटो का जन्म हुआ और वह बड़ा हुआ और उससे उम्र में लगभग 50 साल बड़े पाइथागोरियन फिलोलाउस ने पहली पाइथागोरियन पुस्तक की रचना की; या वही एक मात्र पुस्तक थी, जो इतिहास की उथल-पुथल के बीच भी बची रह गई।

फिलोलाउस उन शरणार्थियों में एक थे, जो मध्य शताब्दी में क्रोटोन या टारेनटम से जान बचाकर भाग गए थे। ईसा पूर्व 454 में वह थेब्स में आकर बस गया था। यह उत्पत्ति काफी पहले हुई थी और यह नगर इतिहास की कई घटनाओं का गवाह रहा था। एक जमाने में राजा ओएडीयस ने थेब्स को ही अपनी राजधानी बनाया था। राजनीतिक रूप से थेब्स की एक ही नीति थी—एथेंस के प्रति घृणा का भाव रखना। पर्शियन युद्ध के समय उसने एथेंस के शत्रुओं का साथ दिया था और फिर एथेंस के खिलाफ स्पार्टा के साथ सहयोग किया था। शताब्दी के अंत तक पेलोपोनेशियन युद्ध चलता रहा था, जिसमें थेब्स स्पार्टा के साथ सहयोग करता रहा था।

थेब्स और स्पार्टा की दोस्ती अंततः उस समय खत्म हो गई, जब एथेंस के खिलाफ युद्ध जीत जाने पर एथेंसवासियों के सामूहिक नर-संहार के थेब्स के प्रस्ताव को मानने से स्पार्टा ने इनकार कर दिया था।

एक बात स्पष्ट है कि किसी संकट में फँसे भ्रातृ-मंडल को पुनर्गठिन करने के लिए थेब्स का माहौल आदर्श नहीं था, इसके बावजूद फिलोलाउस ने वहाँ निर्वासित पाइथागोरियन समुदाय की स्थापना की। सदी के अंत तक या तो उसका देहांत हो गया या वह कहीं और रहने के लिए चला गया। इस आशय की सूचना अप्रत्यक्ष रूप से प्लेटो के जरिए मिलती है, जिसके संवाद 'फीडो' में केब्स नामक एक किरदार कहता है, "मैंने फिलोलाउस को कहते हुए सुना, जब वह हमारे

नगर में रह रहा था।"

केल्स नगर का ही दूसरा नाम थेब्स था और यह संवाद उन दिनों का है, जब ईसा पूर्व 399 में सुकरात की मृत्यु हुई थी। अगर उस समय भी फिलोलाउस जीवित था तो किसी दूसरे नगर में रह रहा था। तब उसकी उम्र 75 वर्ष की रही होगी। उसके संबंध में यही आखिरी उल्लेख मिलता है।

ईसा पूर्व 450 से 399 के बीच संभवत: थेब्स में फिलोलाउस ने विस्तृत रूप से पाइथागोरियन विचारों को पुस्तक का रूप प्रदान किया। इससे पहले किसी पाइथागोरियन ने इस तरह सिद्धांतों को पुस्तक का रूप प्रदान नहीं किया था। उपलब्ध साक्ष्यों से भी इसी बात की पुष्टि होती है।

वर्तमान युग में उस पुस्तक के कुछ ही अंश बचे हुए हैं, जो उद्धरण की शक्ल में पहली शताब्दी के विद्वानों की रचनाओं में मिलते हैं और उसकी पूरी पुस्तक मूल रूप में कहीं उपलब्ध नहीं है।

उन्नीसवीं शताब्दी में इस बात को लेकर विवाद पैदा हुआ था कि फिलोलाउस की पुस्तक वास्तव में लिखी गई थी या नहीं और जिन उद्धरणों को उसके नाम के साथ जोड़ा जाता है, वास्तव में वे उसी के उद्धरण हैं या नहीं। लेकिन सन् 1893 में एक शोधपत्र प्रकाशित हुआ, जिसमें ईसा पूर्व चौथी शताब्दी में अरस्तू के एक शिल्प मेनोन के चिकित्सकीय इतिहास के अंश को शामिल किया गया था। उस पुस्तक में फिलोलाउस की पुस्तक का स्पष्ट रूप से उल्लेख किया गया था।

इस खोज के बाद विद्वानों ने फिलोलाउस के उद्धरणों की पड़ताल ईसा पूर्व पाँचवीं शताब्दी के परिप्रेक्ष्य में करते हुए यह निष्कर्ष निकाला कि फिलोलाउस ने वास्तव में पुस्तक की रचना की थी।

फिलोलाउस स्वयं एक अग्रणी विचारक था, इसलिए उसकी पुस्तक को मात्र पाइथागोरस के उपदेशों का संकलन नहीं माना जा सकता। वह अपनी प्रतिभा के आधार पर पुस्तक की रचना कर रहा था और ऐसा करते हुए वह किसी अन्य के आविष्कारों या विचारों का संकलन तैयार नहीं कर रहा था। अपने विचारों के साथ-साथ उसने पाइथागोरस की मृत्यु के बाद पाइथागोरियन मैथमेटिकी समुदाय के विचारों के बारे में भी लिखा।

फिलोलाउस स्वयं को एक समर्पित पाइथागोरियन मानता था। उसकी पुस्तक में वर्णित विज्ञान और सिद्धांत को देखकर पाइथागोरस और उसके आरंभिक अनुयायियों का गहरा प्रभाव स्पष्ट रूप से नजर आता है। फिलोलाउस को

पाइथागोरस के विचारों को जोड़नेवाला सेतु माना जा सकता है; क्योंकि ईसा पूर्व 500 में पाइथागोरस के देहांत या सार्वजनिक जीवन से संन्यास के 25 साल बाद फिलोलाउस का जन्म हुआ था।

क्रोटोन या टारेनटम में पलते-बढ़ते हुए फिलोलाउस निश्चित रूप से पाइथागोरियन शिक्षकों और विचारकों के संपर्क में आया होगा, जिनमें से कई उम्र- दराज शिक्षक निजी तौर पर पाइथागोरस को जानते भी होंगे।

फिलोलाउस ने अपनी पुस्तक की सारी सामग्री को ज्ञान का समन्वित स्वरूप माना है और पूर्ववर्ती तथा परवर्ती विचारों के बीच किसी तरह की सीमा रेखा निर्धारित नहीं की है। पाइथागोरस के जीवनकाल और अपने समसामयिक विचारों के बीच या दूसरों तथा स्वयं के विचारों के बीच भी उसने कोई सीमा रेखा निर्धारित नहीं की है।

इसका अर्थ यह नहीं था कि वह जान-बूझकर लापरवाही बरत रहा था। एक पाइथागोरियन होने के नाते वह सत्य की एकरूपता को अहमियत देता था और उसी की खोज में लगा भी रहता था। ब्रह्मांड का ज्ञान प्राप्त करने और ईश्वर के पास पहुँचने का मार्ग उसके लिए एक ही था। प्रकृति का सत्य और ईश्वर का सत्य बराबर था। इस संदर्भ में अगर पाइथागोरस ने कोई अन्वेषण नहीं किया था तो भी उसके उपदेशों में ऐसा ही उद्‍देश्य निहित था।

इसके अलावा, ज्ञान अन्वेषण की एक प्राचीन परंपरा थी, जिसका अनुसरण फिलोलाउस जैसा पाइथागोरियन अपने समकालीन विद्वानों के साथ कर रहा था। किसी विचार या अन्वेषण को नवीन या मौलिक कहना आवश्यक नहीं समझा जाता था। परंपरा के साथ ज्ञान को जोड़ने पर उसकी विश्वसनीयता और भी अधिक बढ़ाई जा सकती थी और किसी महापुरुष को उसका श्रेय दिया जा सकता था। फिलोलाउस भी अपने मौलिक चिंतन को सीधे पाइथागोरस के साथ जोड़ना पसंद करता था और पाइथागोरस को अपना पथ-प्रदर्शक मानता था।

लेकिन ऐसा नहीं कि फिलोलाउस ने अपना कोई निश्चित मार्ग नहीं चुना था। ईसा पूर्व पाँचवीं शताब्दी के उत्तरार्द्ध के उसके लेखन से यह स्पष्ट होता है कि वह पाइथागोरियन विचारों को नई रोशनी में प्रस्तुत करना चाहता था और उस पर लगे अभिजात विचारधारा के आरोपों का जवाब देना चाहता था। 'इलियाटिक विचारधारा' के चलते जो अवरोध सामने आ रहा था, वह उसे भी दूर करना चाहता था।

दार्शनिक परमानीड्स 'इलिया' (इसीलिए 'इलियाटिक' कहलाया) का

रहनेवाला था। क्रोटोन की उत्तरी दिशा में इटली के पश्चिमी समुद्र-तट पर इलिया उपनिवेश बसा हुआ था। प्लेटो के अनुसार, परमानीड्स का जन्म ईसा पूर्व 515 में हुआ था, वहीं यूनानी इतिहास के अनुसार उसका जन्म ईसा पूर्व 540 में हुआ। दोनों ही स्थितियों में वह पाइथागोरस से उम्र में छोटा था।

समकालीन होने के बावजूद पाइथागोरस और परमानीड्स के आपसी संबंधों के बारे में स्पष्ट तथ्य उपलब्ध नहीं हैं; जबकि इलिया से क्रोटोन की दूरी ज्यादा नहीं है और प्लूटार्क ने एक स्थान पर लिखा है कि परमानीड्स ने श्रेष्ठ नियमों का प्रवर्तन कर अपने देश को संगठित किया था। केवल एक आरंभिक स्रोत से दोनों दार्शनिकों के बीच सूत्र जुड़ता हुआ प्रतीत होता है, जिसका उल्लेख तीसरी शताब्दी में पाइथागोरस की जीवनी लिखनेवाले डायोजीनस लअर्टिस ने किया है—

"परमानीड्स एक पाइथागोरियन डियोचाइट्स के पुत्र अमेनिअस के साथ जुड़ा हुआ था (जैसा सोटिअन ने कहा है)। अमेनिअस गरीब था, मगर उसका चरित्र अनुकरणीय था। उसने अमेनिअस का अनुसरण किया। जब अमेनिअस की मृत्यु हुई तो उसने उसकी स्मृति में एक स्मारक बनवाया (परमानीड्स एक धनी और मशहूर परिवार में पैदा हुआ था) और उसने जेओफोंस को अपना मार्गदर्शक माना था।"

ऐसा प्रतीत होता है कि अगर परमानीड्स ने अमेनिअस का अनुसरण किया और उसे अपना मार्गदर्शक माना और उसके प्रति श्रद्धाभाव रखने के कारण उसका एक स्मारक भी बनवाया तो निश्चित रूप से परमानीड्स विचारधारा पाइथागोरियन सिद्धांतों से प्रभावित हुई होगी। इस सूत्र को ध्यान में रखकर विद्वानों ने परमानीड्स के लेखन में पाइथागोरियन विचारों का प्रभाव ढूँढ़ने का काफी प्रयत्न किया है, मगर किसी को सफलता नहीं मिली है।

यह रोचक तथ्य है कि इतिहास परमानीड्स की सराहना उसके वैसे विचार के लिए करता है, जिस विचार को वह खुद भी सही नहीं मानता। उदाहरण के तौर पर, चाँद की जो रोशनी होती है वह उसकी अपनी रोशनी नहीं है, बल्कि सूर्य की प्रतिबिंबित होनेवाली रोशनी है। यह विचार उसने एक प्रभावशाली लंबी कविता के दूसरे भाग में स्पष्ट किया था; जबकि 'सत्य के मार्ग का निर्देश' नामक पहले भाग में उसने चेतावनी दी थी कि भाग दो में वह कुछ भ्रांतिपूर्ण बातें प्रस्तुत करने जा रहा है। वह तथ्य या नजरिया पेश करने का दावा नहीं कर रहा था। वह इन विषयों पर मात्र मानवीय विचारों की जाँच करने की कोशिश कर रहा था।

उसका विचार था कि जो लोग अन्वेषण की यात्रा पर निकलते हैं, उन्हें

संभवत: गलतफहमी हो जाती है कि उनके पास चुनने के लिए दो विकल्प होते हैं—ऐसी चीजें, जिनका अस्तित्व है और ऐसी चीजें, जिनका अस्तित्व नहीं है। मगर जिन चीजों का अस्तित्व नहीं है, उनके बारे में कुछ भी सोचा नहीं जा सकता, न ही कुछ कहा जा सकता है। अगर उन चीजों के अन्वेषण का प्रयास किया जाता है तो यह अज्ञान का ही परिचायक है।

जिन चीजों का वजूद है, उनके बारे में कुछ निश्चित बातें हमेशा सही रहेंगी, वैसी चीजों का हमेशा वजूद था और ऐसी चीजें नष्ट नहीं हो सकतीं। नहीं तो ऐसा भी हो सकता था कि कुछ समय के लिए ऐसी चीजों का अस्तित्व ही नहीं रहता, जिसके बारे में कुछ सोचा नहीं जा सकता और कुछ कहा नहीं जा सकता। ऐसी चीजें स्थान और समय में अनवरत बनी रहती हैं। उनमें परिवर्तन नहीं होता, गति नहीं होती और ये निश्चित होती हैं।

परमानीड्स ने स्वीकार किया कि मनुष्य की इंद्रियाँ कई तरह की बातें महसूस करती हैं, मगर इंद्रियों पर भरोसा नहीं किया जा सकता। संसार के बारे में कुछ भी जानने के लिए उसका पर्यवेक्षण और अनुभव आवश्यक है।

एक और इलियाटिक दार्शनिक सामोस का एक एडमिरल था। वह पाइथागोरस का समकालीन नहीं था। इस संबंध में अरस्तू ने लिखा है कि ईसा पूर्व 441 में एथेंस ने सामोस के साथ युद्ध शुरू कर दिया था। समुद्री लड़ाई में सामोस ने एथेंस को पराजित कर दिया था। युद्ध खत्म होने पर भी दोनों पक्षों के बीच कड़वाहट बनी रही थी। एथेंस का शासक पेरीकल्स अपने कुछ पोतों को लेकर दूसरे अभियान पर दूर निकल गया था। उसी दौरान मेलीसस ने अपने सैनिकों के साथ धावा बोलकर एथेंस के समुद्री बेड़े को बुरी तरह ध्वस्त करके अपना वर्चस्व कायम कर लिया था।

मेलीसस को परमानीड्स की रचना 'सत्य का मार्ग' की टीका लिखने के लिए भी वक्त मिल गया था। उसने नई युक्तियों के सहारे परमानीड्स के विचारों का समर्थन किया था, मगर अहम मुद्दों पर उसके साथ उसने अपनी असहमति भी जताई थी। मेलीसस का तर्क था कि जिस चीज का अस्तित्व था, उसका असीम विस्तार प्रत्येक दिशा में हुआ था। वह परमानीड्स के कथन के अनुसार उस वजूद को सीमित नहीं मानता था।

परमानीड्स की तुलना में मेलीसस अधिक दृढ़ता के साथ इस बात को मानता था कि इंद्रियों से प्राप्त होनेवाली सूचनाएँ भ्रामक हो सकती हैं। जो हमें दिखाई देता है, उसकी तुलना में यथार्थ काफी अलग होता है।

परमानीड्स की तरह जेनो भी इलिया का रहनेवाला था। मेलीसस के एक वस्तु के अस्तित्व वाले सिद्धांत के समर्थन में जेनो ने 40 युक्तियाँ प्रस्तुत की थीं और चार युक्तियों की सहायता से सिद्ध किया था कि गतिशीलता असंभव थी। असीम की अवधारणा को उसने विस्तार दिया था, जिसे कुछ विद्वान् 'बौद्धिक नकारवाद का बिंदु' भी कहकर पुकारते हैं।

कहा जाता है कि जेनो ने 'अगेंस्ट द फिलॉसफर्स' नामक एक ग्रंथ की भी रचना की थी, जो पाइथागोरियन के विरुद्ध लिखा गया था। उसकी आलोचना की वजह से संभवतः पाइथागोरियन विद्वानों पर प्रभाव पड़ा था और फिलोलाउस जैसे पाइथागोरियन विद्वान् को अपने समुदाय के विचारों को नए सिरे से परिभाषित करना पड़ा था।

इलियाटिक विचारकों ने थेल्स, एनिक्जेमेंडर और एनिक्सेमेनस के सिद्धांतों को निशाना बनाया था, जिनसे प्रेरित होकर कभी पाइथागोरस ने अपने सिद्धांत प्रस्तुत किए थे। इलियाटिक विचारकों का कहना था कि जल और वायु बुनियादी यथार्थ के परिचायक थे। इस तरह की आलोचना ने फिलोलाउस को अपना पक्ष प्रस्तुत करने के लिए बाध्य कर दिया। उसने इलियाटिक विचारकों को सीधे ललकारने की जगह पाँच इंद्रियों की सहायता से प्रकृति के अध्ययन की संभावनाओं की अहमियत को उजागर करना जरूरी समझा।

फिलोलाउस ने पुराने सवालों के साथ शुरुआत की—सबकुछ (ब्रह्मांड या विश्व व्यवस्था) किस तरह आरंभ हुआ? बुनियादी सिद्धांत क्या हो सकते हैं? कोई भी घटना किस सिद्धांत के आधार पर घटती है? उसने अपनी पुस्तक की प्रथम पंक्ति में जवाब दिया—प्रकृति के साथ असीम और सीमित वस्तुएँ सुसंगत रूप से जुड़ी हुई हैं। समूचा ब्रह्मांड इसी के अंदर समाया हुआ है।

फिलोलाउस ने लिखा कि "पृथ्वी और सूर्य की परस्पर स्थिति के आधार पर दिन व रात होते हैं और पृथ्वी की गतिशीलता के साथ नक्षत्रों और सूर्य की गतिशीलता जुड़ी हुई है।"

फिलोलाउस ने स्पष्ट किया कि पाइथागोरस पुनर्जन्म के सिद्धांत पर विश्वास करता था और उसने अपने अनुयायियों को इस सिद्धांत के बारे में बताया। उसका मानना था कि आत्मा अमर होती है, जिसका संबंध ईश्वर से होता है और अंततः ईश्वर के पास ही आत्मा को लौटकर जाना होता है।

फिलोलाउस की व्याख्या के कारण प्लेटो को पाइथागोरस और पाइथागोरियन दर्शन को समझने में आसानी हुई। प्लेटो को पाइथागोरियन समुदाय

के बचे हुए सदस्यों और अपने गुरु सुकरात के माध्यम से फिलोलाउस के बारे में जानकारी मिली थी।

आरंभिक युग के ईसाई विद्वान् क्लेमेंट ऑफ एलेक्जेंड्रिया के लेखन में भी फिलोलाउस के विचार का उल्लेख मिलता है—"पाइथागोरियन फिलोलाउस का कहना है कि प्राचीन आध्यात्मिक विचारक भी इस बात को मानते थे कि दंड के रूप में आत्मा को शरीर के भीतर आना पड़ता है, जिस शरीर को अंत में जमीन के अंदर दफन कर दिया जाता है।"

□

पाइथागोरस की तलाश में प्लेटो

ईसा पूर्व 384 में प्लेटो एथेंस के अपने घर को छोड़कर एक जहाज पर सवार हो गया और आयोनियन सागर में पश्चिम की दिशा में यात्रा शुरू कर दी। वह टारेनटम जा रहा था। टारेनटम दक्षिणी इटली के पुराने औपनिवेशिक नगरों में से एक था, जो मेगाले हेलास के नाम से परिचित तटवर्ती भूमि पर स्थित था। वह पाइथागोरस की तलाश में निकला था।

अपनी मृत्यु के 110 वर्ष बाद पाइथागोरस दंतकथा का नायक बन गया था। कुछ लोग कहने लगे थे कि वह धरती का सबसे ज्ञानी व्यक्ति था, लगभग ईश्वर के समकक्ष था। इस तरह के किस्से प्रचलित हो चुके थे कि ईसा पूर्व 500 से 454 के बीच हिंसक उथल-पुथल के दौरान पाइथागोरस और उसके अनुयायियों की मृत्यु के साथ ज्ञान का प्रचुर भंडार भी नष्ट हो गया था। ऐसा कोई नहीं बचा रह गया था, जो पाइथागोरस को निजी तौर पर जानता हो।

प्लेटो ने सुन रखा था कि मेगाले हेलास में अभी भी कुछ लोग मौजूद थे, जो स्वयं को 'पाइथागोरियन' कहते थे। इस तरह 38 साल की उम्र में वह तटवर्ती भूमि की तरफ रवाना हुआ, जहाँ कभी उसी उम्र का पाइथागोरस पहुँचा था और लोगों को उपदेश देता रहा था। अंतरीप की चट्टानें, खूबसूरत समुद्र-तट, मार्गों की धूल—हर चीज पाइथागोरस की याद दिला रही थी।

प्लेटो का अन्वेषण टारेनटम में शुरू हुआ। टारेनटम इटली के पश्चिमी छोर पर स्थित प्रायद्वीप था, जहाँ यूनान से आवाजाही करनेवाले जहाज पड़ाव डालते थे।

लेकिन ईसा पूर्व पाँचवीं शताब्दी की हिंसा के बाद शरणार्थी के रूप में क्रोटोन से पाइथागोरियन भागकर टारेनटम में आकर बस गए थे। इस नगर में वे खुद को सुरक्षित महसूस करते थे और इस तरह निर्वासित पाइथागोरियन पंथ की

शुरुआत हुई थी। समुदाय के लोग इस समय भी मौजूद थे, जब प्लेटो वहाँ पहुँचा था। प्लेटो जानता था कि उस समय पाइथागोरियन समुदाय का सबसे महत्त्वपूर्ण व्यक्ति अर्किटस था, जिसे पाइथागोरियन 'अर्किटेस' कहकर भी पुकारते थे।

अर्किटस के रूप में प्लेटो को ऐसा शख्स मिला, जिसकी जीवन-शैली और अध्ययन में पाइथागोरियन आदर्श रचे-बसे थे। अर्किटस पाइथागोरियन मैथमेटिकी परंपरा पर चलनेवाला असाधारण विद्वान् और गणितज्ञ था। इसके साथ ही एक सफल जननेता भी था। उससे मिलने के बाद प्लेटो को पता चला कि मेगाले हेलास में पाइथागोरियन शासन का युग शांति और स्थिरता का युग रहा था। इस तरह प्लेटो का यह विश्वास दृढ़ हो गया कि दर्शनशास्त्र और गणित में पारंगत व्यक्ति आदर्श शासक बन सकता है।

प्लेटो और अर्किटस की उम्र बराबर थी। ईसा पूर्व 389 की यात्रा के बाद भी प्लेटो कई बार टारेनटम पहुँचा, जहाँ उसने अर्किटस और पाइथागोरियन मित्रों से संवाद स्थापित किया। वह उनसे वैसा ज्ञान प्राप्त करने की कोशिश कर रहा था, जिस ज्ञान की जानकारी दुनिया के गिने-चुने लोगों को ही थी। मेगाले हेलास प्लेटो को अपनी तरफ आकर्षित करता रहा; मगर उसकी वजह केवल अर्किटस ही नहीं था।

प्लेटो की पहली यात्रा के समय दक्षिणी इटली के नगरों में निवासियों को सिराकुस के तानाशाह डायोनीसियस के हमले की आशंका परेशान कर रही थी। सिराकुस सिसली क्षेत्र में स्थित था। उस युग में 'तानाशाह' शब्द का नकारात्मक अर्थ ही नहीं होता था। इस शब्द का अर्थ होता था—ऐसा शासक, जिसे सत्ता वंशगत रूप से प्राप्त नहीं हुई हो। डायोनीसियस शुरुआत में नगर के एक कार्यालय में सामान्य नौकरी करता था। बाद के वर्षों में 'तानाशाह' शब्द की नकारात्मक परिभाषा भी उस पर लागू हुई। उसने जिस तरह की चालाकियों का सहारा लेकर कामयाबी हासिल की, उसे देखकर उसके समकालीन शासक भी दंग रह गए।

डायोनीसियस ने लगभग 40 वर्षों तक शासन किया और इस दौरान सिराकुस की संप्रभुता अक्षुण्ण बनी रही, जबकि इसी दौरान उत्तरी अफ्रीका के कैथाजिनियन लोगों ने सिसली के ज्यादातर इलाकों पर कब्जा कर लिया था और बार-बार सिराकुस पर हमले करते रहे थे।

सिराकुस विश्व का एक शक्तिशाली नगर बन गया था। भूमध्य सागर क्षेत्र में उसका समुद्री बेड़ा सबसे ताकतवर माना जाता था। यह निश्चित था कि अगर डायोनीसियस इटली के पड़ोसी नगरों पर अधिकार करना चाहता तो कोई भी

उसका मुकाबला नहीं कर सकता था।

इस तरह प्लेटो एक अस्थिर और जोखिम भरे इलाके में आया था; मगर एथेंस जैसे सुरक्षित नगर में जाने के बजाय उसने शक्तिशाली और बुद्धिमान शासक के अनुभवों को करीब से जानना अधिक जरूरी समझा।

डायोनीसियस की राजधानी की जबरदस्त किलेबंदी की गई थी। रणनीतिक रूप से यह राजधानी सिसली की मुख्य भूमि से दूर एक द्वीप में बसाई गई थी। सिराकुस में भी पाइथागोरियन समुदाय बसा हुआ था। टारेनटम में बसने की तरह पाइथागोरियन समुदाय के लोग ईसा पूर्व पाँचवीं शताब्दी गें मेसिना की खाड़ी की तरफ से भागते हुए सिराकुस में आकर बस गए थे।

प्लेटो डायोनीसियस के राजदरबार में दिलचस्पी ले रहा था। प्लेटो सिराकुस के सार्वजनिक मामलों को समझने की कोशिश कर रहा था और ऐसा लगता है कि उसका परिचय राजदरबार के शक्तिशाली सदस्यों से हो गया था। अपनी पहली यात्रा के दौरान प्लेटो की मुलाकात डायोनीसियस के साले डिओन से हुई थी, जो सिराकुस का एक प्रभावशाली व्यक्ति था। दोनों एक-दूसरे से मिलकर काफी प्रभावित हुए थे।

प्लेटो की यात्रा के कुछ समय बाद ही डायोनीसियस की सेना ने दक्षिणी इटली के नगरों पर आक्रमण कर दिया और समूचे इलाके पर सिराकुस का कब्जा हो गया। उसी दौरान एथेंस में प्लेटो अपनी अकादमी की स्थापना की तैयारी कर रहा था, जहाँ वह अर्किटस से सीखे गए पाइथागोरियन पाठ्यक्रम को लागू करना चाहता था। इस पाठ्यक्रम में अंकगणित, रेखागणित, अंतरिक्ष विज्ञान और संगीत को शामिल किया गया था। संगीत को पाठ्यक्रम में शामिल करना खासतौर पर पाइथागोरियन प्रभाव का परिणाम था।

ईसा पूर्व 367 में डायोनीसियस की मौत हो गई और उसके पुत्र डायोनीसियस द्वितीय ने सत्ता सँभाली। यह सिराकुस का दुर्भाग्य था और बाकी नगरों का सौभाग्य था कि बेटा अपने बाप की तरह योग्य शासक नहीं था। प्लेटो का मित्र डिओन नए राजा का मामा था। डिओन को अपने भानजे की योग्यता पर संदेह था और उसे लगता था कि उसका भानजा अपने पिता की तरह सिराकुस की ताकत को बरकरार नहीं रख सकता था।

चाहे उद्देश्य नेक रहा हो या कोई चाल छिपी रही हो (इतिहास में घटनाक्रम तो है, मगर वजह का उल्लेख नहीं है), डिओन ने शिक्षा की व्यवस्था कर अपने भानजे की योग्यता बढ़ाने का निश्चय किया। डायोनीसियस प्रथम

सशक्त नेता होने के साथ-साथ साहित्यिक अभिरुचि भी रखता था (हालाँकि उसके लेखन को गुणवत्ता-युक्त नहीं माना गया), मगर उसके बेटे को योग्य शासक बनने के लिए सहायता की जरूरत थी। वैसी स्थिति में ही वह कार्थेजिनियन के हमले से सिसली अंचल की सुरक्षा सुनिश्चित कर सकता था। इसी समय डिओन को 20 साल पहले प्लेटो से हुई बातचीत याद आई और उसे प्लेटो के लिखे गए संवाद भी याद आए, जिसमें प्लेटो ने कहा था कि वह पाइथागोरस और अर्किटस जैसे दार्शनिक व गणितज्ञ किस्म के शासक की कल्पना कर रहा था और मानता था कि ऐसा 'दार्शनिक शासक' ही आदर्श शासक बन सकता था।

डिओन ने सोचा कि उसके भानजे को 'दार्शनिक शासक' बनाने लायक प्रशिक्षण सिर्फ प्लेटो ही दे सकता था। डिओन ने इस बात के लिए प्लेटो को मनाने का फैसला किया, जो उस समय 61 साल का हो चुका था और एथेंस तथा दुनिया के अन्य हिस्सों में मशहूर हो चुका था। डिओन चाहता था कि प्लेटो सिराकुस आकर उसके भानजे को प्रशिक्षित करे।

प्लेटो समझ सकता था कि सिराकुस की तरह विश्व-शक्ति के नए शासक को 'दार्शनिक शासक' के रूप में तैयार करने पर कैसा सुखद परिणाम सामने आ सकता था। इसके बावजूद डिओन का प्रस्ताव पाकर वह तुरंत तैयार नहीं हुआ। उसे यह चुनौती भरा कार्य लग रहा था और वह आशंकित था कि इस कार्य में सफलता मिलने की संभावना कम थी।

अर्किटस ने प्लेटो से इस प्रस्ताव को स्वीकार कर लेने के लिए कहा। अर्किटस के साथ समय गुजारने की बात सोचते हुए प्लेटो ने प्रस्ताव स्वीकार कर लिया और सिराकुस पहुँच गया। कुछ समय तक प्लेटो का डायोनीसियस द्वितीय के साथ मधुर संबंध रहा, जब प्लेटो के कहने पर उसने अर्किटस की कुछ सलाहों पर अमल भी किया। डायोनीसियस द्वितीय और अर्किटस के बीच दोस्ताना संबंध बने रहने से टारेनटम नगर भी लाभान्वित हो सकता था।

लेकिन डायोनीसियस द्वितीय ने प्लेटो की निगरानी में अधिक दिनों तक अध्ययन को जारी नहीं रखा। ईसा पूर्व 366 के अंत में उसने डिओन को दरबार से हटा दिया। प्लेटो को लगा कि उसका दरबार में बने रहना ठीक नहीं था, इसलिए वह एथेंस लौट गया।

पाँच या छह वर्षों के बाद ईसा पूर्व 361-360 में शासक के बुलावे पर प्लेटो फिर सिराकुस पहुँचा। डायोनीसियस द्वितीय ने अर्कीडीमस नामक दूत को, जो

अर्किटस का मित्र था, एक विशेष जहाज से प्लेटो को लाने के लिए भेजा था। शक्तिहीन डिओन भी प्लेटो की वापसी चाहता था। उसने प्लेटो से अनुरोध किया कि वह शासक के साथ उसकी सुलह करवाने में सहायता करे।

प्लेटो के आगमन के साथ ही डायोनीसियस द्वितीय का अध्ययन नए सिरे से शुरू हो गया। मगर उसे 'दार्शनिक शासक' बनाने का उद्‌देश्य जल्द ही निरर्थक प्रतीत होने लगा। अलग-थलग हो चुके डिओन के हितों का खयाल रखने के लिए प्लेटो दरबार में मौजूद था। मगर जल्द ही प्लेटो के प्रति राजा का व्यवहार बदल गया और प्लेटो को अपना जीवन संकट में घिरा हुआ नजर आने लगा।

प्लेटो ने मदद के लिए अर्किटस को संदेश भेजा। एक प्रभावशाली व्यक्ति होने के नाते डायोनीसियस द्वितीय के साथ अपने मैत्रीपूर्ण संबंध का लाभ उठाते हुए अर्किटस ने टारेनटम से एक दूत को जहाज लेकर सिराकुस भेजा और प्लेटो को रिहा कर देने के लिए कहा। इस घटना के बाद अर्किटस को 'पाइथागोरियन अर्किटस' के अलावा प्लेटो की रक्षा करनेवाले अर्किटस के नाम से भी लोग जानने लगे।

इस घटना के तीन साल बाद डिओन ने सिराकुस की सत्ता पर कब्जा कर लिया। मगर तीन साल बाद ही एक अन्य क्षत्रप ने उसकी हत्या कर दी। डायोनीसियस द्वितीय का शासनकाल संक्षिप्त रहा। उसमें शासन चलाने की योग्यता नहीं थी। ईसा पूर्व 344 में कोरिंथियन जनरल तिमोलियन ने उसे आत्मसमर्पण करने और कोरिंथ में जाकर जीवन गुजारने के लिए मजबूर कर दिया। कोरिंथ पहुँचकर वह एक भाषा सिखानेवाला शिक्षक बन गया। ऐसा प्लेटो की शिक्षा के कारण ही संभव हो पाया।

कोरिंथ में डायोनीसियस द्वितीय की मुलाकात अरस्तू के शिष्य एरिस्टोक्सेनस से हुई, जो पाइथागोरस और पाइथागोरियन के संबंध में सूचनाएँ एकत्रित कर रहा था। एरिस्टोक्सेनस इतिहास के लिए आरंभिक और विश्वसनीय स्रोत बन गया। उसका जन्म टारेनटम में हुआ था और उसका कहना था कि उसके पिता की जान-पहचान अर्किटस के साथ थी। डायोनीसियस द्वितीय भले ही नालायक था, मगर उससे बातचीत करते हुए एरिस्टोक्सेनस ईसा पूर्व चौथी शताब्दी में सिराकुस के पाइथागोरियन समुदाय का विवरण प्राप्त करने में सफल रहा था।

डायोनीसियस द्वितीय ने जो किस्सा एरिस्टोक्सेनस को सुनाया था, वह इस प्रकार था—सिराकुस में उसके दरबार के कुछ सदस्यों ने उससे शिकायत की थी कि स्थानीय पाइथागोरियन अहंकारी स्वभाव के हैं। उनका नैतिक बल मात्र दिखावा है,

जो संकट की घड़ी में भाप बनकर उड़ सकता है। दरबार के दूसरे सदस्य इस आरोप से सहमत नहीं थे। दोनों पक्षों ने इस विवाद को सुलझाने का एक उपाय सोचा। क्या कोई पाइथागोरियन दूसरे पाइथागोरियन की वफादारी और निर्भरता के आधार पर अपने जीवन को संकट में डाल सकता है? क्या मृत्यु के लिए तत्पर होकर कोई पाइथागोरियन अपने नैतिक बल को प्रमाणित कर सकता है?

दरबारियों ने स्थानीय पाइथागोरियन समुदाय के एक व्यक्ति फिनटिअस पर डायोनीसियस के विरुद्ध साजिश रचने का आरोप लगाया। डायोनीसियस ने उसे मृत्युदंड देने का आदेश दिया। फिनटिअस ने दिन भर का समय माँगते हुए अनुरोध किया कि उसे जरूरी कार्य निपटाने का मौका दिया जाए। शाम के वक्त वह मौत को गले लगाने के लिए तत्पर था।

यह पाइथागोरियन परंपरा थी, जिसकी शुरुआत स्वयं पाइथागोरस ने की थी कि कोई भी व्यक्ति निजी संपत्ति नहीं रखेगा। सारी संपत्ति सामूहिक कहलाएगी। फिनटिअस स्थानीय भ्रातृ-मंडल का सबसे उम्रदराज व्यक्ति था और वित्त मामलों का प्रबंधन करने का दायित्व उसी का था।

डायोनीसियस और उसके दरबारियों ने योजना के अनुसार एक अन्य पाइथागोरियन डामोन को बंधक बना लिया और फिनटिअस को जाने दिया। उससे कहा गया कि उसके वापस आने पर ही डामोन को मुक्त किया जाएगा। सबको चकित करते हुए डामोन अपनी मरजी से फिनटिअस की जगह बंधक बनने के लिए तैयार हो गया।

फिनटिअस के जाने के बाद दरबारियों ने सोचा कि अब वह लौटकर आने वाला नहीं था। वे लोग डामोन को मूर्ख बताकर उसकी खिल्ली उड़ाने लगे। मगर सूर्यास्त के समय तक फिनटिअस मृत्युदंड का सामना करने के लिए वापस आ गया। वह अपने मित्र को संकट में छोड़कर जान बचाकर कहीं नहीं भागा था।

दरबार में मौजूद सारे लोग आश्चर्यचकित रह गए। डायोनीसियस उन दोनों के आचरण से प्रभावित हुआ और उसने उनकी तरफ मैत्री का हाथ बढ़ाया। मगर वे दोनों मैत्री के लिए तैयार नहीं हुए। इसके बाद दोनों कहाँ गए, किसी को पता नहीं चला। सिराकुस के दरबार में रहते समय प्लेटो ने भी इस घटना के बारे में सुना था, मगर उसने कहीं इस घटना का उल्लेख नहीं किया।

मेगाले हेलास में प्लेटो ने पाइथागोरस और पाइथागोरियन सिद्धांतों को जानने का प्रयास किया, शासक के दरबार में रहकर दैनंदिन जीवन की वास्तविकताओं का अनुभव किया और डायोनीसियस द्वितीय के अध्यापक की भूमिका निभाई।

इसके अलावा, प्लेटो अन्य गतिविधियों में भी शामिल होता रहा। उसने टारेनटम में अर्किटस की दार्शनिक शासक के रूप में स्थिति मजबूत करने में सहायता की। अर्किटस ने सार्वजनिक जीवन में पाइथागोरियन परंपरा के अनुसार बुद्धिमत्तापूर्ण और योग्य प्रतिभागिता के सिद्धांत का अनुसरण करते हुए मेगाले हेलास और सिसली के नगरों के राजनीतिक मामलों में महत्त्वपूर्ण भूमिका का निर्वाह किया।

पाइथागोरस और पाइथागोरियन सिद्धांतों को समझने में अर्किटस, प्लेटो और डायोनीसियस के संबंधित प्रसंग काफी उपयोगी सिद्ध हो सकते हैं। इन प्रसंगों में प्लेटो और एक पाइथागोरियन समुदाय के बीच संपर्क की जानकारी मिलती है, जिस समुदाय का अस्तित्व ईसा पूर्व चौथी शताब्दी में उस इलाके में बना हुआ था, जहाँ पाइथागोरस और उसके अनुयायियों ने ईसा पूर्व छठी शताब्दी में स्वर्ण युग गुजारा था।

टारेनटम की यात्रा करने के बाद प्लेटो को पाइथागोरियन समुदाय के बारे में काफी जानकारी मिली। अर्किटस जैसे दार्शनिक और गणितज्ञ से मिलकर उसे काफी कुछ सीखने का मौका मिला।

प्लेटो के लिए अर्किटेस पाइथागोरियन ज्ञान परंपरा का एक जीता-जागता उदाहरण था, जिसके आधार पर वह पाइथागोरस और उसके समुदाय की साधना के बारे में अच्छी तरह अंदाजा लगा सकता था।

अर्किटस एक शालीन स्वभाव का व्यक्ति था। गणतांत्रिक नियमों के आधार पर टारेनटम की जनता ने लगातार सात वर्षों तक अर्किटस को ही अपना शासक चुना था।

एरिस्टोक्सेनस ने लिखा है कि अर्किटस को कभी चुनाव में पराजय का सामना नहीं करना पड़ा। सिर्फ एक बार उसके विरोधी ने बल-प्रयोग करते हुए उसे पद छोड़ने के लिए मजबूर कर दिया और उसके समर्थकों को बंदी बना लिया। एरिस्टोक्सेनस ने लिखा है कि अर्किटस के पिता की पाइथागोरस से निजी तौर पर पहचान थी और अर्किटस के व्यक्तित्व में कई उल्लेखनीय खूबियाँ थीं।

इस बात में कोई संदेह नहीं कि अर्किटस एक असाधारण विचारक था। उसने 'डेलियन गुत्थी' नाम से मशहूर यूनानी गणितीय गुत्थी का समाधान ढूँढ़ निकाला था। वह एक विलक्षण गणितज्ञ भी था।

यूक्लिड और टोलेमी जैसे बाद के विद्वानों ने अर्किटस के विचारों की पुष्टि की और स्वीकार किया कि गणित व संगीत के बीच बुनियादी संबंध होता है। यह सिद्धांत आरंभिक पाइथागोरियन विचारों से जुड़ा हुआ था।

एक राजनेता और सेनाध्यक्ष के रूप में अर्किटस ने पूर्ववर्ती पाइथागोरियन विचारकों के बताए आदर्शों को अपनाया। उसने माना कि प्रत्येक वस्तु के समन्वय के अर्थ में नैतिकता और राजनीति का भी समन्वय होना चाहिए। गणित के मूल्य का उसने राजनीति के क्षेत्र तक विस्तार किया।

अर्किटस उदार स्वभाव का व्यक्ति था। वह दासों और बच्चों के प्रति सहानुभूतिपूर्ण बरताव करता था। उसने खिलौने और कई दूसरे उपकरण बनाए थे। उसने लकड़ी की एक चिड़िया बनाई थी, जो उड़ सकती थी। अरस्तू अर्किटस के बनाए खिलौनों से प्रभावित था और मानता था कि ऐसे खिलौनों की वजह से बच्चों की रचनात्मक क्षमता का विकास हो सकता था।

प्लेटो ने अर्किटस के माध्यम से विज्ञान, गणित, संगीत के सिद्धांत और राजनीतिक दर्शन को सीखा था और पाइथागोरियन दृष्टिकोण को अच्छी तरह समझा था। पश्चिमी सभ्यता में पाइथागोरस और पाइथागोरियन के बारे में प्लेटो के जरिए जो छवि बनी है, वह पाइथागोरस के प्रति अर्किटस के नजरिए से सामने आ पाई थी।

अर्किटस का यह नजरिया कैसा था ? अर्किटस स्वयं को सच्चा पाइथागोरियन मानता था। वह स्वयं को आरंभिक परंपरा और उपदेशों के करीब पाता था। उसके युग में ज्ञान की मौखिक परंपरा विकृत नहीं हुई थी। पाइथागोरियन समुदाय में प्राचीन स्मृति को जीवंत और सुरक्षित बनाए रखने की अहमियत को अच्छी तरह समझा जाता था।

अर्किटस मैथमेटिकी श्रेणी का विद्वान् था। इस श्रेणी का मानना था कि ज्ञान की निरंतर खोज होनी चाहिए। ज्ञान की खोज के जरिए ही पाइथागोरस के विचारों का अनुसरण किया जा सकता है। पाइथागोरियन आदर्शों से प्रेरित होकर अर्किटस ने नए अन्वेषण किए। वह अपने युग का प्रसिद्ध विद्वान् और गणितज्ञ था। वह प्रसिद्ध गणितज्ञ यूडोक्सस का गुरु था।

प्लेटो ने जो नजरिया पेश किया है, उसके जरिए भी अर्किटस को समझने में मदद मिलती है। अर्किटस ने चाहे जिस रूप में पाइथागोरस और पाइथागोरियन विचारधारा को प्रतिबिंबित किया हो, लेकिन हम उसे प्लेटो की आँखों से देखते हैं।

एक विषय को लेकर प्लेटो अर्किटस से सहमत नहीं था। प्लेटो का मानना था कि अर्किटस इस पर काफी जोर देता था कि व्यक्ति जो देखता है और छूता है, उसकी व्याख्या गणित और संख्या के जरिए करनी चाहिए। प्लेटो का मानना था कि गणित के अध्ययन का लक्ष्य इंद्रियों की अनुभूति से अलग अमूर्त स्वरूप की

खोज करना व होना चाहिए।

प्लेटो ने पाइथागोरस और पाइथागोरियन के बारे में जो भी जाना था, वह अर्किटस तक ही सीमित नहीं था। उसके संवादों से इस तरह के संकेत मिलते हैं कि उसने इन बातों के बारे में सुकरात से सुना था। इसके अलावा, प्लेटो और अर्किटस दोनों ही फिलोलाउस से परिचित थे। अगर प्लेटो के संवाद 'फीडो' के चरित्र काल्पनिक नहीं हैं तो स्पष्ट है कि प्लेटो यूरीटस और फिलोलाउस के अनुयायियों को जानता था। ये अनुयायी कोरिंथ के पश्चिम में फिलुस में रहते थे। इसके अलावा, वह अपने समकालीन इकेक्रेटस, सिमियस और केब्स को भी जानता था। प्लेटो टारेनटम के लिसीस के बारे में जानता था, जो फिलोलाउस की तरह थेब्स में जाकर बस गया था। प्लेटो के युग में वहाँ पाइथागोरियन समुदाय का वजूद बना हुआ था।

ऐसा नहीं था कि प्लेटो पाइथागोरियन समुदाय की एक्यूसमेटिकी श्रेणी के लोगों को नहीं जानता था, जो लोग अर्किटस जैसे विद्वानों को पाइथागोरियन मानने के लिए तैयार नहीं थे। ईसा पूर्व चौथी शताब्दी में यूनानी जनता मैथमेटिकी और एक्यूसमेटिकी श्रेणी के विभाजन को अच्छी तरह समझने लगी थी और सभी पाइथागोरियन लोगों के बारे में जनसाधारण के बीच कई तरह की भ्रांतियाँ प्रचलित थीं।

एथेंस के हास्य विषय के नाटककार पाइथागोरियन को गंदे, रहस्यमय और हठी चरित्र के रूप में प्रस्तुत करते थे। वे दरशाते थे कि पाइथागोरियन मत के लोग मांस व मदिरा का सेवन नहीं करते हैं और नंगे पाँव चलना पसंद करते हैं।

प्लेटो के शिष्य उसकी अकादमी से पढ़कर निकलते थे। उन्हें पाइथागोरस की परंपरा का ज्ञान प्राप्त होता था। अंकगणित, रेखागणित, अंतरिक्ष विज्ञान और संगीत जैसे विषय सीधे तौर पर पाइथागोरस से जुड़े हुए थे। ऐसे शिष्य बाद में अपने लेखन में भी इस बात को स्वीकार करते थे। प्लेटो के शिष्य एक्यूसमेटिकी परंपरा की तुलना में मैथमेटिकी परंपरा के अधिक करीब थे।

एक नाटक में एसपेंडस के डायोडोरस का चित्रण किया गया है, जो काल्पनिक चरित्र नहीं था। उसे लंबे बालों, दाढ़ी, चमड़े की अजीब पोशाकवाला शाकाहारी दरशाया गया है, जो अपने विचित्र अंदाज में अनुयायियों को अपनी तरफ आकर्षित करता था। हालाँकि उसके आसपास नजर आनेवाले पाइथागोरियन साफ-सुथरे कपड़े पहनकर, नहाकर, सज-सँवरकर आते थे और उनके बाल भी छोटे होते थे।

कोरिंथ से सेवानिवृत्ति का जीवन गुजार रहे तानाशाह डायोनीसियस द्वितीय का साक्षात्कार लेनेवाला एरिक्टोस्सेनस का व्यक्तित्व प्रभावशाली था। वह मैथमेटिकी परंपरा का प्रचार करता था और एक्यूसमेटिकी परंपरा की धज्जियाँ उड़ाने में दक्ष था। वह आरोप लगाता था कि एक्यूसमेटिकी श्रेणी के लोग रूढ़ियों और अंधविश्वास फैलाकर पाइथागोरियन समुदाय की छवि बिगाड़ने की कोशिश कर रहे थे।

एरिस्टोक्सेनस ने फिलोलाउस और यूरीटस के शिष्यों की सूची बनाई थी और दावा किया था कि वे लोग ही वास्तविक रूप से पाइथागोरियन थे, जिन्होंने पाइथागोरस के बताए गए रास्ते पर ईमानदारी के साथ चलने का प्रयास किया था। उसके मरने के बाद उस परंपरा के अस्तित्व पर संकट उत्पन्न हो गया था। एरिस्टोक्सेनस ने एक्यूसमेटिकी परंपरा के लोगों के आचरण की आलोचना की थी और कहा था कि उन लोगों की वजह से ही समुदाय को मजाक का विषय बनाया जा रहा था।

एरिस्टोक्सेनस ने जो जागरूकता फैलाने का प्रयास किया, वह कामयाब नहीं हो पाया। ईसा पूर्व चौथी शताब्दी में मैथमेटिकी श्रेणी की तुलना में एक्यूसमेटिकी श्रेणी की पहचान पाइथागोरियन मत के रूप में अधिक उभरकर सामने आई थी। मैथमेटिकी श्रेणी का प्रभाव सीमित ही रह गया था और उसे उपेक्षा का सामना करना पड़ा था।

मैथमेटिकी परंपरा को पश्चिमी सभ्यता के समक्ष नए सिरे से प्रस्तुत करने में प्लेटो ने सराहनीय भूमिका निभाई। पहले उसने पाइथागोरियन ज्ञान परंपरा के विविध पहलुओं का अध्ययन किया और उसी के आधार पर अपनी दृष्टि का विकास किया। संगीत के मान से लेकर प्रकृति की एकरूपता तक और संख्या की शक्ति के बारे में पाइथागोरियन नजरिए ने प्लेटो को गहराई तक प्रभावित किया। वह सोचने के लिए विवश हो गया कि ये सामान्य सिद्धांत नहीं हो सकते थे।

प्लेटो के युग के बाद पाइथागोरस और पाइथागोरियन परंपरा के नाम पर मैथमेटिकी श्रेणी का वजूद भी बना रहा। इसी परंपरा के तहत संख्या, गणित, दर्शनशास्त्र और प्रकृति के क्षेत्र में मानव जाति ने नए-नए आविष्कार किए।

□

पाइथागोरस के जीवनीकार

पाइथागोरस की सबसे पहली जीवनी डायोजीनस लअर्टिस ने लिखी थी। वह जीवनी आज भी काफी हद तक अपने मूल रूप में बची हुई है। डायोजीनस लअर्टिस का जन्म या तो सिलिसिया के लटैनगर में हुआ था—यह क्षेत्र रोमन गणतंत्र के जमाने में समुद्री डाकुओं के इलाके के नाम से जाना जाता था और वर्तमान में यह दक्षिण-पूर्वी तुर्की कहलाता है—या वह लर्टी के नाम से मशहूर रोमन परिवार के सदस्य के रूप में रोम में पैदा हुआ था।

उसने संभवत: दूसरी शताब्दी के उत्तरार्द्ध में या तीसरी शताब्दी के पूर्वार्द्ध में अधिकतर लेखन कार्य किया था। उस दौरान सेप्टीमीमस सेवेरस और उसके पुत्र काराकला का शासन रहा था। डायोजीनस लअर्टिस के निजी जीवन के संबंध में अधिक विवरण उपलब्ध नहीं हैं, न ही उसने अपने लेखन में कभी निजी विचारधारा को स्पष्ट करने का प्रयास किया।

उसकी पुस्तक 'लाइफ ऑफ पाइथागोरस' को पढ़ते हुए उसके व्यक्तित्व के बारे में कई बातों का अंदाजा लगाया जा सकता है। अपनी गहन शोध की प्रवृत्ति के कारण वह प्रभावशाली जीवनीकार के रूप में पाठकों के समक्ष उपस्थित होता है। वह अधिक-से-अधिक सूचनाओं को एकत्रित करता है, छोटे-छोटे तथ्यों को भी नजरअंदाज नहीं करता। वह जीवन की घटनाओं और तिथियों से जुड़ी औपचारिक सूचनाओं, सिद्धांतों के निचोड़, दार्शनिकों के विचारों, दार्शनिकों के बारे में अपनी कविताओं और विनोदपूर्ण एवं विवादास्पद किस्सों को आपस में जोड़कर प्रस्तुत करता है।

उसने अधिकतर प्रसंगों में चलताऊ ढंग से मूल स्रोतों का उल्लेख किया है। वह एक किस्म की सूचना के साथ परस्पर विरोधी प्रतीत होनेवाली दूसरी किस्म की सूचना को भी निष्पक्षता के साथ पाठकों के समक्ष प्रस्तुत करता है। ऐसा करते

हुए कभी-कभी वह उन सूचनाओं की विश्वसनीयता भी कम करता है।

डायोजीनस लअर्टिस के लेखन की सबसे बड़ी खूबी और उपलब्धि यह है कि उसने ऐसे कई महत्त्वपूर्ण लेखकों के विचारों को (कई बार विस्तार से) उद्धृत किया है, जिनका लेखन इतिहास की धारा में लुप्त हो चुका है। उसके अधिकतर स्रोत ऐसे हैं, जो अनजाने हैं। सिर्फ उसी के उद्धरणों के जरिए ऐसे कई अज्ञात लेखकों और विचारकों के बारे में जानकारी मिलती है।

ऐसा नहीं है कि प्राचीन विचारक के रूप में केवल पाइथागोरस ने ही डायोजीनस लअर्टिस को अपनी तरफ आकर्षित किया था। उसने दस खंडों में विभिन्न दार्शनिकों की जीवनी लिखी थी, जिसमें आठवें खंड में पाइथागोरस की जीवनी थी।

डायोजीनस लअर्टिस की तुलना में प्रोफीटी और इंबलीचुस के बारे में अधिक जानकारी उपलब्ध है। दोनों ही अपने समय के प्रमुख नव-प्लेटोवादी दार्शनिक थे। इंबलीचुस प्रोफीटी का शिष्य था और प्रोफीटी प्रमुख रोमन दार्शनिक प्लोटीनस का शिष्य था।

डायोजीनस लअर्टिस के जन्म के कुछ समय बाद प्रोफीटी का जन्म हुआ था। उसका जन्म फोनिशिया के टायरे में सन् 233 में हुआ था (जो पहले रोमन साम्राज्य का हिस्सा था और वर्तमान युग में दक्षिणी लेबनान कहलाता है)। यही एक वजह हो सकती है कि तीन जीवनीकारों में सिर्फ उसी ने पाइथागोरस के पिता का संबंध टायरे से दरशाने का प्रयास किया था।

'प्रोफीटी' उसके माता-पिता का दिया हुआ नाम नहीं था। उसका वास्तविक नाम 'मलचुस' था, जिसका अर्थ 'राजा' होता है। युवावस्था में जब वह एथेंस में अध्ययन कर रहा था तब अपने गुरु दार्शनिक लोंगीनस के कहने पर उसने अपना नाम बदल लिया था।

लोंगीनस जानता था कि मलचुस जिस इलाके का रहनेवाला था, वह एक बैंगनी रंग की डाई के लिए मशहूर था, जिसे समुद्री घोंघे को शहद के साथ पीसकर तैयार किया जाता था। इस तरह जो रंग उभरकर सामने आता था वह 'प्रोफीटी' कहलाता था। यह रंग महँगा होता था और यह वफादारी का प्रतीक माना जाता था। इन अर्थों को ध्यान में रखते हुए लोंगीनस ने अपने शिष्य का नाम 'प्रोफीटी' रखने का सुझाव दिया था।

दस वर्षों तक प्रोफीटी अपने गुरु लोंगीनस के सान्निध्य में प्लेटो और पाइथागोरस के सिद्धांतों का अध्ययन करता रहा। लोंगीनस को उस युग में 'जीवंत

पुस्तकालय और चलता-फिरता संग्रहालय' कहकर पुकारा जाता था। इसी अवधि में उसने कुछ देववाणी के बारे में भी अपने शिष्यों को बताया था।

इसके बाद प्रोफीटी रोम के प्रसिद्ध दार्शनिक प्लोटीनस के पास अध्ययन करने के लिए चला गया। प्लोटीनस पाइथागोरस, प्लेटो और दूसरे दार्शनिकों के विचारों को अपने अंदाज में परिभाषित करता था। उसने प्रोफीटी को सत्य के प्रति बुद्धिसंगत और बौद्धिक दृष्टिकोण अपनाने की सलाह दी।

इसके बावजूद प्रोफीटी या प्लोटीनस ने कभी जादू और चमत्कार का पूरी तरह खंडन नहीं किया। जैसा कि इतिहासकार ई.आर. डोड्रस ने उस अवधि के बारे में लिखा है कि 'क्या तीसरी सदी का कोई आदमी इस तरह खंडन कर सकता था?'

रोमन लोग प्राकृतिक या जादुई तरीके से जीवन की प्रेरणा ढूँढ़ने की कोशिश कर रहे थे। लगातार गृहयुद्ध छिड़ते रहते थे। जैसे ही किसी नए साम्राज्य के स्थापित होने की खबर फैलती थी, तुरंत उसके नष्ट हो जाने की खबर भी फैल जाती थी। रोम को दो मोरचों पर युद्ध लड़ना पड़ रहा था—पूर्व में पर्शियन सेना के साथ, पूर्वोत्तर में यूरोपीय नदी के सीमांत और काला सागर में गोथ तथा अन्य जरमेनिक जनजातियों के साथ।

सेप्टीमस सेवेरस—जूलिया डोमना के पति—और उसके पुत्र काराकला ने भव्य स्मारक 'बाथ्रस ऑफ काराकाला' का निर्माण सदी के आरंभ में किया था, मगर उसके बाद ज्यादातर समय उथल-पुथल भरा रहा था। आम नागरिकों को सभी सुखों का त्याग करना पड़ा था और रोम के शासक की सुरक्षा के लिए हर तरह की कुरबानी देनी पड़ी थी।

सरकार सिक्कों के निर्माण में कम मात्रा में सोना-चाँदी खर्च कर रही थी। इस तरह मुद्रा प्रणाली असफल हो गई थी। सन् 258 से 275 के बीच दैनंदिन वस्तुओं की कीमत लगभग 1,000 फीसदी बढ़ गई थी। रोम में मौजूद रहने के कारण इस तरह के संकट ने प्रोफीटी को भी प्रभावित किया था।

ऐसी अशांति और विपत्ति के वातावरण में भी प्लोटीनस ने अपने अध्यापन का कार्य जारी रखा था। वह गोष्ठियाँ आयोजित करता था, शोधपत्र लिखता था (प्रोफीटी ने उन शोधपत्रों को 'इनीड्स' शीर्षक से छह खंडों में संकलित किया) और सम्राट् गेलीनस के दरबार सहित विभिन्न अभिजात क्षेत्रों में बौद्धिक चर्चा के लिए जाता रहता था। सम्राट् गेलीनस के दार्शनिक व बौद्धिक रुझान थे और उसे दार्शनिकों की संगत अच्छी लगती थी। एडवर्ड गिल्बन ने गेलीनस के बारे में लिखा है—

"वह कई रोचक मगर निरर्थक विज्ञानों का विशेषज्ञ था। एक असरदार वक्ता और भावपूर्ण कवि था। वह बागबानी का शौक रखता था और लजीज भोजन बनाना जानता था और सजा-धजा रहना पसंद करता था। जब देश को संकट की घड़ी में उसकी मदद की जरूरत थी, तब वह दार्शनिक प्लोटीनस के साथ बौद्धिक चर्चा करने में व्यस्त था। वह बुद्धि विकास करते हुए अपना समय नष्ट कर रहा था।"

गेलीनस को प्लोटीनस का यह विचार बहुत पसंद आया था कि रोम के देहाती इलाके में प्लेटो के गणतंत्र को लागू किया जा सकता था। लेकिन बाद में उसका विचार बदल गया। उसने इरादा छोड़ दिया और प्लेटोनोपीस नगर की स्थापना कभी नहीं हो पाई।

प्रोफीटी के गुरु के मन में पाइथागोरियन एवं नव-पाइथागोरियन सिद्धांतों के प्रति गहरी श्रद्धा का भाव था। खासतौर पर एकजुटता के सिद्धांत पर वह विशेष बल देता था। प्लोटीनस मानता था कि हर तरह के विचार के मूल में यही सिद्धांत लागू होता था।

प्रोफीटी ने अपने गुरु की व्याख्या सुनी थी कि एकजुटता के सिद्धांत को परिभाषित करना आसान नहीं था। प्लोटीनस का एकत्ववाद ईसाई मत के एकेश्वरवाद से कुछ हद तक मिलता-जुलता था। मगर प्लोटीनस का एकत्ववाद संसार में हस्तक्षेप नहीं करता था। यह संसार से हमेशा परे ही रहता था।

इतिहासकार माइकल ग्रांट ने लिखा है कि "प्लोटीनस का एकत्ववाद ऐसा था जो संसार को व्यवस्थित करता था, उसे जीवंत स्वरूप प्रदान करता था।" इसका अर्थ था कि ब्रह्मांड के समस्त स्तर, अस्तित्व के सभी स्तर सभी जीवित प्राणी आपस में जुड़े हुए थे।

नश्वर शरीर आधार था, जो नष्ट होने वाला था; मगर बौद्धिक कार्य और अनुशासन द्वारा प्रत्येक आत्मा में संभावना थी कि वह ईश्वर से जाकर मिल सकती थी। जीवन का अर्थ ही मोक्ष के लिए सदैव प्रयत्न करना था।

प्रोफीटी जिस जीवन-दर्शन का अध्ययन कर रहा था, वह निराशा पैदा करनेवाला नहीं था; लेकिन संभवत: रोम के अस्थिर परिवेश या निजी कारणों से वह अवसाद में डूब गया था और उसके मन में आत्महत्या का विचार पैदा होने लगा था। प्लोटीनस ने उसकी स्थिति में सुधार करने के लिए उसे यात्रा करने की सलाह दी। वह सिसली चला गया।

सन् 269 या 270 में सेवानिवृत्ति के बाद देहात लौटते ही प्लोटीनस का

देहांत हो गया और विद्यालय का दायित्व सँभालने के लिए प्रोफीटी को लौटकर आना पड़ा।

डोड ने प्रोफीटी के बारे में लिखा है कि वह एक ईमानदार, ज्ञानी और प्यारा इनसान था। मगर विलक्षण या रचनात्मक विचारक नहीं था। संभवत: यह विवरण सही है, मगर इतना तो निश्चित है कि प्रोफीटी एक प्रभावशाली लेखक था। अपने गुरु के लेखों को संकलित करने के अलावा उसने अपने आधिभौतिक, साहित्यिक आलोचना, इतिहास, मिथक आदि विषयों पर 70 से अधिक पुस्तकों की रचना की, जिसमें 'लाइफ ऑफ पाइथागोरस' नामक पुस्तक भी शामिल है। उसने पाइथागोरस को ओर्फियस, हेराकल्स और जीसस जैसे दैवी नायकों की श्रेणी में रखा था, जिन्होंने असाधारण और प्रेरक जीवन गुजारा था और जो मानव जाति के इतिहास में अमर हो गए थे। लेकिन उसने अपनी पीढ़ी के कई दूसरे नव प्लेटोवादियों की तरह ईसाई मत को प्लेटोवादी परंपरा के लिए एक चुनौती माना था।

प्रोफीटी ने ईसाई मत संबंधी आशंका को 'अगेंस्ट द क्रिश्चियंस' नामक पुस्तक में व्यक्त किया था। यह पुस्तक उपलब्ध नहीं है। बुढ़ापे में जल्द ही उसकी पत्नी बननेवाली मार्सला के नाम लिखे गए पत्रों में भी उसने अपनी आशंका का उल्लेख किया था।

हालाँकि ईसाई मत उस समय अपनी पहचान बनाने के लिए जूझ रहा था, मगर प्रोफीटी की मृत्यु के कुछ समय बाद ही इस मत का राजनीतिक प्रभाव बढ़ता चला गया था और जीसस को दैवी नायक मानने की जगह ईश्वर के समकक्ष अथवा ईश्वर का दूत समझा जाने लगा था। जीसस के आकर्षण से अनुयायियों को अलग करने के लिए ही प्रोफीटी ने पाइथागोरस की जीवनी नहीं लिखी थी; बल्कि इसके जरिए वह लोकप्रिय प्लेटोवादी दर्शन से भी लोगों का परिचय कराना चाहता था। उसे उम्मीद थी कि इस जीवनी को जनसाधारण के समक्ष पेश किए जाने पर ईसाई मत का मुकाबला कर पाना संभव हो सकेगा।

वर्तमान युग की तरह उस युग के पाठक भी दार्शनिक विचारधारा की तुलना में व्यक्ति विशेष की खूबियों की तरफ अधिक आकर्षित होते थे। नव प्लेटोवादियों में प्रोफीटी ही पहला व्यक्ति था, जिसने नए सिरे से पाइथागोरस को प्लेटोवादी दर्शन के संरक्षक संत के रूप में प्रस्तुत किया था। ऐसा उसने निकोमाकस और नूमेनियस की परंपरा का अनुसरण करते हुए किया था।

पाइथागोरियन ज्ञान संबंधी नूमेनियस के प्राचीन स्रोतों का उल्लेख प्रोफीटी ने किया। उसने बताया कि प्राचीनकाल में मिस्री, यहूदी, भारतीय और

मेसोपोटामियाई लोगों के पास ज्ञान का प्रचुर भंडार था और पाइथागोरस यूनान का पहला व्यक्ति था, जिसने ज्ञान की उपलब्धि की थी, जिस ज्ञान को प्लेटो ने संपूर्ण विश्व के समक्ष उजागर किया था।

अपने गुरु प्लोटीनस के उपदेश का पालन करते हुए प्रोफीटी ने सत्य के प्रति बुद्धिसंगत और बौद्धिक रवैया अपनाया था। मगर ज्ञान के प्राचीन स्रोतों की समृद्धि और रहस्यों के प्रति अपने आकर्षण और समसामयिक युग में प्रचलित अंधविश्वासों के चलते वह पाइथागोरस के जीवन से जुड़े चमत्कारों को झुठला नहीं सका था।

डोड्स ने लिखा है कि देववाणी के प्रति प्रोफीटी के मन में अंधविश्वास बना हुआ था। इस मामले में प्लोटीनस का तर्कवाद कारगर सिद्ध नहीं हो पाया था। प्रोफीटी का देहांत 70 साल की उम्र में सन् 305 में हो गया। मृत्यु के कुछ दिन पहले ही उसने मार्सला के साथ विवाह किया था। विवाह से पहले उसने मार्सला को कई विचारपूर्ण पत्र लिखे थे।

इंबलीचुस तीसरा जीवनीकार था, जिसने पाइथागोरस की सबसे बड़ी जीवनी लिखी। वह प्रोफीटी का शिष्य था, मगर प्रतिद्वंद्वी भी था। प्रोफीटी देववाणी पर विश्वास करता था और चमत्कारों का खंडन नहीं करता था; मगर प्लोटीनस ने उसे यह मानने के लिए विवश कर दिया था कि सत्य तक पहुँचने के लिए बुद्धिसंगत रवैया अपनाना जरूरी था। जादू के सहारे सत्य को हासिल नहीं किया जा सकता था। मगर इंबलीचुस इस विचार से सहमत नहीं था। वह मानता था कि अनुष्ठानों और चमत्कारों द्वारा मोक्ष प्राप्त किया जा सकता था। उसकी पुस्तक 'ट्रिटीज डी मिस्टरीज' की अविवेकपूर्ण घोषणा-पत्र कहकर आलोचना की गई है।

इंबलीचुस का जन्म सन् 260 में सीरिया के चालकीस में हुआ था। वह अमीर व्यक्ति था और उसके कई दास थे। उसके पास कई मकान भी थे। मगर उसने अपना जीवन अध्ययन, अध्यापन और लेखन के लिए समर्पित कर दिया था।

उसके कई समर्पित अनुयायी थे और लोग उसे 'दैवी इंबलीचुस' के नाम से जानते थे। अगली सदी में सम्राट् जुलियन ने इंबलीचुस के बारे में कहा था कि 'वह अपने युग का दार्शनिक था; मगर उसकी प्रतिभा प्लेटो जैसी नहीं थी।'

प्रोफीटी की तुलना में इंबलीचुस पाइथागोरस के प्रति अधिक एकाग्र होकर मनन करता रहा था। प्रोफीटी ने जहाँ दस खंडों की दार्शनिकों की जीवनी के आठवें खंड के रूप में पाइथागोरस की जीवनी लिखी थी, वहीं इंबलीचुस ने पाइथागोरस समुदाय पर केंद्रित नौ या दस खंडों की पुस्तकमाला की पहली पुस्तक

के रूप में पाइथागोरस की जीवनी लिखी थी।

इंबलीचुस ने पाइथागोरस और पाइथागोरियन सिद्धांतों और विचारों को एक स्थान पर संकलित करने का प्रयास किया था और इस नजरिए को व्यक्त किया था कि प्लेटो के अधिकतर विचार पाइथागोरस से प्रेरित थे।

लेकिन ऐसी एकाग्रता के बावजूद इंबलीचुस मानता था कि दर्शन-शास्त्र पर अधिकार का अर्थ पाइथागोरियन ज्ञान को समझना था। इसका अर्थ अरस्तू के तर्क और प्लेटो के संवाद के निहितार्थ को समझना था। इस तरह उसने वही किया, जैसा प्लेटो ने सुझाया था। उसने प्रत्येक पहलू से पाइथागोरियन विचारों की पड़ताल की थी। इसी बात को देखते हुए इंबलीचुस के समकालीन विद्वान् उसकी सराहना करते थे कि उसने प्लेटो और अरस्तू के विचारों को साकार करने का सफल प्रयास किया था।

उसने तर्कसंगत युक्तियों द्वारा प्लेटोवाद की उपयोगिता बताई थी और लोगों को दर्शन-आधारित जीवन गुजारने के लिए प्रेरित किया था। इंबलीचुस का देहांत सन् 330 में हो गया था। उस समय सम्राट् कॉन्स्टेनटाइन का शासन था।

सन् 400 तक यूनानी-रोमन जगत् में ईसाई मत के प्रचार-प्रसार पर रोक लगाने की कोशिशें नाकाम हो चुकी थीं। यूनान का अंतिम महत्त्वपूर्ण दार्शनिक प्रोकलस कॉन्स्टेंटीनोपल में पैदा हुआ था। उसने एलेक्जेंड्रिया और एथेंस में शिक्षा प्राप्त की थी। वह बाद में प्लेटो की अकादमी का प्रमुख भी बना था। उसने अगली सदी में भी ईसाई मत का विरोध जारी रखा था; मगर उसकी कोशिश नाकाम साबित हुई थी।

प्रोकलस के प्रयास से नव प्लेटोवाद का प्रचार रोम, बाजेंटाइन और बाद में इस्कामिक क्षेत्रों में हुआ था। दूसरी तरफ, भ्रांति के जरिए ही सही, प्रोकलस के लेखन का प्रभाव ईसाई सिद्धांत पर भी पड़ा था। उसके दर्शन को उसके ही युग के एक लेखन ने अपनाया था और ऐसा उसने भ्रमवश किया था।

रोमन साम्राज्य के तहत ईसाई मत का प्रचार-प्रसार कई स्तर पर हुआ। परिवार एवं समाज के स्तर पर इस धर्म ने पुराने देवताओं का स्थान लेना शुरू कर दिया। घरों में बनाए गए चर्चों में छोटे समूह बनाकर लोग प्रार्थना करने लगे और पेगन समुदाय के साथ प्रतियोगिता करते हुए धीरे-धीरे प्रभावशाली बनते गए। ईसाई परिप्रेक्ष्य में मिलते-जुलते पेगन शब्दों को ईसाई लेखक अपनी रचनाओं में शामिल करने लगे। वे पेगन समुदाय के एकांगी विचारों को ईसाई नजरिए से परिभाषित करने लगे।

पाँचवीं शताब्दी का ईसाई साहित्य साक्षी है कि उसने पेगन देवताओं को अपना लिया था। आरंभिक तीन शताब्दियों तक ईसाई मत का राजनीति पर कोई प्रभाव नहीं था। मगर इस स्थिति में तब बदलाव आया जब सन् 312 में सम्राट् कॉन्स्टेनटाइन ने ईसाई मत अपना लिया। शुरू में वह रोम से शासन चलाता रहा और फिर बीजानरियम से साम्राज्य के पूर्वी व पश्चिमी हिस्से का संचालन करता रहा।

ईसाई धर्म सरकारी धर्म बन गया और उसके बाद साम्राज्य पर अनवरत ईसाई शासकों का कब्जा बना रहा। हालाँकि उनमें से कुछ शासकों ने एरियन सिद्धांतों को अपनाया और जीसस के देवत्व को पूरी तरह स्वीकार नहीं किया।

अगर ईसाई मत ने पेगन समुदाय की बौद्धिक एवं धार्मिक परंपराओं को अपनाया नहीं होता तो उसे प्रचार-प्रसार करने में वैसी कामयाबी नहीं मिल सकती थी, जैसी कामयाबी उसे मिल पाई।

अपोस्टन पॉल से लेकर विभिन्न ईसाई बुद्धिजीवियों ने पेगन समुदाय की धरोहर के प्रति सम्मान का भाव प्रदर्शित किया। पॉल जब पहली बार एथेंस पहुँचा, जो उसे अपने बौद्धिक गृह और ज्ञान का विशिष्ट केंद्र लग रहा था तो उसे उम्मीद थी कि लोग खुले दिल से उसका स्वागत करेंगे और उसके विचारों को अपनाएँगे। जब एथेंसवासियों ने उसे नहीं अपनाया तो उसे काफी निराशा हुई थी।

कई आरंभिक ईसाई विद्वानों ने पेगन समुदाय की ज्ञान परंपरा को ईसाई विचारधारा के साथ समाहित कर दिया था और ऐसा दरशाया था मानो प्राचीन ज्ञान परंपरा के साथ उनका किसी तरह का विरोध नहीं था।

'न्यू टेस्टामेंट' के 'द गोस्पल ऑफ जॉन' की शुरुआत होती है—आरंभ में शब्द (वर्ड) था। यूनानी भाषा में 'वर्ड' का अर्थ 'लोगोस' होता है और 'लोगोस' 'तर्क' या 'युक्ति' का पर्यायवाची है। इस अर्थ को ध्यान में रखते हुए पाइथागोरियन और प्लेटोवादी नजरिए से जॉन के उपदेश को पढ़ा जा सकता है—

''आरंभ में तर्क था। और तर्क ईश्वर के साथ था, और तर्क ईश्वर था। तर्क ईश्वर के साथ आरंभ में था। तर्क के जरिए सभी वस्तुओं का निर्माण हुआ है। तर्क के बिना किसी चीज का निर्माण नहीं हो सकता था··· । तर्क जीवंत रूप में हमारे साथ रहता है। हमने उसकी गरिमा को देखा है, एकत्ववाद की गरिमा को देखा है, जो मर्यादा और सत्य के साथ हमें परम पिता से मिला है।''

पाइथागोरस नजरिए से प्रकृति की जो गणितीय परिभाषा प्रस्तुत की गई है, उसका ईसाई मत से किसी तरह का विरोध नहीं है। ईसाई मत और पेगन दर्शन का

समन्वय करनेवाले विद्वानों में से एक सेंट ऑगस्टीन ने अपनी पुस्तक 'सिटी ऑफ गॉड' में संख्या की अहमियत पर रोशनी डाली है। ईसाई मत की अमरता के सिद्धांत के समर्थन में पुनर्जन्म के सिद्धांत को भले ही स्वीकार नहीं किया गया, मगर इस बात को स्वीकार किया गया कि शरीर आत्मा के लिए कैदगाह या कब्रगाह है। क्लेमेंट ऑफ एलेक्जेंड्रिया ने कहा था कि यह एक पाइथागोरियन सिद्धांत था, जिसे फिलोलाउस ने परिभाषित किया था।

तीसरी शताब्दी के अंत में सम्राट् डियोक्लोटीन के शासनकाल के बाद रोमन साम्राज्य अस्थिर हो गया। कभी दो सम्राट् मिलकर शासन चलाते थे तो कभी-कभी उनकी संख्या उससे भी ज्यादा हो जाती थी। साम्राज्य के पूर्वी और पश्चिमी हिस्से में यूनानी और लातिन भाषाओं के बीच कोई विभाजन रेखा नहीं खींची गई थी; मगर समय गुजरने के साथ-साथ यह विभाजन स्पष्ट रूप से नजर आने लगा था। दोनों ही भाषाओं का अपने-अपने इलाके से वर्चस्व नजर आने लगा था। ऐसा ही विभाजन चर्चों में भी उभरकर सामने आ रहा था।

अंतिम रोमन सम्राट् के पतन के बाद सन् 480 में बोएथियस का जन्म हुआ था। जिस युग में परंपरागत ज्ञान का अस्तित्व खतरे में था, उस युग में बोएथियस एक अभिजात विचारक के रूप में सामने आया था। हालाँकि रोमन जीवन-शैली में पूरी तरह बदलाव नहीं आया था और नगर का परंपरागत माहौल पूरी तरह खत्म नहीं हुआ था। रोमन लोक सेवा का वजूद बना हुआ था। अदालतों में रोमन कानून का पालन किया जा रहा था। रोमन और गोथिक भू-स्वामी पहले की तरह लगान चुका रहे थे। शिक्षण और संस्कृति की परंपरा पूरी लुप्त नहीं हुई थी।

रोमन सीनेट की बैठकें अभी भी हो रही थीं। बोएथियस एक सीनेटर बन गया। वह एक दार्शनिक, आध्यात्मिक विचारक, कवि, गणितज्ञ और ज्योतिषी था। वह एथेंस की अकादमी की आखिरी पीढ़ी का विचारक था। उसे यह देखकर तकलीफ हो रही थी कि उसके कई समकालीन विद्वान् यूनानी भाषा से अनभिज्ञ थे, जो भाषा सदियों से रोमन शिक्षा का माध्यम बनी रही थी।

इसका अर्थ था कि यूनानी भाषा से अनभिज्ञ होनेवाले प्लेटो, अरस्तू और नव-प्लेटोवादी विचारकों के दर्शन से परिचित नहीं हो सकते थे। बोएथियस ने संकल्प लिया कि वह इस तरह की परिस्थिति में बदलाव लाने का प्रयास करेगा। उसने प्लेटो के संवाद और अरस्तू के ग्रंथों का लातिन भाषा में अनुवाद करने का निश्चय किया।

अपने कैरियर के संबंध में एक दुर्भाग्यपूर्ण निर्णय लेने से पहले बोएथियस ने

काफी रचनाओं का अनुवाद किया। उसने रेवेना में शासक थिएडोरिक के दरबार से जुड़ने का निश्चय किया।

वह दरबार में अधिक दिनों तक नहीं रह पाया। सन् 523 में उस पर देशद्रोह और संगीत का प्रयोग करने का आरोप लगाया गया। उसे गिरफ्तार कर लिया गया और एक साल बाद उसे मृत्युदंड दे दिया गया।

कैद में रहते हुए बोएथियस ने अपने जीवन का सबसे महत्त्वपूर्ण लेखन किया। उसने प्लेटोवादी सिद्धांतों पर एक सारगर्भित पुस्तक की रचना की। मध्य युग के दौरान लोग बोएथियस को किसी चर्च का पुरोहित मानते रहे; मगर उसने ईसाई मत से प्रभावित होकर इस पुस्तक की रचना नहीं की थी, बल्कि उसने पाइथागोरियन विचारों से प्रेरित होकर इस पुस्तक की रचना की थी।

कई शताब्दियों तक लातिन यूरोप के मध्य युगीन विद्वानों ने बोएथियस के किए गए अनुवाद के जरिए यूनानी विचारकों से परिचय प्राप्त किया। बोएथियस ने अपनी एक अन्य पुस्तक के जरिए निकोमाकस के गणित को सुरक्षित रखने का प्रयास किया था। अगर अस्थिर मध्य युग में भी प्राचीन ग्रीक दर्शन भविष्य के लिए सुरक्षित रह सका तो इसका काफी श्रेय बोएथियस को दिया जा सकता है।

□

पाइथागोरस के अमर विचार

1. न्याय का उल्लंघन नहीं करना चाहिए।
2. अकर्मण्यता से दूर रहना चाहिए।
3. प्रसन्नता की राह में बाधक नहीं बनना चाहिए।
4. लालच से दूर रहना चाहिए।
5. कलह को बढ़ावा नहीं देना चाहिए।
6. आगे कदम बढ़ाने के बाद पीछे नहीं हटना चाहिए।
7. अंधानुकरण से दूर रहना चाहिए।
8. परिवार में कटुता का वातावरण पैदा नहीं करना चाहिए।
9. ईश्वर के नाम का दुरुपयोग नहीं करना चाहिए।
10. अकर्मण्यता को नहीं, पुरुषार्थ को बढ़ावा देना चाहिए।
11. गलत लोगों से मित्रता नहीं करनी चाहिए।
12. सहमति हो जाने के बाद शिकायतों को भूल जाना चाहिए।
13. दूसरों के प्रति विनम्र बनिए, स्वयं के प्रति नहीं।
14. कभी भी तर्क का दामन नहीं छोड़ना चाहिए।
15. स्वतंत्रता प्राप्त करनी चाहिए, दासता से मुक्त होना चाहिए।
16. अपने परिवार के साथ विश्वासघात नहीं करना चाहिए।
17. ऐसे आहार से दूर रहना चाहिए, जो स्वभाव में उग्रता पैदा करे।
18. बुरे लोगों की संगत से बचना चाहिए।
19. प्रतिशोध का भाव मन में नहीं लाना चाहिए।
20. पशुओं के प्रति करुणाशील होना चाहिए।
21. जिस पशु की अपने आप मौत हो गई हो, उसका मांस नहीं खाना चाहिए।
22. मांसाहार से दूर रहना चाहिए।

23. न्याय के सिद्धांतों के जरिए विवाद को हल करना चाहिए।
24. परोपकार करते समय मोह से दूर रहना चाहिए।
25. बड़े लोगों की बड़ाई करने की जगह ईश्वर के सामने झुकना चाहिए।
26. बुरी आत्मा से भलाई की अपेक्षा नहीं की जाती।
27. जो आपका भला करते हैं, उनके प्रति कृतज्ञ बनिए।
28. घृणा से दूर रहना चाहिए।
29. झूठी प्रशंसा और अफवाह से दूर रहना चाहिए।
30. इच्छाओं को नियंत्रित रखना चाहिए।
31. विनम्र बनना चाहिए।
32. दिल की बात सबके सामने उजागर नहीं करनी चाहिए।
33. अँधेरे से बाहर निकलना चाहिए।
34. कर्म करते समय विश्राम को भूल जाना चाहिए।
35. जीवन में पूर्णता हासिल करनी चाहिए।
36. संकट का सामना करने के लिए सदैव तैयार रहना चाहिए।
37. आत्मघाती नहीं बनना चाहिए।
38. सार्वजनिक धन का निजी फायदे के लिए इस्तेमाल नहीं करना चाहिए।
39. जो कार्य सरलता से संभव है, उसे जटिल नहीं बनाना चाहिए।
40. चुगली से दूर रहना चाहिए।
41. हमेशा परोपकार का ध्यान रखना चाहिए।
42. अंत्येष्टि के अवसर पर आडंबर से बचना चाहिए।
43. ईश्वर के लिए शरीर नहीं, आत्मा की अहमियत होती है।
44. ईश्वर को अनाज का चढ़ावा प्रिय है।
45. ईश्वर को अहिंसक किस्म का चढ़ावा अर्पित करना चाहिए।
46. मानवता के लिए जीवन समर्पित करना चाहिए।
47. ईश्वर की करुणा प्राप्त करो।
48. कभी भी जल्दबाजी में प्रार्थना मत करो।
49. पूजागृह में मर्यादित आचरण करो।
50. मानवीय गुणों के जरिए ईश्वर को प्रसन्न करो।
51. प्रत्येक वस्तु को ईश्वर के आलोक में देखना चाहिए।
52. प्रकृति पर ईश्वर का शासन होता है।
53. न्यायाधीश, सम्राट्, वीर, प्रतिभावान् और ईश्वर का आदर करना चाहिए।

54. जब हिंसक संघर्ष हो तो रेगिस्तान में जाकर जान बचानी चाहिए।
55. जल्दबाजी में आहार नहीं ग्रहण करना चाहिए।
56. विलासिता से दूर रहकर परिश्रम करना चाहिए।
57. अकर्मण्यता से बचकर सक्रिय जीवन जीना चाहिए।
58. सही और उपयोगी कर्म ही करना चाहिए।
59. संगीत का उपयोग ईश्वर को प्रसन्न करने के लिए करना चाहिए।
60. ऐसा कोई कार्य नहीं करना चाहिए, जिससे बाद में पछताना पड़े।
61. दुविधा से बचकर स्पष्ट निर्णय लेना चाहिए।
62. बहुमत का विरोध नहीं करना चाहिए।
63. चुगली करनेवालों से दूर रहना चाहिए।
64. प्रतिशोध की भावना जगानेवाली सलाह से दूर रहना चाहिए।
65. अगर शत्रु मेहमान बनकर आए तो उसे कोई नुकसान नहीं पहुँचाना चाहिए।
66. भले आदमी को सताना पाप है।
67. सत्कर्मों के जरिए जीविका का प्रबंध करना चाहिए।
68. किसी व्यक्ति के हक को छीनना अपराध है।
69. किसी की राह में काँटे नहीं बिछाने चाहिए।
70. पुरखों के धन के सहारे नहीं जीना चाहिए।
71. मितव्ययी बनना चाहिए।
72. विचार किए बिना कोई कार्य नहीं करना चाहिए।
73. बड़े-बुजुर्गों को नाराज नहीं करना चाहिए।
74. मंद बुद्धि व्यक्ति को उपदेश नहीं देना चाहिए।
75. जिसका चरित्र ठीक न हो, वैसे व्यक्ति पर विश्वास नहीं करना चाहिए।

□

संदर्भ ग्रंथ

1. लाइफ ऑफ पाइथागोरस : इंबलीचुस
2. पाइथागोरस : हिज लाइफ टीचिंग एंड इन्फ्लुएंस, क्रिस्टोफर रिडविग।
3. पाइथागोरस : पायनियरिंग मैथमेटिशियन एंड म्यूजिकल थियोरिस्ट ऑफ एनसिएंट, डिमित्रा कर्मानीडेस।
4. पाइथागोरस एंड द पाइथागोरियन ब्रीफ हिस्ट्री, चार्ल्स एच. कान।
5. पाइथागोरस : हिज लाइफ एंड लिजेसी फॉर ए रेशनल यूनिवर्स, किटी फर्गुसन।
6. पाइथागोरस : हिज लाइफ एंड टीचिंग्स, थॉमस स्टेनली-मेनली पी. हाल।
7. पाइथागोरस : दि इमोर्टल सेज, रेमंड बर्नार्ड।
8. पाइथागोरस : लव ऑफ विज्डम, वार्ड रदरफोर्ड।
9. पाइथागोरस, होर्बाट ह्यूसन।
10. पाइथागोरस : द मैथमैजिशियन, करीम एल. कौसा।

□□□